JICHU SHESHI TEXU JINGYING XIANGMU KUAIJI

基础设施特许经营项目会计

卫　静◎著

人民交通出版社股份有限公司
北　京

内 容 提 要

本书在第一篇基础设施特许经营概述的基础上，以基础设施特许经营类政府和社会资本合作（PPP）项目作为主要研究对象，分别从社会资本方和政府方的角度，通过第二篇社会资本方特许经营项目会计和第三篇政府方特许经营项目会计的系统分析，对特许经营合同双方涉及的合同确认、计量与披露等问题进行讨论，并结合大量案例对特许经营项目合同双方各业务环节的会计处理进行示例，以期为理论和实务工作提供有益借鉴。

本书可以为从事特许经营会计理论研究的相关人员提供参考，为行政事业单位和企业的财会人员在进行特许经营项目合同等业务核算时提供指导，也可以作为相关继续教育培训的参考资料。

图书在版编目（CIP）数据

基础设施特许经营项目会计/卫静著. —北京：人民交通出版社股份有限公司，2023.12

ISBN 978-7-114-19140-4

Ⅰ.①基… Ⅱ.①卫… Ⅲ.①基础设施—特许经营—企业会计 Ⅳ.①F275.2

中国国家版本馆 CIP 数据核字（2023）第 236991 号

书　　名：基础设施特许经营项目会计
著 作 者：卫　静
责任编辑：时　旭
责任校对：孙国靖　宋佳时
责任印制：张　凯
出版发行：人民交通出版社股份有限公司
地　　址：（100011）北京市朝阳区安定门外外馆斜街 3 号
网　　址：http://www.ccpcl.com.cn
销售电话：（010）59757973
总 经 销：人民交通出版社股份有限公司发行部
经　　销：各地新华书店
印　　刷：北京虎彩文化传播有限公司
开　　本：787×1092　1/16
印　　张：14.5
字　　数：317 千
版　　次：2023 年 12 月　第 1 版
印　　次：2023 年 12 月　第 1 次印刷
书　　号：ISBN 978-7-114-19140-4
定　　价：78.00 元

前言

PREFACE

在“一带一路”、交通强国等新时代发展背景下，基础设施特许经营项目日益增多。2014 年以来，政府和社会资本合作（Public-Private Partnership，PPP）模式更是掀起了 PPP 项目的建设热潮。政府和社会资本合作模式有利于充分发挥市场机制作用，调动社会资源，让政府方与社会资本方共同为地区经济发展贡献力量。而作为该经济模式的核心角色项目的特许经营权，是决定该模式发展质量的关键内容。政府方和社会资本方如何针对项目特许经营权所涉及的经济活动和事项进行会计处理，更是现实中亟待解决的问题。

关于社会资本方，《企业会计准则解释第 2 号》（财会〔2008〕11 号）曾从经营方的角度对建造-运营-移交（Build-Operate-Transfer，BOT）运作模式中涉及的项目合同的会计处理行为作出了解释，使得经营方 BOT 项目合同的会计处理开始有了制度依据。随着 PPP 项目的不断推广，PPP 模式运作方式多样化，财政部印发了《企业会计准则解释第 14 号》（财会〔2021〕1 号），在《企业会计准则解释第 2 号》的基础上，进一步完善了有关 PPP 项目核算的相关问题，形成了 PPP 项目社会资本方核算的主要依据。关于政府方，《政府会计准则第 10 号——政府和社会资本合作项目合同》（财会〔2019〕23 号）及其应用指南陆续印发，对 PPP 项目合同中涉及的政府方会计处理事项进行了规范。

从目前已经出版的教材和专著来看，关于特许经营项目会计核算的书籍较少且出版年份较早，都是基于 2008 年《企业会计准则解释第 2 号》展开的，并没有结合最新的会计准则规范进行讲解；而关于政府方的会计核算问题基本上没有涉及。无论是理论界还是实务界，都迫切地需要对特许经营项目合同涉及的政府方和社会资本方的相关会计问题进行理论和政策分析，并结合相关案例对项目合同的确认、计量和相关信息的列报进行具有操作性的示范和指导，从而提升基础设施特许经营项目会计处理的核算质量，助推特许经营项目模式更好地发展。这也正是本书出版的意义所在。

本书以《企业会计准则解释第14号》《政府会计准则第10号——政府和社会资本合作项目合同》及其应用指南为主要依据，结合基础设施特许经营项目的特点，以公路特许经营类PPP项目为案例主体，分为三篇内容展开。第一篇基础设施特许经营概述主要是对特许经营基本理论及现有法规文件进行梳理和介绍；第二篇社会资本方特许经营项目会计是在对社会资本方界定的基础上，从社会资本方（项目公司）的角度，对特许经营项目合同涉及的融资业务、取得项目资产、特许经营期间成本费用和营业收入、终止确认项目资产、取得政府补助、终止清算等业务的会计处理进行分析；第三篇政府方特许经营项目会计则从政府方的角度规范政府方对PPP项目合同的确认、计量和相关信息的列报。

最后，感谢长安大学经济与管理学院对本书出版经费的资助，感谢财会系各位老师对本书内容的批评指正，特别感谢周国光教授和俸芳副教授对本书写作过程的大力支持！

作　者

2023年9月

目录

CONTENTS

第一篇　基础设施特许经营概述

第一章　特许经营概述 ······ 2
第一节　特许经营的发展 ······ 2
第二节　特许经营的概念和特征 ······ 7
第二章　特许经营项目的实施方式 ······ 14
第一节　特许经营的运作方式 ······ 14
第二节　特许经营项目合同体系 ······ 21
第三节　特许经营项目参与主体 ······ 26
第三章　特许经营项目的业务流程 ······ 29
第一节　项目识别 ······ 30
第二节　项目准备 ······ 33
第三节　项目采购 ······ 35
第四节　项目执行 ······ 38
第五节　项目移交 ······ 40

第二篇　社会资本方特许经营项目会计

第四章　社会资本方特许经营项目会计处理概论 ······ 44
第一节　社会资本方概述 ······ 44
第二节　对社会资本方会计处理的规范要求 ······ 50
第五章　项目公司融资业务会计处理 ······ 59
第一节　项目公司筹措资本的会计处理 ······ 59
第二节　项目公司筹措债务资金的会计处理 ······ 66

第六章　项目公司取得特许经营项目资产的会计处理 …… 88
第一节　投资建设取得 PPP 项目资产的会计处理 …… 88
第二节　采取权益转让方式取得 PPP 项目资产的会计处理 …… 110
第七章　项目公司持有特许经营项目资产期间的会计处理 …… 117
第一节　与 PPP 项目合同相关的成本费用会计处理 …… 117
第二节　与 PPP 项目合同相关的营业收入会计处理 …… 126
第八章　项目公司终止确认特许经营项目资产的会计处理 …… 136
第一节　项目公司发生相关后续支出的会计处理 …… 136
第二节　特许经营项目资产移交的会计处理 …… 142
第九章　项目公司特殊业务会计处理 …… 152
第一节　项目公司取得政府补助涉及相关业务的会计处理 …… 152
第二节　项目公司终止清算涉及相关业务的会计处理 …… 160

第三篇　政府方特许经营项目会计

第十章　政府方特许经营项目会计处理概论 …… 170
第一节　特许经营对政府方会计处理的要求 …… 170
第二节　政府方特许经营项目会计处理要求 …… 174
第三节　国际授予方特许经营项目会计处理规定 …… 188
第十一章　政府方特许经营项目会计处理 …… 198
第一节　政府方 PPP 项目会计处理的基本内容 …… 198
第二节　政府方特许经营项目会计处理案例 …… 207

附录　相关政策性文件 …… 220

参考文献 …… 222

第一篇

基础设施特许经营概述

本篇概要

作为政府治理的一种工具，特许经营成为许多国家基础设施和公用事业市场化改革的重要方式。特许在本质上可以看作是增强市场竞争力的一种机制，若适当地予以运用，则能够实现提高生产效率和分配效率的双重目标。我国自1984年深圳沙角B电厂项目实行特许经营至今，基础设施和公用事业特许经营的市场化改革已近40年。2013年底，党的十八届三中全会通过的《中共中央关于全面深化改革若干重大问题的决定》明确提出“允许社会资本通过特许经营等方式参与城市基础设施投资和运营”，对包括主要城市公用行业在内的自然垄断行业，要“实行以政企分开、政资分开、特许经营、政府监管为主要内容的改革，根据不同行业特点实行网运分开、放开竞争性业务，推进公共资源配置市场化”。政府着力寻求深化改革的方向，其中主要的着力点就是以PPP模式为依托，通过推动城市公用事业及基础设施领域的建设来刺激投资，缓解地方性债务压力。此后，PPP模式蓬勃发展，相关法规制度和规范性文件陆续发布。

本篇学习和讨论的主要内容有：特许经营的概念及特征，基础设施特许经营在我国的发展历程，特许经营的基本模式和合同体系，特许经营项目的参与主体及其业务活动流程等。通过对现有法律法规和规范性文件的梳理，选择以特许经营类政府和社会资本合作项目为主要研究对象，进行相关基本概念和业务流程的梳理，为第二篇社会资本方和第三篇政府方进行特许经营项目的会计核算打下基础。

第一章 特许经营概述

本章概要

第二次世界大战后，发达国家实施福利国家制度，国家财政赤字扩大。20 世纪 70 年代，石油危机导致国家滞涨、城市化提速和人口增长、基础设施赤字严峻。20 世纪 80 年代，经济不景气导致发达国家无力承担全部基础设施投资，私人部门成为基础设施投资的重要力量。特许经营在英国得到快速发展，主要应用于供排水、道路交通、医疗卫生、教育等基础设施领域。加拿大、澳大利亚、德国等国也逐步形成各自的特许经营运作模式。2014 年以来，随着政府与社会资本合作模式在我国的提出，作为其重要组成部分的特许经营在能源、交通运输、水利、环境保护、市政工程等基础设施和公共服务领域得到广泛应用。

本章在对我国基础设施特许经营发展历程进行分析的基础上，提出推广政府与社会资本合作(Public-Private Partnership, PPP)模式的重要意义；接着对特许经营和 PPP 的概念进行了比较分析，并由此得出基础设施特许经营的特征。

第一节 特许经营的发展

一、特许经营在我国的发展历程

伴随着我国政治环境和社会经济发展水平的变化，特许经营经历了初步探索、逐步推广、蓬勃发展、规范发展等阶段。

1. 初步探索阶段(1984—2002 年)

伴随着 1978 年开始的改革开放，20 世纪 80 年代的中国经历了快速的城镇化过程，人们对基础设施的需求规模激增。同时，各地方政府也亟须通过基础设施投资带动经济增长。但是，由于当时中国经济仍处于起步阶段，各级政府均面临着严峻的财政收入不足、财政来源渠道单一问题。特许经营被世界银行及亚洲开发银行作为一种新型的项目融资方式引入中国，与当时中国政府对外商投资的急切需求不谋而合。该阶段的特许经营项目主要为建造-运营-移交(Build-Operate-Transfer,BOT)类型。学术界和实践界普遍将1984年的深圳沙角B电厂作为第一个具有PPP特征的项目。该项目由一家香港公司投资,经过16年的建设和运营,并于2000年移交给当地政府。然而,该项目的操作流程繁琐、合约不规范、电力产出规模较小,并非一个成功的特许经营项目。

为了促使我国项目融资尽快与国际接轨,1995年,对外经济贸易部发布了《关于以BOT方式吸收外商投资有关问题的通知》,为该阶段的特许经营项目应用提供了法律依据。在国家计划委员会的主导之下,推动了若干试点项目,掀起了特许经营在我国的第一轮发展浪潮。这一阶段,特许经营主要应用于交通、能源、水务和污水处理,市场的主要参与方为拥有成熟技术和管理能力的国外投资者。但因立法工作不完善,与此相关的顶层设计难以推动,试点项目没能真正起到由点及面的示范效应。特许经营模式应用过程存在的市场和政策风险大、交易流程烦琐、谈判周期长等问题也凸显出来。

2002年,建设部出台《关于加快市政公用行业市场化进程的意见》(建城〔2002〕272号),首次提出政府特许经营制度。该阶段对中国式特许经营的规范化、专业化及本土化进行了有益的尝试,形成了相对成熟的项目结构及协议文本,为中国式特许经营进入下一个发展阶段奠定了良好的基础。

2.逐步推广阶段(2003—2013年)

2002年,中共十六大提出,中国社会主义市场经济体制已经初步建立,市场在资源配置中应该发挥基础性作用。由此,特许经营模式的推广有了理论基础,并为特许经营模式发展进入稳定阶段开启了序幕。同时,我国的民营企业也逐步开始发展壮大,为特许经营模式的发展提供了市场基础。建设部于2004年颁布并实施了《市政公用事业特许经营管理办法》(建设部令第126号),该办法是这一时期开展特许经营项目的基本法律依据。除了上述法规条文以外,其他各部委、各级地方政府也纷纷出台了大量地方性规章及政策性文件,用来引导和规范特许经营项目的开发。该阶段的典型项目包括北京国家体育场(鸟巢)、北京地铁4号线。

这一时期的中国式特许经营不再一味追求境外资本,国有企业和民营资本开始进入特许经营市场,与外资企业同台竞争,基本形成三足鼎立的局面。但其单一的筹资导向并无实质性转变,仍以筹集社会资金为导向,把政府缺少财政支持的公共产品或服务推向并不成熟的市场,而对项目中长期的发展、社会效益和经济收益则缺乏重视。这一时期的特许经营,一切以短线的实用价值优先,换言之,不论哪种资金来源,项目能够在短期内创造收益是这一阶段的追求,而项目是否规范、长期发展如何等方面并不受关注,大量潜在问题因此逐步累积。

此外,这一阶段仍是中国式特许经营模式发展壮大的重要过程。虽然此时的特许经营项目仍缺乏顶层设计,但实践与理论共识初步成形,政策法规框架、项目结构与合同范式在这个阶段得到基本确立。特许经营项目的操作过程更加成熟,为特许经营模式的大规模推广奠定了基础。

3. 蓬勃发展阶段(2014—2017 年)

2013 年底,党的十八届三中全会通过的《中共中央关于全面深化改革若干重大问题的决定》明确提出"允许社会资本通过特许经营等方式参与城市基础设施投资和运营",对包括主要城市公用行业在内的自然垄断行业,要"实行以政企分开、政资分开、特许经营、政府监管为主要内容的改革,根据不同行业特点实行网运分开、放开竞争性业务,推进公共资源配置市场化"。政府着力寻求深化改革的方向,其中主要的着力点就是以 PPP 模式为依托,通过推动城市公用事业及基础设施领域的建设来刺激投资,缓解地方性债务压力。

2014 年 10 月,国务院发布《关于加强地方政府性债务管理的意见》(国发〔2014〕43 号),加快建立规范的地方政府举债融资机制,明确地方政府举债方式,剥离融资平台公司的政府融资职能,提出推广使用 PPP 模式,鼓励社会资本通过特许经营等方式,参与城市基础设施等有一定收益的公益性事业投资和运营。政府通过特许经营权、合理定价、财政补贴等事先公开的收益约定规则,使投资者有长期稳定收益,并将 PPP 模式中财政补贴等支出按照性质纳入政府预算管理。同年,财政部发布《关于推广运用政府和社会资本合作模式有关问题的通知》(财金〔2014〕76 号),正式推广和应用政府和社会资本合作模式。国家发展改革委也印发了《关于开展政府和社会资本合作的指导意见》(发改投资〔2014〕2724 号),就开展政府和社会资本合作提出若干具体指导意见。在这种背景下,我国的 PPP 发展进入新纪元,在中央政府层面获得了高度重视,并快速成为地方政府缓解债务危机增加基础设施建设的主要途径。在此期间,国家各部门组织相应学习研讨,并密集出台了大量法律条文及实施细则。据不完全统计,2014 年至今所出台的与 PPP 相关的国家层面的政策法规,占自 20 世纪 80 年代以来颁布的全部 PPP 法规的 70% 以上。

2015 年 4 月 25 日,国家发展改革委、财政部、住房和城乡建设部、交通运输部、水利部、中国人民银行六部委联合发布《基础设施和公用事业特许经营管理办法》,并于 2015 年 6 月 1 日起施行。该办法的颁布创新了特许经营的规制,完善了相关制度内容,对鼓励和引导社会资本参与基础设施建设运营、提高公共服务质量和效率、保护特许经营者合法权益、保障社会公共利益和公共安全、促进经济社会持续健康发展具有重要意义。

2015 年,修改后的《中华人民共和国预算法》开始允许省级政府发行债券,发债规模由中央审批。然而,由于纳入预算管理的地方政府债券规模有限,不能满足地方"稳增长"的支出需要,《关于加强地方政府性债务管理的意见》(国发〔2014〕43 号)和修改后的《中华人民共和国预算法》不可能完全落实。在中央政府的大力推动下,地方政府在短时间内发起了大量的 PPP 项目。仅 2014—2017 年,各地方政府共发起了 1.4 万余个 PPP 项目,总投资额高达 18 万亿元,多于同期世界其他经济体的 PPP 项目数量之和。在 PPP 快速发展的过程中,部分地区审核机制不完善,导致大量不适合做 PPP 的项目混入系统中,同时由于部分地方政府没有严格按照标准执行物有所值和财政承受能力论证,使得各地区的 PPP 发展出现了不同程度的泛化滥用现象,并由此增大了未来政府债务的潜在风险。

4. 规范发展阶段(2017 年至今)

2017 年 5 月,财政部发布了《关于进一步规范地方政府举债融资行为的通知》(财预〔2017〕50 号)及《关于坚决制止地方以政府购买服务名义违法违规融资的通知》(财预〔2017〕87 号),这两个文件是对近几年来一系列防范和化解地方政府性债务风险的措施的延续和加码,对平台融资、提供担保、兜底承诺、明股实债、违规 PPP、政府投资基金/产业基金、政府购买服务等违法违规融资行为实现政策全覆盖,全面堵住地方政府违规进行融资担保或变相融资担保形成地方政府或有债务的可能性。随后,财政部发布《关于规范政府和社会资本合作(PPP)综合信息平台项目库管理的通知》(财办金〔2017〕92 号),要求在全国范围内清理和整改违规 PPP 项目,对已入库的不符合规范的 PPP 项目进行集中清理,并要求各地政府进行自查,撤回不符合程序规范的 PPP 项目。截至 2018 年 8 月底,总退库项目共计 5943 个,占全部入库项目数量的 43.5%。PPP 模式的发展进入行稳致远轨道。

2018 年,随着《关于防范化解地方政府隐性债务风险的意见》(中发〔2018〕27 号)、《关于印发〈地方政府隐性债务问责办法〉的通知》(中办发〔2018〕46 号)及《关于规范金融企业对地方政府和国有企业投融资行为有关问题的通知》(财金〔2018〕23 号)的发布,从中央层面严厉处罚违规举债及隐性债务,同时资本金"穿透"首次被提出且被实践。

2019 年 3 月,财政部发布了《关于推进政府和社会资本合作规范发展的实施意见》(财金〔2019〕10 号),将 PPP 上升为"党中央、国务院重大决策部署",并对 PPP 违规行为提出了负面清单,提升了 PPP 的规范性。2019 年 5 月发布的《政府投资条例》(国务院令第 712 号)及 2019 年 7 月国家发展改革委发布的《关于依法依规加强 PPP 项目投资和建设管理的通知》(发改投资规〔2019〕1098 号),明确所有政府投资均需纳入预算,客观上将政府投融资模式固定在政府采购、专项债券及 PPP 三个路径。

2019 年 12 月,为了适应权责发生制政府综合财务报告制度改革需要,财政部制定发布了《政府会计准则第 10 号——政府和社会资本合作项目合同》(财会〔2019〕23 号),进一步建立健全政府会计准则体系,起到了规范政府方对政府和社会资本合作(PPP)项目合同的确认、计量和相关信息的列报、提高会计信息质量的作用。

2020 年 3 月,财政部发布了《政府和社会资本合作(PPP)项目绩效管理操作指引》(财金〔2020〕13 号),旨在规范政府和社会资本合作(PPP)项目全生命周期绩效管理工作,提高公共服务供给质量和效率,保障合作各方合法权益。

2021 年 11 月,国务院办公厅发布了《关于鼓励和支持社会资本参与生态保护修复的意见》(国办发〔2021〕40 号),提出要充分发挥市场在资源配置中的决定性作用,更好地发挥政府作用,聚焦重点领域,激发市场活力,推动生态保护修复高质量发展,增加优质生态产品供给,维护国家生态安全,构建生态文明体系,推动美丽中国建设。

2021 年 12 月,财政部修订发布了《政府和社会资本合作(PPP)综合信息平台信息公开管理办法》(财金〔2021〕110 号),进一步加强和规范政府和社会资本合作(PPP)信息公开工作,保障公众知情权和监督权,推动 PPP 规范高质量发展。

2022 年 11 月,财政部发布《关于进一步推动政府和社会资本合作(PPP)规范发展、阳光运行的通知》(财金〔2022〕119 号),从做好项目前期论证、推动项目规范运作、严防隐性债务风险、保障项目阳光运行等方面进一步规范 PPP 发展路径。该通知要求规范开展财政承受能力论证,压实项目库管理责任;完善项目绩效管理,强化项目履约管理;加强项目合同审核,规范项目预算管理;强化财政承受能力动态监测,强化信息公开监督管理。

2022 年以来,利好 PPP 的政策接连出台——中共中央办公厅、国务院办公厅在有关推动城镇化建设、盘活存量资产等意见中,均明确提出要规范有序推广 PPP 模式;财政部发文明确,采取多种方式支持生态环境领域 PPP 项目;水利部发文明确,积极推进水利基础设施 PPP 模式发展;农业农村部下发通知表示,将鼓励采用 PPP 模式支持农业农村基础设施建设。

2023 年 6 月公布的《国务院关于 2022 年度中央预算执行和其他财政收支的审计工作报告》对 PPP 项目审计情况显示,重点抽查了 18 省市本级及 187 个地区计划总投资 1.53 万亿元的 408 个项目,主要问题包括入库环节审核不严、履约环节不尽诚信、建设运营环节不当推责揽责、形成损失浪费等方面问题。综合概括就是一句话,各地方政府为了让 PPP 项目入库,政府(国有企业)承担了不应该承担的责任和义务。

2023 年 8 月 22—24 日在南非杉藤举行了金砖国家领导人第十五次会晤,在随后公布的《金砖国家领导人第十五次会晤约翰内斯堡宣言》中提出,“我们将继续支持政府和社会资本合作(PPP)及基础设施工作组分享基础设施有效开发和交付方面的知识、良好做法和经验,使各成员国从中受益。在这方面,工作组整理了指导原则,推动基础设施交付采用务实方式,并在基础设施建设和交付中使用政府和社会资本合作等混合融资方案。我们期待于今年晚些时候举行基础设施投资研讨会,与金砖国家政府、投资者和融资方讨论如何与私营部门合作,促进在基础设施交付中使用绿色、转型和可持续金融。”

2023 年 11 月 3 日,国务院办公厅转发国家发展改革委、财政部《关于规范实施政府和社会资本合作新机制的指导意见》(国办函〔2023〕115 号),为进一步深化基础设施投融资体制改革,切实激发民间投资活力,提出了规范实施政府和社会资本合作新机制(简称新机制)的指导意见。主要包括:聚焦使用者付费项目、全部采取特许经营模式、合理把握重点领域、优先选择民营企业参与等共十八条意见。可以说,新机制的发布为特许经营项目的规范和发展提供了新的契机。

我们相信,PPP 作为引领经济发展导向的一种重要途径,将在进一步规范化的基础上发挥其应有的作用。结合目前国家积极利用财政政策工具来看,引领投资方向,扩大内需、吸引社会(民营)资本仍是主流方向,吸引社会资本投资也是 PPP 项目的立足点和存在意义。

二、推广政府和社会资本合作模式的意义

政府和社会资本合作模式是公共服务供给机制的重大创新,即政府采取竞争性方式择优选择具有投资、运营管理能力的社会资本,双方按照平等协商原则订立合同,明确责权利

关系，由社会资本提供公共服务，政府依据公共服务绩效评价结果向社会资本支付相应对价，保证社会资本获得合理收益。政府和社会资本合作模式有利于充分发挥市场机制作用，提升公共服务的供给质量和效率，实现公共利益最大化。

(1)有利于加快转变政府职能，实现政企分开、政事分开。作为社会资本的境内外企业、社会组织和中介机构承担公共服务涉及的设计、建设、投资、融资、运营和维护等责任，政府作为监督者和合作者，减少对微观事务的直接参与，加强发展战略制定、社会管理、市场监管、绩效考核等职责，有助于解决政府职能错位、越位和缺位的问题，深化投融资体制改革，推进国家治理体系和治理能力现代化。

(2)有利于打破行业准入限制，激发经济活力和创造力。政府和社会资本合作模式可以有效打破社会资本进入公共服务领域的各种不合理限制，鼓励国有控股企业、民营企业、混合所有制企业等各类型企业积极参与提供公共服务，给予中小企业更多参与机会，大幅拓展社会资本特别是民营资本的发展空间，激发市场主体活力和发展潜力，有利于盘活社会存量资本，形成多元化、可持续的公共服务资金投入渠道，打造新的经济增长点，增强经济增长动力。

(3)有利于完善财政投入和管理方式，提高财政资金使用效益。在政府和社会资本合作模式下，政府以运营补贴等作为社会资本提供公共服务的对价，以绩效评价结果作为对价支付依据，并纳入预算管理、财政中期规划和政府财务报告，能够在当代人和后代人之间公平地分担公共资金投入，符合代际公平原则，有效弥补当期财政投入不足，有利于减轻当期财政支出压力，平滑年度间财政支出波动，防范和化解政府性债务风险。

第二节　特许经营的概念和特征

一、特许经营的概念

(一)特许经营

特许意指特别许可，即特许相对人在满足一定条件的情况下，特许的权利人将其权利部分或者全部让渡给相对人。特许的相对人获得特许经营权利之后，可以在该特许所指明的行业进行相应的经营活动。

特许经营根据其特许授权的主体不同可分为商业特许(Franchise)和政府特许(Concession)，前者属于商业行为，而后者属于政府部门将权利让渡。

2007年颁布的《商业特许经营管理条例》(国务院令第485号)中，商业特许经营是指“拥有注册商标、企业标志、专利、专有技术等经营资源的企业，以合同形式将其拥有的经营资源许可其他经营者使用，被特许人按照合同约定在统一的经营模式下开展经营，并向特许人支付特许经营费用的经营活动”。

政府特许经营主要在公用事业或基础设施领域中，由政府授予企业在一定时间和范围内对某项公用产品或服务进行经营的权利。根据2015年颁布的《基础设施和公用事业特许经营管理办法》，基础设施和公用事业特许经营是指"政府采用竞争方式依法授权中华人民共和国境内外的法人或者其他组织，通过协议明确权利义务和风险分担，约定其在一定期限和范围内投资建设运营基础设施和公用事业并获得收益，提供公共产品或者公共服务。"

商业特许经营和政府特许经营的比较见表1-1。

商业特许经营和政府特许经营的比较 表1-1

类别	商业特许经营	政府特许经营
概念区分	指与商业活动密切相关的特许，英文用 franchise	指涉及公共物品使用的特许，英文用 concession
经营目标	个人或企业利益最大化	群众与社会利益最大化
法律属性	私法：民商法	公法：行政法
特许人	拥有注册商标、企业标志、专利、专有技术等经营资源的企业或个人	拥有一系列国家公共资源、公共物品的政府
被特许人	民事合同约束下的企业或个人	行政合同约束下的单位或主体
特许权	使用权	使用权
特许人与被特许人关系	平等主体关系	平等主体、监管人与被监管人关系
适用范围	市场自由竞争导向指导下的生产、经销、零售等行业	供水、供气、供暖、交通等关系社会公共利益和涉及有限公共资源配置的行业

本书以政府特许经营为研究对象，后文所述特许经营均为政府特许经营。

（二）PPP

PPP（Public-Private Partnership），其表面含义是"公私合作伙伴关系"。PPP有广义和狭义之分。广义的PPP泛指公共部门与私人部门为提供公共产品或服务而建立的各种合作关系；狭义的PPP可以理解为一系列项目开展模式的总称，包含BOT、TOT（Transfer-Operate-Transfer，移交-运营-移交）、ROT（Rubuild-Operate-Transfer，改建-运营-移交）、DBFO（Design-Build-Finance-Operate，设计-建造-融资-运营）等多种模式。狭义的PPP更加强调合作过程中的风险分担机制和项目的资金价值（Value for Money）原则。

目前全球对PPP还没有一个公认的说法，世界各国对PPP的定义也各有不同。具有代表性的PPP定义如下：

（1）联合国开发计划署的定义。PPP是指政府、营利性企业和非营利性组织基于某个项目而形成的相互合作关系。通过这种合作关系，各方可以达到比预期单独行动更有利的结果。在这种关系中，政府并非把项目的责任全部转移给社会资本，而是由参与合作的各方共同承担责任和融资风险。

(2)欧盟委员会的定义。PPP是指公共部门和私人部门之间的一种合作关系,双方根据各自的优势共同承担风险和责任,以提供传统上由公共部门负责的公共项目和服务,可分为传统承包项目、开发经营项目和合作开发项目,其目的是提供传统上由公共部门提供的公共项目或服务。

(3)联合国培训研究院的定义。PPP涵盖了不同社会体系倡导者之间的所有制度化合作方式,目的是解决当地或区域内某些复杂问题。其包含两层含义:其一是为满足公共产品需要而建立的公共和私人倡导者之间的各种合作关系;其二是为满足公共产品需要,公共部门和私营部门建立伙伴关系进行的大型公共项目的实施。

(4)亚洲开发银行的定义。PPP是指公共部门和私营部门在基础设施和其他服务方面的一系列的合作关系。其特征有:政府授权、规制和监管,私营部门出资、运营提供服务,公私长期合作、共担风险,提高效率和服务水平。

(5)加拿大PPP国家委员会的定义。PPP是公共部门和私人部门之间的一种合作经营关系,它建立在双方各自经验的基础上,通过适当的资源分配、风险分担和利益共享机制,最好地满足事先清晰界定的公共需求,一般可以分为DB(Design-Build,设计-建造)、O&M(Operation & Maintenance,运营和维护)、DBFO(Design-Build-Finance-Operate,设计-建造-投资-运营)、BOO(Build-Occupance-Operate,建造-拥有-运营)、BOOT(Build-Operate-Own-Transfer,建造-拥有-运营-移交)、BTO(Build-Transfer-Operate,建造-移交-运营)等模式。

(6)美国PPP国家委员会的定义。PPP是介于外包和私有化之间并结合了两者特点的一种公共产品提供方式,它充分利用私人资源进行设计、建设、投资、运营和维护公共基础设施,并提供相关服务以满足公共需求。

(7)英国的定义:PPP是指两个或更多主体之间的协议,确保他们目标一致,合作完成公共服务项目,他们之间一定程度上共享权利和责任,联合投资、共担风险和利益。

在我国,PPP模式的内涵是伴随着一系列政策文件的出台而逐步明晰的。从2014年起,财政部、国家发展改革委等部门尝试从不同角度揭示PPP的模式内涵,各个部门不同文件对于PPP的定义也有着一定的差别。

财政部《关于推广运用政府和社会资本合作模式有关问题的通知》(财金〔2014〕76号)指出:政府和社会资本合作模式是在基础设施及公共服务领域建立的一种长期合作关系。通常模式是由社会资本承担设计、建设、运营、维护基础设施的大部分工作,并通过“使用者付费”及必要的“政府付费”获得合理投资回报;政府部门负责基础设施及公共服务价格和质量监管,以保证公共利益最大化。PPP模式是政府与社会资本为提供公共产品或服务而建立的全过程合作关系,以授予特许经营权为基础,以利益共享和风险分担为特征,通过引入市场竞争和激励约束机制,发挥双方优势,提高公共产品或服务的质量和供给效率。

国家发展改革委《关于开展政府和社会资本合作的指导意见》(发改投资〔2014〕2724号)指出:政府和社会资本合作(PPP)模式是指政府为增强公共产品和服务供给能力、提高供给效率,通过特许经营、购买服务、股权合作等方式,与社会资本建立的利益共享、风险分担及长期合作关系。开展政府和社会资本合作,有利于创新投融资机制,拓宽社会资本投资渠道,增强经济增长内生动力;有利于推动各类资本相互融合、优势互补,促进投资主体多元化,发展混合所有制经济;有利于理顺政府与市场关系,加快政府职能转变,充分发挥市场配置资源的决定性作用。

PPP 是一种模式,更是一种理念。无论如何定义,PPP 注重的是政府与社会资本共同合作、长期合作,最核心的内容是政府与社会资本要共担风险、共享利益。PPP 注重政府的宏观战略规划以及监管职能的授权与使用,以建造公共基础设施满足公共需求;政府与社会资本合作,强调要发挥双方各自的优势,提高社会资本的利用和公共服务效率。

(三)政府特许经营与 PPP 的比较

政府通过特许经营、PPP 引导和配置资源。与此同时,政府通过特许经营、PPP 提供公共服务,实现公共目标。可以认为,特许经营和 PPP 都是治理的重要工具和资源配置方式,但这两者之间存在一定差别。

1. 特许经营主要侧重政府管理、配置资源

政府特许经营是指政府通过让渡公共基础设施和公用领域的经营权(占有权、使用权和对自身经营的部分收益权、处分权)而获取收益。政府特许经营的逻辑起点是市场失灵。因自然垄断、外部性等市场失灵出现时,需要政府提供公共服务,并进行管理。其中,政府特许经营是政府管理中重要的工具。政府特许经营通过行政授权,允许社会资本进入公共基础设施和公用事业领域。政府通过行政合同特许社会资本经营,侧重政府管理。

2. PPP 模式主要体现共治,是资源配置的新模式

PPP 模式至今没有公认的精确定义。不论哪种定义,其核心都是政府与社会资本(或企业)合作。虽然政府与社会资本合作提供公共产品或公共服务,但 PPP 模式的逻辑起点不同于政府提供公共服务模式。已有的经济学认识是:市场能有效发挥作用的地方交给市场,公共服务的提供只能是交给政府,政府与市场之间分工应当泾渭分明。但现实的情况是:即使在公认的公共领域,也并非政府独占,社会主体也可以提供公共服务。PPP 项目所涉及目标各异的政府、市场、社会、居民等多主体,为形成合作,需要共建相关机制与制度。针对 PPP 项目中的不确定性与风险,单靠政府或市场、社会都难以解决,需要政府、市场、社会共同治理并共担不确定性与风险。政府与市场、社会合作的形成和维系,必须满足各参与方的激励相容条件,参与各方收益共享。

3. 在实践中特许经营和 PPP 内容交叉重叠

近年来,国家高度重视 PPP 的发展,并下发了一系列相关文件,地方也出台了推动 PPP 发展的相关规定和政策。然而,这些文件与住房和城乡建设部、交通运输部等部委和地方政府(如北京、天津、成都等)发布的政府特许经营规定在内容、程序等方面都存在较大的重叠。例如,《北京市城市基础设施特许经营条例》(北京市人民代表大会常务委员会公告第 42

号)规定的政府对项目补贴政策与国家新出台的PPP文件内容非常相似。国家在大力推进PPP的同时,也出台了有关政府特许经营的文件。《基础设施和公共事业特许经营管理办法》所规定的内容与国家近几年密集发布的PPP在内容上的交叉重叠,导致地方政府在理解执行过程中出现偏差,经常感到无力适从,同一个基础设施和公共事业项目,既可以说成是PPP模式,又可以说成是政府特许经营模式。

更为关键的是,在已出台文件中对PPP概念的理解也不尽一致。财政部《关于推广运用政府社会资本合作模式有关问题的通知》(财金〔2014〕76号)中将PPP解释为:在基础设施及公共服务领域建立的一种长期伙伴关系,通常是通过双方建立的SPV公司来承担设计、建设、运营、维护基础设施等工作,并通过"使用者计费"及必要的"政府付费"来获得合理投资回报,以SPV为载体把营利性、公益性融合起来,以保障公共利益。国家发展改革委《关于开展政府和社会资本合作的指导意见》(发改投资〔2014〕2724号)中将PPP解释为:为政府增强公共产品和服务供给能力、提高供给效率,通过政府特许经营、购买服务、股权合作等方式,与社会资本建立利益共享、风险分担及长期合作关系。可以看出,财政部的文件没有提及政府特许经营,而国家发展改革委的文件则将政府特许经营理解为PPP的一种方式。由于国家部委在顶层设计上对PPP的认知出现了偏差,也有一些地方将二者之间的关系理解为:PPP=政府特许经营+政府采购。

本书以基础设施特许经营项目参与双方(特许方和被特许方)的会计核算问题为主要研究对象,而现行会计准则和规范主要是关于社会资本方和政府方对政府和社会资本合作(PPP)项目合同的会计处理要求。二者存在的理论差异不影响针对其业务活动的会计核算,故本书以基础设施特许经营类PPP项目的会计核算作为研究对象,从社会资本方和政府方两个视角,对项目涉及的经济活动和事项进行分析,并给出会计处理建议。

二、特许经营的特征

基础设施特许经营应当坚持公开、公平、公正,保护各方信赖利益,发挥社会资本融资、专业、技术和管理优势,提高公共服务质量效率;转变政府职能,强化政府与社会资本协商合作;保护社会资本合法权益,保证特许经营持续性和稳定性;兼顾经营性和公益性平衡,维护公共利益。特许经营的特征主要包括:

(1)授予特许经营权的单位为行政机关,且涉及相关主体多。PPP项目中参与的主体数量多且极其复杂,包括政府、社会资本和间接关联参与主体。间接关联参与主体有咨询机构、律师事务所和金融机构等。从参与主体的结构来看,可分为独立主体参与和联合体参与,并"投资、融资、建设、运营"一个特许经营项目。从合作环节上看,它可以是多个主体在特许经营项目"投资、融资、建设、运营、移交"等一个、几个或所有环节的合作。从合作动机上看,几个主体可以是技术联盟,或者是收益联盟,或者是风险联盟,或者为了增信需求,或者形成综合合作等。

(2)特许的内容是有限公共资源或公共服务的经营权,项目合作期限长且投资体量大。通常情况下,特许经营项目投资总额在1亿元(含)以上,合作期限在10年(含)以上,一般不超过40年(含)。对于投资规模大、回报周期长的特许经营项目,可以由政府或者其授权部门与特许经营者根据项目实际情况,约定超过规定的特许经营期限。这样的制度安排,可在一定程度上满足基础设施和公共服务领域具有"长期、持续、稳定、规模大"的需求,这也是特许经营项目特别准入的基本条件之一。

(3)项目的核心是"运营"。财政部《关于规范政府和社会资本合作(PPP)综合信息平台项目库管理的通知》(财金〔2017〕92号,已废止)指出,"各级财政部门应认真落实相关法律法规及政策要求,对新申请纳入项目管理库的项目进行严格把关,优先支持存量项目,审慎开展政府付费类项目,确保入库项目质量"。因此,政府和社会资本合作重点在于PPP项目必须要有"运营内容",即使政府和社会资本合作提供的是公共产品或公共服务,如果仅仅在项目建设方面进行合作,形成了拉长版的BT(Build-Transfer,建造-移交)项目,也不属于PPP项目。实践中,PPP项目决策者和操作者对"运营"的理解,直接影响到政府方对PPP项目识别和筛选决策、PPP项目合同中各方权利与义务的安排、回报模式的设计和绩效考核的方式,这些已成为PPP项目成功落地和实施的关键要素。

(4)特许经营项目具有跨期性。特许经营项目跨期性是指项目当年立项后,与其他建设项目一样,不可能在当年建成并运营,这样,就形成了项目建设期跨越了多个会计期。根据特许经营项目产业或行业特征、投资规模、技术难度等因素,一般建设期都在2年(含)以上;大型水利枢纽项目建设期一般也在10年(含)左右。对于特许经营项目公司或社会资本单方成立的项目公司来讲,从内容上要"规范好、确认好、计量好"跨期项目收入与跨期项目费用;从形式上要"识别好、厘清好、确认好"递延科目和应计科目的会计事项;从焦点上要关注特许经营项目跨期性会引发的项目账务处理和会计核算等诸多问题。

本章小结

伴随着我国政治环境、社会经济发展水平的变化,特许经营在我国经历了探索、逐步推广、蓬勃发展、规范发展等阶段。2014年以来,财政部、国家发展改革委等部门陆续印发了关于开展政府和社会资本合作的相关指导意见,在这种背景下,我国的PPP发展进入新纪元,PPP快速成为地方政府缓解债务危机增加基础设施建设的主要途径。推广政府和社会资本合作模式有利于充分发挥市场机制作用,提升公共服务的供给质量和效率,实现公共利益最大化。

基础设施和公用事业特许经营是指政府采用竞争方式依法授权中华人民共和国境内外的法人或者其他组织,通过协议明确权利义务和风险分担,约定其在一定期限和范围内投资建设运营基础设施和公用事业并获得收益,提供公共产品或者公共服务。基础设施特许经营具有授予特许经营权的单位为行政机关,且涉及相关主体多,特许的内容是有限公共资源或公共服务的经营权,项目合作期限长且投资体量大,项目的核心是"运营",具有跨期性等特征。

复习思考题

1. 什么是特许经营？政府特许经营的主要领域是什么？

2. 通过学习特许经营在我国的发展历程，对你有什么启示？

3. 特许经营和PPP，这两个概念是否一致？结合我国近期社会经济形势，分析PPP模式的未来走向。

4. 除了文中所述，你认为基础设施特许经营还具有哪些特征？

第二章

特许经营项目的实施方式

本章概要

特许经营项目实施的明显特征是政府授予社会资本特许经营权，由社会资本独自或与政府出资代表合资的项目公司，来投资、建设、运营特许经营项目。根据《基础设施和公用事业特许经营管理办法》（国家发展改革委　财政部　住房和城乡建设部　交通运输部　水利部　中国人民银行令2015年第25号）第五条，“基础设施和公用事业特许经营可以采取以下方式：①在一定期限内，政府授予特许经营者投资新建或改扩建、运营基础设施和公用事业，期限届满移交政府；②在一定期限内，政府授予特许经营者投资新建或改扩建、拥有并运营基础设施和公用事业，期限届满移交政府；③特许经营者投资新建或改扩建基础设施和公用事业并移交政府后，由政府授予其在一定期限内运营；④国家规定的其他方式”。

本章从对国际上政府和社会资本合作的基本模式进行梳理出发，结合我国实际情况和现行法律法规规范体系，以我国不同主管部门对政府和社会资本合作基本模式的分类进行分析；接着详细阐述了我国政府与社会资本合作项目的合同体系；最后对政府与社会资本合作项目的各参与主体进行介绍。

根据《关于开展政府和社会资本合作的指导意见》（发改投资〔2014〕2724号），PPP模式主要适用于政府负有提供责任又适宜市场化运作的公共服务、基础设施类项目。燃气、供电、供水、供热、污水及垃圾处理等市政设施，公路、铁路、机场、城市轨道交通等交通设施，医疗、旅游、教育培训、健康养老等公共服务项目，以及水利、资源环境和生态保护等项目均可推行PPP模式。在实务中，PPP的运作模式灵活多样，不同运作模式的PPP在所有权、融资、建设、运营等方面各有不同的特征，包括政府和社会资本在内的参与各方在权利义务关系上也存在差异。

第一节　特许经营的运作方式

一、国际上PPP模式的运作方式

综合国际上的主要分类标准，PPP项目大致可以分为管理外包、特许经营以及私有化三大类，如图 2-1 所示。再结合考虑公共责任和项目风险向社会资本转移的程度，将 PPP 模式分为不同的运作方式，具体 PPP 项目运作方式的选择主要由收费定价机制、项目投资收益水平、风险分配基本框架、融资需求、改扩建需求和期满处置等因素决定。

图 2-1 PPP 模式的运作方式分类

数据来源：《PPP 的定义和分类研究》。

(一)管理外包类

管理外包类 PPP 项目分为模块式外包(Component Outsourcing)和整体式外包(Turnkey)。

模块式外包(Component Outsourcing)分为服务外包和管理外包。

(1)服务外包(Service Contract)：政府以一定费用委托私人部门代为提供某项公共服务，例如设备维修等。合同期限为 1～3 年。

(2)管理外包(Management Contract)：政府以一定费用委托私人部门代为管理某公共设

施或服务，例如城市垃圾处理等。合同期限一般为 3 ~5 年。

整体式外包(Turnkey)中包含 DB、DBMM、O&M、DBO 几种方式。

(3)DB(Design-Build，设计-建造)：私人部门按照公共部门规定的性能指标，以事先约定好的固定价格设计并建造基础设施，并承担工程延期和费用超支的风险。因此，私人部门必须通过提高其管理水平和专业技能来满足规定的性能指标要求。

(4)DBMM(Design-Build-Major Maintenance，设计-建造-主要维护)：公共部门承担 DB 模式中提供的基础设施的经营责任，但主要的维修功能交给私人部门。

(5)O&M(Operation & Maintenance，运营和维护)：私人部门与公共部门签订协议，代为经营和维护公共部门拥有的基础设施，向私人部门支付一定费用。例如城市自来水供应、垃圾处理等。合同期限一般为 5 ~8 年。

(6)DBO(Design-Build-Operate，设计-建造-运营)：私人部门除承担 DB 和 DBMM 中的所有职能外，还负责经营该基础设施，但整个过程中资产的所有权仍由公共部门保留。

外包类 PPP 项目一般是由政府投资，私人部门承包整个项目中的一项或几项职能，例如只负责工程建设，或者受政府之托代为管理维护设施或提供部分公共服务，并通过政府付费实现收益。在外包类 PPP 项目中，私人部门承担的风险相对较小。

(二)特许运营类

特许运营类项目需要私人参与部分或全部投资，并通过一定的合作机制与公共部门分担项目风险、共享项目收益。其包含传统的 TOT 和 BOT 等方式。

TOT(Transfer-Operate-Transfer，移交-运营-移交)，国外定义可分为 PUOT、LUOT 两种。

(1)PUOT(Purchase-Upgrade-Operate-Transfer，购买-更新-运营-移交)：私人部门购买已有的公共基础设施，经过一定程度的更新、扩建后运营该设施。在运营期间私人部门拥有该设施的所有权，合同结束后将该设施的使用权和所有权移交给公共部门。

(2)LUOT(Lease-Upgrade-Operate-Transfer，租赁-更新-运营-移交)：私人部门租赁已有的公共基础设施，经过一定程度的更新、扩建后经营该设施，租赁期结束后移交给公共部门。

BOT(Build-Operate-Transfer，建造-运营-移交)，国外定义可分为 BLOT、BOOT 两种。

(1)BLOT(Build-Lease-Operate-Transfer，建造-租赁-运营-移交)：私人部门先与公共部门签订长期租赁合同，由私人部门在公共土地上投资、建设基础设施，并在租赁期内经营该设施，通过向用户收费而收回投资实现利润。合同结束后将该设施交还给公共部门。

(2)BOOT(Build-Operate-Own-Transfer，建造-拥有-运营-移交)：私人部门在获得公共部门授予的特许权后，投资、建设基础设施，并通过向用户收费而收回投资实现利润。在特许期内，私人部门具有该设施的所有权，特许期结束后交还给公共部门。

TOT 是对已建成的项目只负责经营即可，而 BOT 是没有建成的项目需要先进行建设然后进行经营，因而相比较来说，BOT 的风险较大。

除了 TOT 和 BOT 两种方式外，特许运营类 PPP 还有 DBTO、DBFO 等方式。

(1)DBTO(Design-Build-Transfer-Operate，设计-建造-移交-运营)：私人部门先垫资建设

基础设施，完工后以约定好的价格移交给政府部门，政府部门再将该设施以一定费用回租给私人部门，由私人部门运营该设施。

(2)DBFO(Design-Build-Finance-Operate，设计-建造-投资-运营)：项目从设计开始就特许给私人部门，由私人部门负责项目投资、融资、设计、建造、运营、维护等环节，直到项目经营期满收回投资和取得投资收益。

(三)私有化类

私有化类 PPP 是公共部门与私人部门通过一定的契约关系，使公共项目按照一定的方式最终转化为私人部门的一种 PPP 模式。私有化类 PPP 项目需要私人部门负责项目的全部投资，在政府的监管下，通过向用户收费收回投资实现利润。

在私有化类 PPP 模式中，根据私有化程度不同可以分为完全私有化和部分私有化两种。其中完全私有化，又可分为 PUO、BOO 两种。

(1)PUO(Purchase-Upgrade-Operate，购买-更新-运营)：私人部门购买现有基础设施，经过更新扩建后经营该设施，并永久拥有该设施的产权。在与公共部门签订的购买合同中注明保证公益性的约束条款，受政府管理和监督。

(2)BOO(Build-Own-Operate，建造-拥有-运营)：私人部门投资、建设并永久拥有和经营基础设施，在与公共部门签订的原始合同中注明保证公益性的约束条款，受政府管理和监督。

部分私有化可分为股权转让和合资兴建等方式。

(1)股权转让：公共部门将现有设施的一部分所有权转让给私人部门持有，但公共部门一般仍然处于控股地位。公共部门与私人部门共同承担各种风险。

(2)合资兴建：公共部门和私人部门共同出资兴建公共设施，私人部门通过持股方式拥有设施，并通过选举董事会成员对设施运行管理，公共部门一般处于控股地位，与私人部门一起承担风险。

由于私有化类 PPP 项目的所有权永久归私人拥有，并且不具备有限追索的特性，因此私人部门在这类 PPP 项目中承担的风险最大。

二、我国 PPP 模式的运作方式

(一)我国现行法律法规等文件对 PPP 运作方式的划分

目前，财政部和国家发展改革委推广的 PPP 以特许经营类为主。特许经营是目前国内推广最多的方式，主要指社会资本参与 PPP 项目部分或全部投资，与公共部门分担项目风险、共享项目收益。特许经营类项目能充分发挥政府公共部门与社会资本双方各自的优势，节约整个项目的建设和经营成本，同时还能提高公共服务的质量。合同结束后，社会资本将项目的使用权或所有权移交给公共部门。

1. 财政部文件对 PPP 模式的划分

根据《政府和社会资本合作模式操作指南(试行)》(财金〔2014〕113 号)，PPP 项目运作方式主要包括委托运营、管理合同、建造-运营-移交、建造-拥有-运营、移交-运营-移交和改建-运营-移交等，见表2-1。具体运作方式的选择主要由收费定价机制、项目投资收益水平、风险分配基本框架、融资需求、改扩建需求和期满处置等因素决定。

财政部规定 PPP 项目的运作方式　　表2-1

运作方式	含义	资产归属	期限
委托运营(O&M)	政府将存量公共资产的运营维护职责委托给社会资本或项目公司，社会资本或项目公司不负责用户服务	政府	一般不超过8年
管理合同(MC)	政府将存量公共资产的运营、维护及用户服务职责授权给社会资本或项目公司的项目运作方式。政府保留资产所有权，只向社会资本或项目公司支付管理费。通常作为移交-运营-移交的过渡方式	政府	一般不超过3年
建造-运营-移交(BOT)	由社会资本或项目公司承担新建项目设计、融资、建造、运营、维护和用户服务职责，合同期满后项目资产及相关权利等移交给政府	政府	20~30年
建造-拥有-运营(BOO)	由BOT方式演变而来，两者区别主要是BOO方式下社会资本或项目公司拥有项目所有权，但必须在合同中注明保证公益性的约束条款	不涉及期满移交	20~30年或更长
移交-运营-移交(TOT)	政府将存量资产所有权有偿转让给社会资本或项目公司，并由其负责运营、维护和用户服务，合同期满后资产及其所有权等移交给政府	政府	20~30年
改建-运营-移交(ROT)	政府在TOT的基础上，增加改扩建内容	政府	20~30年

2. 国家发展改革委文件对PPP模式的划分

依据国家发展改革委《关于开展政府和社会资本合作的指导意见》(发改投资〔2014〕2724号)，PPP操作模式选择可分为经营性项目、非经营性项目和准经营性项目，具体见表2-2。

国家发展改革委 PPP 模式分类　　表2-2

分类	表现形式	所有权归属
经营性项目	建造-拥有-运营-移交(BOOT)	社会资本/政府
	移交-运营-移交(TOT)/改建-运营-移交(ROT)	社会资本
	建造-运营-移交(BOT)	政府
准经营性项目	建造-运营-移交(BOT)	政府
	建造-拥有-运营(BOO)	社会资本
	设计-建造-融资-运营-移交(DBFOT)	政府
非经营性项目	建造-拥有-运营(BOO)	社会资本
	委托运营(O&M)	政府

(1)经营性项目,对于具有明确的收费基础,并且经营收费能够完全覆盖投资成本的项目,可通过政府授予特许经营权,采用建造-运营-移交(BOT)、建造-拥有-运营-移交(BOOT)等模式推进。

(2)准经营性项目,对于经营收费不足以覆盖投资成本、需要政府补贴部分资金或资源的项目,可采用授予特许经营权和政府补贴结合的方式,以建造-运营-移交(BOT)、建造-拥有-运营(BOO)等模式推进。

(3)非经营性项目。对于缺乏“使用者付费”基础,依靠政府付费回收投资成本的,可采用建造-拥有-运营(BOO)、委托运营(O&M)等市场化模式推进。

不同的 PPP 模式,各有优缺点。如果按照项目类型来分类,存量项目可采用 O&M、MC、LOT、TOT、ROT 等方式建设运营,而新建项目可采用 BOT、BOO 等方式建设运营。

依据国家发展改革委关于印发《传统基础设施领域实施政府和社会资本合作项目工作导则》的通知(发改投资〔2016〕2231 号),政府和社会资本合作模式主要包括特许经营和政府购买服务两类。新建项目优先采用建造-运营-移交(BOT)、建造-拥有-运营-移交(BOOT)、设计-建造-融资-运营-移交(DBFOT)、建造-拥有-运营(BOO)等方式。存量项目优先采用改建-运营-移交(ROT)方式。同时,各地区可根据当地实际情况及项目特点,积极探索、大胆创新,灵活运用多种方式,切实提高项目运作效率。

(二)本书对 PPP 模式的划分

通过对上述材料进行整理,本书从以下三个方面对 PPP 模式的常见类型进行分类:

(1)按照服务于社会经济发展的不同方面,PPP 项目大致可分为经济、社会和政府三类。经济类包括公路、铁路、机场、城市轨道交通等交通基础设施,燃气、供电、供水、供热、污水及垃圾处理等市政公用事业,园区开发等领域;社会类包括保障性住房、教育、文化、卫生等领域;政府类主要服务于司法执法、行政、防务等领域。本书以经济类特许经营项目为主要研究对象。

(2)按照 PPP 项目运作方式分类,主要分为管理外包类、特许经营类和私有化类三类。以特许经营类为例,项目运作方式包括:移交-运营-移交(TOT)、改建-运营-移交(ROT)、建造-运营-移交(BOT),以及这些方式的组合等。本书以特许经营类 PPP 项目为主要研究对象。

实务中,具体运作方式的选择主要由 PPP 项目类型、融资需求、重建需求、收费定价机制、投资收益水平、风险分配基本框架和期满处置等因素决定。PPP 项目的具体运作方式见表 2-3。

PPP 项目的具体运作方式 表 2-3

类别	具体模式	简要说明
管理外包类	管理合同 (Management Contract,MC)	指政府将存量公共资产的运营、维护及用户服务职责授权给社会资本或项目公司的项目运作方式。政府保留公共资产的所有权,只向社会或项目公司支付管理费。管理合同通常作为移交-运营-移交的过渡方式,合同期限一般不超过 3 年

续上表

类别	具体模式	简要说明
管理外包类	委托运营 (Operations & Maintenance,O&M)	指政府将存量公共资产的运营维护职责委托给社会资本或项目公司,社会资本或项目公司不负责用户服务的项目运作方式。政府保留资产所有权,只向社会资本或项目公司支付委托经营费。合同期限一般不超过8年
特许经营类	移交-运营-移交 (Transfer-Operate-Transfer,TOT)	指政府将存量资产所有权有偿转让给社会资本或项目公司,并由其负责运营、维护和用户服务,合同期满后资产及其所有权等移交给政府的项目运作方式。社会资本通过政府或者使用者付费实现运营回报。合同期限一般为20~30年
	改建-运营-移交 (Rehabilitate-Operate-Transfer,ROT)	指政府在TOT模式的基础上,增加重建内容的项目运作方式。合同期限一般为20~30年
	建造-运营-移交 (Build-Operate-Transfer,BOT)	指社会资本或项目公司承担新建项目设计、融资、建造、运营、维护和用户服务职责,合同期满后项目资产及相关权利等移交给政府的项目运作方式。社会资本通过政府或使用者付费实现运营回报
私有化类	建造-拥有-运营 (Build-Own-Operate,BOO)	与BOT方式下社会资本和项目公司承担的公共职责和投资运营回报机制一致。在BOO方式下,社会资本或项目公司对项目拥有所有权,但必须在合同中注明保证公益性的约束条款,一般不涉及项目期满移交
	移交-拥有-运营 (Transfer-Own-Operate,TOO)	指政府将存量资产所有权有偿转让给社会资本或项目公司,并由其负责运营、维护和用户服务,合作期满后社会资本和项目公司无须在合作期满将项目移交政府,但必须在合同中注明保证公益性约束条款

(3)按照社会资本、特许经营者和项目公司获得收入的方式,PPP项目可分为政府付费方式(Government Payment)、使用者付费方式(User Charges)和可行性缺口补助方式(Viability Gap Funding,VGF)。

①政府付费是指政府直接付费购买公共产品和服务。在政府付费机制下,政府可以依据项目设施的可用性、产品或服务的使用量以及质量向项目公司付费。政府付费是公用设施类和公共服务类项目中较为常用的付费机制,在一些公共交通项目中也会采用这种机制。通常用于不直接向终端用户提供服务的终端型基础设施项目,如市政污水处理厂、垃圾焚烧发电厂等,或者不具备收益性的基础设施项目,如市政道路、河道治理等。

②使用者付费是指由最终消费用户直接付费购买公共产品和服务。项目公司直接从最终用户处收取费用,以回收项目的建设和运营成本并获得合理收益。使用者付费方式通常用于可经营性系数较高、财务效益良好、直接向终端用户提供服务的基础设施项目,如市政

供水、供热、城市管道燃气等公用基础设施项目和高速公路、桥梁、地铁等公共交通项目。

③可行性缺口补助是指使用者付费不足以满足项目公司成本回收和合理回报时，由政府给予项目公司一定的经济补助，以弥补使用者付费之外的缺口部分。可行性缺口补助是在政府付费机制与使用者付费机制之外的一种折中选择。在我国实践中，可行性缺口补助的形式多种多样，具体可能包括土地划拨、投资入股、投资补助、优惠贷款、贷款贴息、放弃分红权、授予项目相关开发收益权和其他优惠政策等其中的一种或多种。VGF 通常用于可经营性系数较低、财务效益欠佳、直接向终端用户提供服务但收费无法覆盖投资和运营回报的基础设施项目，如医院、学校、文化及体育场馆、保障房、价格调整之后或需求不足的网络型市政公用项目、交通流量不足的收费公路等。

在 PPP 项目中，付费机制关系 PPP 项目的风险分配和收益回报，是 PPP 项目合同中的核心条款。项目公司的主要收益来自项目提供的产品或服务的销售收入。保证 PPP 项目公共产品有足够的需求者或公共服务有稳定的销售对象，对于项目公司运营与存在及保证公共产品的服务质量是至关重要的。由于项目公司公共产品或服务的购买者可能是政府，也可能是最终使用者，因此，PPP 项目付费机制是不同的。不同的付费机制对应不同的 PPP 项目类型，应用于不同的领域，图 2-2 反映了它们之间的关系。实践中，需要根据各方的合作预期和承受能力，结合项目所涉的行业、运作方式等实际情况，因地制宜地设置合理的付费机制。本书认为基础设施特许经营是基于使用者付费的政府和社会资本合作模式，故以使用者付费方式的 PPP 项目作为主要研究对象。

项目	经营性项目	准经营性项目	非经营性项目
特点	具有明确的收费基础，并且经营收费能够完全覆盖投资成本	经营收费不足以覆盖投资成本、需政府补贴部分资金或资源	缺乏“使用者付费”基础、主要依靠“政府付费”回收投资成本
付费机制	使用者付费	使用者付费+可行性缺口补助	政府付费
运作模式	通过政府授予特许经营权，采用BOT等模式推进	通过政府授予特许经营权附加部分补贴或直接投资参股等措施，采用BOT、BOO等模式推进	通过政府购买服务，采用 BOO 、委托运营等市场化模式推进

图 2-2　PPP 付费机制与使用项目类型关系图

第二节　特许经营项目合同体系

政府与社会资本合作模式是在基础设施和公共服务领域，政府和社会资本基于合同建立的一种合作关系。“按合同办事”不仅是特许经营模式的精神实质，也是依法治国、依法行政的内在要求。加强对特许经营合同的起草、谈判、履行、变更、解除、转让、终止直至失效的全过程管理，通过合同正确表达意愿、合理分配风险、妥善履行义务、有效主张权利，是政府和社会资本长期友好合作的重要基础,也是特许经营项目顺利实施的重要保障。

国家发展改革委印发的《关于开展政府和社会资本合作的指导意见》(发改投资〔2014〕2724 号)中以附件的形式发布了《政府和社会资本合作项目通用合同指南(2014 年版)》,项目合同由合同正文和合同附件组成,主要反映合同的一般要求,采用模块化的编写框架,共设置 15 个模块、86 项条款,适用于不同模式合作项目的投融资、建设、运营和服务、移交等阶段,具有较强的通用性。原则上,所有模式项目合同的正文都应包含 10 个通用模块:总则、合同主体、合作关系、项目前期工作、收入和回报、不可抗力和法律变更、合同解除、违约处理、争议解决,以及其他约定。其他模块可根据实际需要灵活选用。例如,建造-运营-移交模式的项目合同除了 10 个通用模块之外,还需选用投资计划及融资、工程建设、运营和服务、社会资本主体移交项目等模块。

财政部随后印发了《关于规范政府和社会资本合作合同管理工作的通知》(财金〔2014〕156 号),以附件的形式发布了《PPP 项目合同指南(试行)》,指出在 PPP 项目中,PPP 项目合同是整个合同体系的基础和核心,政府方与社会资本方的权利义务关系以及 PPP 项目的交易结构、风险分配机制等均通过 PPP 项目合同确定,并以此作为各方主张权利、履行义务的依据和项目全生命周期顺利实施的保障。除项目合同外,项目公司的股东之间,项目公司与项目的融资方、承包商、专业运营商、原料供应商、产品或服务购买方、保险公司等其他参与方之间,还会围绕 PPP 项目合作订立一系列合同来确立和调整彼此之间的权利义务关系,共同构成 PPP 项目的合同体系。PPP 项目的合同通常包括 PPP 项目合同、股东协议、履约合同(包括工程承包合同、运营服务合同、原料供应合同、产品或服务购买合同等)、融资合同和保险合同等,其基本合同体系如图 2-3 所示。

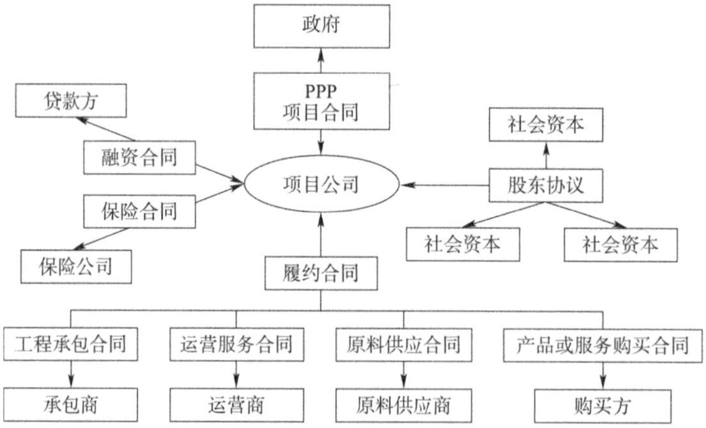

图 2-3 PPP 项目基本合同体系

在 PPP 项目合同体系中,各个合同之间并非完全独立、互不影响,而是紧密衔接、相互贯通的,合同之间存在着一定的“传导关系”,了解 PPP 项目的合同体系和各个合同之间的传导关系,有助于对 PPP 项目合同进行更加全面准确的把握。

首先,在合同签订阶段,作为合同体系的基础和核心,PPP 项目合同的具体条款不仅会直接影响到项目公司股东之间的协议内容,而且会影响项目公司与融资方的融资合同以及与保险公司的保险合同等其他合同的内容。此外,PPP 项目合同的具体约定,还可能通过工程承包或产品服务购买等方式,传导到工程承包(分包)合同、原料供应合同、运营服务合同和产品或服务购买合同上。

其次,在合同履行阶段,合同关系的传导方向可能发生逆转。例如分包合同的履行出现问题,会影响到总承包合同的履行,进而影响到 PPP 项目合同的履行。

一、PPP 项目合同

项目合同是指政府方(政府或政府授权机构)与社会资本方(社会资本或项目公司)依法就 PPP 项目合作所订立的合同,其目的是在政府方与社会资本方之间合理分配项目风险,明确双方权利义务关系,保障双方能够依据合同约定合理主张权利,妥善履行义务,确保项目全生命周期内的顺利实施。而基础设施的特许经营协议是特许经营类 PPP 项目合同的基本表现形式。PPP 项目合同是其他合同产生的基础,也是整个 PPP 项目合同体系的核心。

在项目初期阶段,项目公司尚未成立时,政府方会先与社会资本(即项目投资人)签订意向书、备忘录或者框架协议,以明确双方的合作意向,详细约定双方有关项目开发的关键权利义务。待项目公司成立后,由项目公司与政府方重新签署正式 PPP 项目合同,或者签署关于承继上述协议的补充合同。在 PPP 项目合同中通常也会对 PPP 项目合同生效后政府方与项目公司及其母公司之前就本项目所达成的协议是否会继续存续进行约定。

二、股东协议

股东协议由项目公司的股东签订,用以在股东之间建立长期的、有约束力的合约关系。股东协议通常包括前提条件、项目公司的设立和融资、项目公司的经营范围、股东权利、履行 PPP 项目合同的股东承诺、股东的商业计划、股权转让、股东会、董事会、监事会组成及其职权范围、股息分配、违约、终止及终止后处理机制、不可抗力、适用法律和争议解决等。

项目投资人订立股东协议的主要目的在于设立项目公司,由项目公司负责项目的建设、运营和管理,因此项目公司的股东可能会包括希望参与项目建设、运营的承包商、原料供应商、运营商、融资方等主体。在某些情况下,为了更直接地参与项目的重大决策、掌握项目实施情况,政府也可能通过直接参股的方式成为项目公司的股东(但政府通常并不控股和直接参与经营管理)。在这种情形下,政府与其他股东相同,享有作为股东的基本权益,同时也需履行股东的相关义务,并承担项目风险。

股东协议除了包括规定股东之间权利义务的一般条款外,还可能包括与项目实施相关的特殊规定。以承包商作为项目公司股东为例,承包商的双重身份可能会导致股东之间一定程度的利益冲突,并在股东协议中予以反映。例如,为防止承包商在工程承包事项上享有过多的控制权,其他股东可能会在股东协议中限制承包商在工程建设及索赔事项上的表决权;如果承包商参与项目的主要目的是承担项目的设计、施工等工作,并不愿长期持股,承包商会希望在股东协议中预先作出股权转让的相关安排;但是,如果融资方也是股东,融资方通常会要求限制承包商转让其所持有的项目公司股权的权利,例如要求承包商至少要到工程缺陷责任期满后才可转让其所持有的项目公司股权。

三、履约合同

1. 工程承包合同

项目公司一般只作为融资主体和项目运营管理者而存在,本身不一定具备自行设计、采购、建设项目的条件,因此可能会将部分或全部设计、采购、建设工作委托给工程承包商,签订工程承包合同。项目公司可以与单一承包商签订总承包合同,也可以分别与不同承包商签订合同。承包商的选择要遵循相关法律法规的规定。

由于工程承包合同的履行情况往往直接影响 PPP 项目合同的履行,进而影响项目的贷款偿还和收益情况。因此,为了有效转移项目建设期间的风险,项目公司通常会与承包商签订一个固定价格、固定工期的“交钥匙”合同,将工程费用超支、工期延误、工程质量不合格等风险全部转移给承包商。此外,工程承包合同中通常还会包括履约担保和违约金条款,进一步约束承包商妥善履行合同义务。

2. 运营服务合同

根据 PPP 项目运营内容和项目公司管理能力的不同,项目公司有时会考虑将项目全部或部分的运营和维护事务外包给有经验的专业运营商,并与其签订运营服务合同。个案中,运营维护事务的外包可能需要事先取得政府的同意。但是,PPP 项目合同中约定的项目公司的运营和维护义务并不因项目公司将全部或部分运营维护事务分包给其他运营商实施而豁免或解除。

由于 PPP 项目的期限通常较长,在项目的运营维护过程中存在较大的管理风险,可能因项目公司或运营商管理不善而导致项目亏损。因此,项目公司应优先选择资信状况良好、管理经验丰富的运营商,并通过在运营服务合同中预先约定风险分配机制或者投保相关保险来转移风险,确保项目平稳运营并获得稳定收益。

3. 原料供应合同

有些 PPP 项目在运营阶段对原料的需求量很大、原料成本在整个项目运营成本中占比较大,同时受价格波动、市场供给不足等影响,又无法保证能够随时在公开市场上以平稳价格获取,继而可能会影响整个项目的持续稳定运营,例如燃煤电厂项目中的煤炭。因此,为了防控原料供应风险,项目公司通常会与原料的主要供应商签订长期原料供应合同,并且约定一个相对稳定的原料价格。

在原料供应合同中,一般会包括以下条款:交货地点和供货期限、供货要求和价格、质量标准和验收、结算和支付、合同双方的权利义务、违约责任、不可抗力、争议解决等。除上述一般性条款外，原料供应合同通常还会包括“照供不误”条款，即要求供应商以稳定的价格、稳定的质量品质为项目提供长期、稳定的原料。

4. 产品或服务购买合同

在 PPP 项目中，项目公司的主要投资收益来自项目提供的产品或服务的销售收入，因此保证项目产品或服务有稳定的销售对象，对于项目公司而言十分重要。根据 PPP 项目付费机制的不同，项目产品或服务的购买者可能是政府，也可能是最终使用者。以政府付费的供电项目为例，政府的电力主管部门或国有电力公司通常会事先与项目公司签订电力购买协议，约定双方的购电和供电义务。

此外，在一些产品购买合同中，还会包括“照付不议”条款，即项目公司与产品的购买者约定一个最低采购量，只要项目公司按照最低采购量供应产品，不论购买者是否需要采购该产品，均应按照最低采购量支付相应价款。

四、融资合同

从广义上讲，融资合同可能包括项目公司与融资方签订的项目贷款合同、担保人就项目贷款与融资方签订的担保合同、政府与融资方和项目公司签订的直接介入协议等多个合同。其中，项目贷款合同是最主要的融资合同。

在项目贷款合同中，一般会包括陈述与保证、前提条件、偿还贷款、担保与保障、抵销、违约、适用法律与争议解决等。同时，出于贷款安全性的考虑，融资方往往要求项目公司以其财产或其他权益作为抵押或质押，或由其母公司提供某种形式的担保或由政府作出某种承诺，这些融资保障措施通常会在担保合同、直接介入协议以及 PPP 项目合同中予以具体体现。

需要特别强调的是，PPP 项目的融资安排是 PPP 项目实施的关键环节，鼓励融资方式多元化、引导融资方式创新、落实融资保障措施，对于增强投资者信心、维护投资者权益以及保障 PPP 项目的成功实施至关重要。

五、保险合同

由于 PPP 项目通常资金规模大、生命周期长，负责项目实施的项目公司及其他相关参与方通常需要对项目融资、建设、运营等不同阶段的不同类型的风险分别进行投保。通常可能涉及的保险种类包括货物运输险、建筑工程险、针对设计或其他专业服务的专业保障险、针对间接损失的保险、第三人责任险、政治风险保险等。

鉴于 PPP 项目所涉风险的长期性和复杂性，为确保投保更有针对性和有效性，建议在制订保险方案或签署保险合同前先咨询专业保险顾问的意见。

六、其他合同

在 PPP 项目中还可能会涉及其他的合同，例如与专业中介机构签署的投资、法律、技术、财务、税务等方面的咨询服务合同。

第三节　特许经营项目参与主体

特许经营类 PPP 项目的参与主体通常包括政府、社会资本方、融资方、承包商和分包商、专业运营商、原料供应商、产品或服务购买方、保险公司以及其他参与方等。

一、政府

根据 PPP 项目运作方式和社会资本参与程度的不同，政府在 PPP 项目中所承担的具体职责也不同。总体来讲，在 PPP 项目中，政府需要同时扮演以下两种角色：首先，作为公共事务的管理者，政府负有向公众提供优质且价格合理的公共产品和服务的义务，承担 PPP 项目的规划、采购、管理、监督等行政管理职能，并在行使上述行政管理职能时形成与项目公司（或社会资本）之间的行政法律关系；其次，作为公共产品或服务的购买者（或者购买者的代理人），政府基于 PPP 项目合同形成与项目公司（或社会资本）之间的平等民事主体关系，按照 PPP 项目合同的约定行使权利、履行义务。

为便于区分政府的不同角色，政府或政府授权机构作为 PPP 项目合同的一方签约主体时，通常称为政府方。

二、社会资本方

社会资本方是指与政府方签署 PPP 项目合同的社会资本或项目公司，是依法设立且有效存续的具有法人资格的企业，包括民营企业、国有企业、外国企业和外商投资企业。社会资本是 PPP 项目的实际投资人。但在实践中，社会资本通常不会直接作为 PPP 项目的实施主体，而会专门针对该项目成立项目公司，作为 PPP 项目合同及项目其他相关合同的签约主体，负责项目具体实施。

项目公司是依法设立的自主运营、自负盈亏的具有独立法人资格的经营实体。项目公司可以由社会资本（可以是一家企业，也可以是多家企业组成的联合体）出资设立，也可以由政府和社会资本共同出资设立。但政府在项目公司中的持股比例应当低于 50% 且不具有实际控制力及管理权。

三、融资方

PPP 项目的融资方通常有商业银行、出口信贷机构、多边金融机构（如世界银行、亚洲开发银行等）以及非银行金融机构（如信托公司）等。根据项目规模和融资需求的不同，融资方可以是一两家金融机构，也可以是由多家银行或机构组成的银团，具体的债权融资方式除贷款外，也包括债券、资产证券化等。

四、承包商和分包商

在 PPP 项目中,承包商和分包商的选择是影响工程技术成败的关键因素,其技术水平、资历、信誉以及财务能力在很大程度上会影响贷款人对项目的商业评估和风险判断,是项目能否获得贷款的一个重要因素。

承包商主要负责项目的建设,通常与项目公司签订固定价格、固定工期的工程总承包合同。一般而言,承包商要承担工期延误、工程质量不合格和成本超支等风险。

对于规模较大的项目,承包商可能会与分包商签订分包合同,把部分工作分包给专业分包商。根据具体项目的不同情况,分包商从事的具体工作可能包括设计、部分非主体工程的施工,提供技术服务以及供应工程所需的货物、材料、设备等。承包商负责管理和协调分包商的工作。

五、专业运营商(部分项目适用)

根据不同 PPP 项目运作方式的特点,项目公司有时会将项目部分的运营和维护事务交给专业运营商负责。但根据项目性质、风险分配以及运营商资质能力等不同,专业运营商在不同项目中所承担的工作范围和风险也会不同。例如,在一些采用政府付费机制的项目中,项目公司不承担需求风险或仅承担有限需求风险的,可能会将大部分的运营事务交由专业运营商负责;而在一些采用使用者付费机制的项目中,由于存在较大需求风险,项目公司可能仅仅会将部分非核心的日常运营管理事务交由专业运营商负责。

六、原料供应商(部分项目适用)

在一些 PPP 项目中,原料的及时、充足、稳定供应对于项目的平稳运营至关重要,因此原料供应商也是这类项目的重要参与方之一。例如在燃煤电厂项目中,为了保证煤炭的稳定供应,项目公司通常会与煤炭供应商签订长期供应协议。

七、产品或服务购买方(部分项目适用)

在包含运营内容的 PPP 项目中,项目公司通常通过项目建成后的运营收入回收成本并获取利润。为了降低市场风险,在项目谈判阶段,项目公司以及融资方通常都会要求确定项目产品或服务的购买方,并由购买方与项目公司签订长期购销合同,以保证项目未来的稳定收益。

八、保险公司

由于 PPP 项目通常资金规模大、生命周期长,在项目建设和运营期间面临着诸多难以预料的各类风险,因此项目公司以及项目的承包商、分包商、供应商、运营商等通常均会就其面临的各类风险向保险公司进行投保,以进一步分散和转移风险。同时,由于项目风险一旦发生就有可能造成严重的经济损失,因此PPP项目对保险公司的资信有较高要求。

九、其他参与方

除上述参与方之外,开展PPP项目还必须充分借助投资、法律、技术、财务、保险代理等方面的专业技术力量,因此,PPP项目的参与方通常还可能会包括上述领域的专业机构。

本章小结

目前,财政部和国家发展改革委推广的PPP项目以特许经营类为主。特许经营方式是目前国内推广最多的方式,主要指社会资本参与PPP项目部分或全部投资,与公共部门分担项目风险、共享项目收益。特许经营类项目能充分发挥政府公共部门与社会资本双方各自的优势,节约整个项目的建设和经营成本,同时还能提高公共服务的质量。合同结束后,社会资本将项目的使用权或所有权移交给公共部门。结合对PPP基本模式的分析,本书以特许经营PPP项目为主要研究对象。

"按合同办事"是特许经营模式的精神实质,加强对特许经营合同的起草、谈判、履行、变更、解除、转让、终止直至失效的全过程管理,通过合同正确表达意愿、合理分配风险、妥善履行义务、有效主张权利,是特许经营项目顺利实施的重要保障。特许经营项目的参与主体通常包括政府、社会资本方、融资方、承包商和分包商、原料供应商、专业运营商、保险公司以及专业机构等。

复习思考题

1. PPP的基本模式有哪些?国际上的PPP和我国的PPP是否相同?如不同,主要差异体现在哪里?

2. 按照社会资本、特许经营者和项目公司获得收入的方式,PPP项目可分为政府付费方式、使用者付费方式和可行性缺口补助方式。请简述每种方式的适用范围。

3. 结合国家发展改革委和财政部的相关规定,你认为特许经营项目合同体系应该主要包括哪些合同?其中最重要的是哪些合同?这些合同签订和履行的过程中,应特别注意哪些事项?

4. 特许经营项目的参与主体通常包括哪些?这些参与主体在特许经营项目的准备、实施和完成阶段各自发挥着怎样的作用?

5. 社会资本方和项目公司之间的关系是什么?项目的实施单位是哪个?

第三章

特许经营项目的业务流程

本章概要

各参与方应按照公平、公正、公开和诚实信用的原则，依法、规范、高效实施政府和社会资本合作项目。特许经营业务流程主要涉及政府、社会资本和其他参与方开展的关于政府和社会资本合作项目的识别、准备、采购、执行和移交等活动，如图3-1所示。

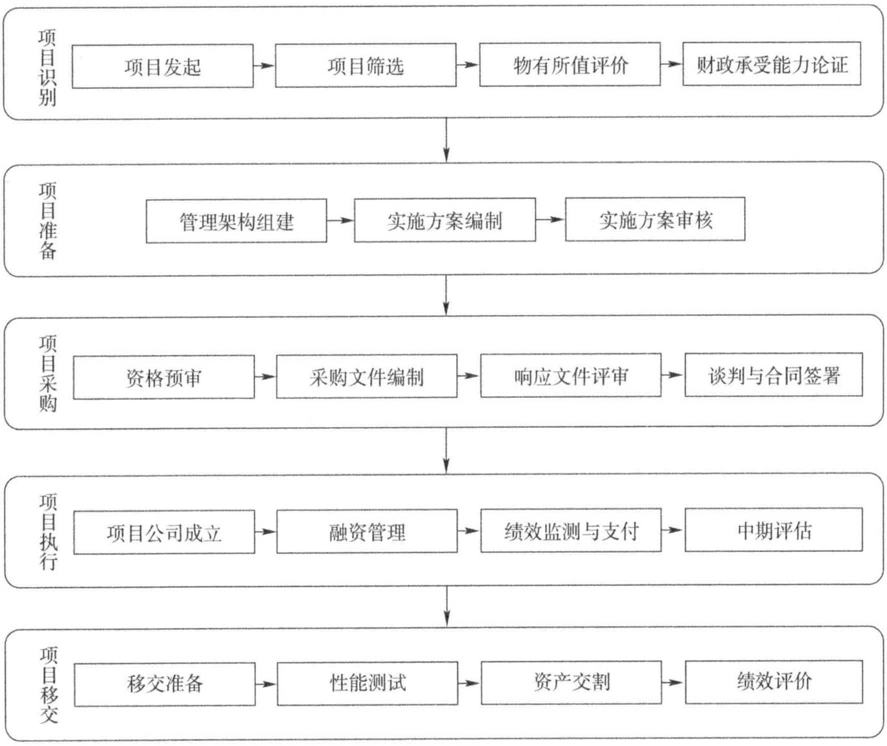

图3-1　特许经营项目业务流程图

特许经营项目操作较复杂，步骤多，周期长，对政府的管理能力要求较高。实践中，政府往往难以独自完成整个操作流程，需借助法律、技术、财务、环境以及其他领域的专业顾问力量。合理选择并有效管理顾问团队，对特许经营项目的顺利实施至关重要。

第一节　项目识别

投资规模较大、需求长期稳定、价格调整机制灵活、市场化程度较高的基础设施及公共服务类项目，适宜采用政府和社会资本合作模式。

一、项目发起

政府和社会资本合作项目由政府或社会资本发起，以政府发起为主。

1. 政府发起

财政部门应负责向交通、住建、环保、能源、教育、医疗、体育健身和文化设施等行业主管部门征集潜在政府和社会资本合作项目。行业主管部门可从国民经济和社会发展规划及行业专项规划中的新建、改建项目或存量公共资产中遴选潜在项目。

2. 社会资本发起

社会资本应以项目建议书的方式向财政部门推荐潜在政府和社会资本合作项目。

二、项目筛选

财政部门会同行业主管部门，对潜在政府和社会资本合作项目进行评估筛选，确定备选项目。财政部门应根据筛选结果制订项目年度和中期开发计划。

对于列入年度开发计划的项目，项目发起方应按财政部门的要求提交相关资料。新建、改建项目应提交可行性研究报告、项目产出说明和初步实施方案；存量项目应提交存量公共资产的历史资料、项目产出说明和初步实施方案。

三、物有所值评价

物有所值（Value for Money，VFM）评价，是判断是否采用PPP模式代替政府传统投资运营方式提供公共服务项目的一种评价方法。

财政部门应会同行业主管部门，在项目识别或准备阶段，从定性和定量两方面开展物有所值评价工作。现阶段以定性评价为主，鼓励开展定量评价。定量评价可作为项目全生命周期内风险分配、成本测算和数据收集的重要手段，以及项目决策和绩效评价的参考依据。应统筹定性评价和定量评价结论，作出物有所值评价结论。物有所值评价结论分为“通过”和“未通过”。“通过”的项目，可进行财政承受能力论证；“未通过”的项目，可在调整实施方案后重新评价，仍未通过的不宜采用PPP模式。评价过程中可积极利用第三方专业机构和专家力量。

定性评价包括全生命周期整合程度、风险识别与分配、绩效导向与鼓励创新、潜在竞争程度、政府机构能力、可融资性六项基本评价指标。其中，全生命周期整合程度指标主要考核在项目全生命周期内，项目设计、投融资、建造、运营和维护等环节能否实现长期、充分整合；风险识别与分配指标主要考核在项目全生命周期内，各风险因素是否得到充分识别并在政府和社会资本之间进行合理分配；绩效导向与鼓励创新指标主要考核是否建立以基础设施及公共服务供给数量、质量和效率为导向的绩效标准和监管机制，是否落实节能环保、支持本国产业等政府采购政策，能否鼓励社会资本创新；潜在竞争程度指标主要考核项目内容对社会资本参与竞争的吸引力；政府机构能力指标主要考核政府转变职能、优化服务、依法履约、行政监管和项目执行管理等能力；可融资性指标主要考核项目的市场融资能力。项目本级财政部门会同行业主管部门，可根据具体情况设置补充评价指标。补充评价指标主要是六项基本评价指标未涵盖的其他影响因素，包括项目规模大小、预期使用寿命长短、主要固定资产种类、全生命周期成本测算准确性、运营收入增长潜力、行业示范性等。定性评价专家组包括财政、资产评估、会计、金融等经济方面专家，以及行业、工程技术、项目管理和法律方面专家等。

定量评价主要通过对政府和社会资本合作项目全生命周期内政府支出成本现值与公共部门比较值进行比较，计算项目的物有所值量值，判断政府和社会资本合作模式是否降低项目全生命周期成本。定量评价是在假定采用 PPP 模式与政府传统投资方式产出绩效相同的前提下，通过对 PPP 项目全生命周期内政府方净成本的现值（PPP 值）与公共部门比较值（PSC 值）进行比较，判断 PPP 模式能否降低项目全生命周期成本。PPP 值可等同于 PPP 项目全生命周期内股权投资、运营补贴、风险承担和配套投入等各项财政支出责任的现值，参照《政府和社会资本合作项目财政承受能力论证指引》（财金〔2015〕21 号）及有关规定测算。PSC 值是以下三项成本的全生命周期现值之和：

（1）参照项目的建设和运营维护净成本：参照项目可根据具体情况确定为假设政府采用现实可行的、最有效的传统投资方式实施的、与 PPP 项目产出相同的虚拟项目或最近五年内相同或相似地区采用政府传统投资方式实施的、与 PPP 项目产出相同或非常相似的项目；建设净成本主要包括参照项目设计、建造、升级、改造、大修等方面投入的现金以及固定资产、土地使用权等实物和无形资产的价值，并扣除参照项目全生命周期内产生的转让、租赁或处置资产所获的收益；运营维护净成本主要包括参照项目全生命周期内运营维护所需的原材料、设备、人工等成本，以及管理费用、销售费用和运营期财务费用等，并扣除假设参照项目与 PPP 项目付费机制相同情况下能够获得的使用者付费收入等。

（2）竞争性中立调整值：主要是采用政府传统投资方式比采用 PPP 模式实施项目少支出的费用，通常包括少支出的土地费用、行政审批费用、有关税费等。

（3）项目全部风险成本：包括可转移给社会资本的风险承担成本和政府自留风险的承担成本，参照《政府和社会资本合作项目财政承受能力论证指引》（财金〔2015〕21 号）第二十一条及有关规定测算。

PPP 值小于或等于 PSC 值的，认定为通过定量评价；PPP 值大于 PSC 值的，认定为未通过定量评价。

项目本级财政部门会同行业主管部门，在物有所值评价结论形成后，完成物有所值评价报告编制工作，报省级财政部门备案，并将报告电子版上传 PPP 综合信息平台。

四、财政承受能力论证

财政承受能力论证是指识别、测算政府和社会资本合作项目的各项财政支出责任，科学评估项目实施对当前及今后年度财政支出的影响，为PPP项目财政管理提供依据。开展PPP项目财政承受能力论证，是政府履行合同义务的重要保障，有利于规范PPP项目财政支出管理，有序推进项目实施，有效防范和控制财政风险，实现PPP可持续发展。财政承受能力论证采用定量和定性分析方法，坚持合理预测、公开透明、从严把关，统筹处理好当期与长远关系，严格控制PPP项目财政支出规模。财政承受能力论证的结论分为“通过论证”和“未通过论证”。“通过论证”的项目，各级财政部门应当在编制年度预算和中期财政规划时，将项目财政支出责任纳入预算统筹安排；“未通过论证”的项目，则不宜采用PPP模式。

根据财政部印发的《政府和社会资本合作项目财政承受能力论证指引》(财金〔2015〕21号)，各级财政部门负责组织开展行政区域内PPP项目财政承受能力论证工作。财政部门应当会同行业主管部门，共同开展PPP项目财政承受能力论证工作，必要时可通过政府采购方式聘请专业中介机构协助。各级财政部门要以财政承受能力论证结论为依据，会同有关部门统筹做好项目规划、设计、采购、建设、运营、维护等全生命周期管理工作。PPP项目财政承受能力论证涉及的工作流程和具体环节如图3-2所示。

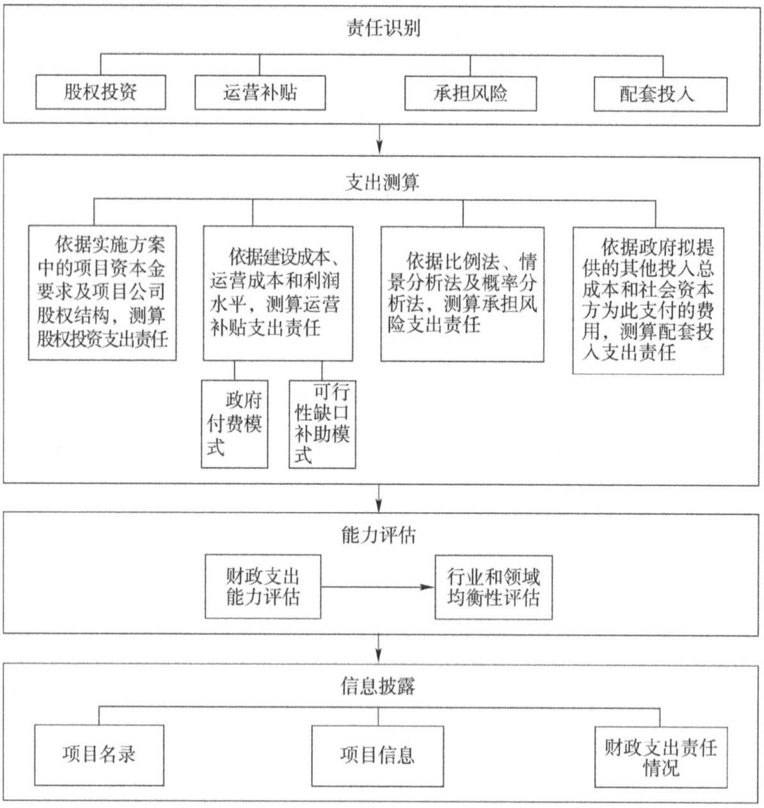

图3-2　PPP项目财政承受能力论证涉及的工作流程和具体环节

财政部门按照权责发生制会计原则,对政府在 PPP 项目中的资产投入,以及与政府相关项目资产进行会计核算,并在政府财务统计、政府财务报告中反映;按照收付实现制会计原则,对 PPP 项目相关的预算收入与支出进行会计核算,并在政府决算报告中反映。

第二节　项目准备

通过物有所值评价和财政承受能力论证的项目,可进行项目准备。

一、管理架构组建

县级(含)以上地方人民政府可建立专门协调机制,主要负责项目评审、组织协调和检查督导等工作,实现简化审批流程、提高工作效率的目的。政府或其指定的有关职能部门或事业单位可作为项目实施机构,负责项目准备、采购、监管和移交等工作。

二、实施方案编制

项目实施机构应组织编制项目实施方案,下面依次对以下内容进行介绍。

1. 项目概况

项目概况主要包括基本情况、经济技术指标和项目公司股权情况等。

(1)基本情况主要明确项目提供的公共产品和服务内容、项目采用政府和社会资本合作模式运作的必要性和可行性,以及项目运作的目标和意义。

(2)经济技术指标主要明确项目区位、占地面积、建设内容或资产范围、投资规模或资产价值、主要产出说明和资金来源等。

(3)项目公司股权情况主要明确是否要设立项目公司以及公司股权结构。

2. 风险分配基本框架

按照风险分配优化、风险收益对等和风险可控等原则,综合考虑政府风险管理能力、项目回报机制和市场风险管理能力等要素,在政府和社会资本间合理分配项目风险,并坚持风险分配的下列基本原则:

(1)承担风险的一方应该对该风险具有控制力。

(2)承担风险的一方能够将该风险合理转移(例如通过购买相应保险)。

(3)承担风险的一方对于控制该风险有更大的经济利益或动机。

(4)由该方承担该风险最有效率。

(5)如果风险最终发生,承担风险的一方不应将由此产生的费用和损失转移给合同相对方。

具体 PPP 项目的风险分配需要根据项目实际情况,以及各方的风险承受能力,在谈判过程中确定。在实践中,不同 PPP 项目合同中的风险分配安排可能完全不同。下面列举了一些实践中较为常见的风险分配安排，但需要强调的是，这些风险分配安排并非适用于所有项目，在具体项目中，仍需要具体问题具体分析，并进行充分评估论证。

（1）通常由政府方承担的风险，包括土地获取风险（在特定情形下也可能由项目公司承担）、项目审批风险（根据项目具体情形不同，可能由政府方承担，也可能由项目公司承担）、政治不可抗力（包括非因政府方原因且不在政府方控制下的征收征用和法律变更等）。

（2）通常由项目公司承担的风险，包括：如期完成项目融资的风险；项目设计、建设和运营维护相关风险，例如完工风险、供应风险、技术风险、运营风险以及移交资产不达标的风险等；项目审批风险（根据项目具体情形不同，可能由政府方承担，也可能由项目公司承担）；获得项目相关保险。

（3）通常由双方共担的风险：自然不可抗力。

3. 项目运作方式

项目运作方式主要包括建造-运营-移交、建造-拥有-运营、移交-运营-移交和改建-运营-移交等。

具体运作方式的选择主要由收费定价机制、项目投资收益水平、风险分配基本框架、融资需求、改扩建需求和期满处置等因素决定。

4. 交易结构

交易结构主要包括项目投融资结构、项目回报机制和相关配套安排。

（1）项目投融资结构主要说明项目资本性支出的资金来源、性质和用途，项目资产的形成和转移等。

（2）项目回报机制主要说明社会资本取得投资回报的资金来源，包括使用者付费、可行性缺口补助和政府付费等支付方式。

（3）相关配套安排主要说明由项目以外相关机构提供的土地、水、电、气和道路等配套设施和项目所需的上下游服务。

5. 合同体系

合同体系主要包括项目合同、股东合同、融资合同、工程承包合同、运营服务合同、原料供应合同、产品采购合同和保险合同等。项目合同是其中最核心的法律文件。项目边界条件是项目合同的核心内容，主要包括权利义务、交易条件、履约保障和调整衔接等边界。

（1）权利义务边界主要明确项目资产权属、社会资本承担的公共责任、政府支付方式和风险分配结果等。

（2）交易条件边界主要明确项目合同期限、项目回报机制、收费定价调整机制和产出说明等。

（3）履约保障边界主要明确强制保险方案以及由投资竞争保函、建设履约保函、运营维护保函和移交维修保函组成的履约保函体系。

（4）调整衔接边界主要明确应急处置、临时接管和提前终止、合同变更、合同展期、项目新增改扩建需求等应对措施。

6. 监管架构

监管架构主要包括授权关系和监管方式。授权关系主要是政府对项目实施机构的授权,以及政府直接或通过项目实施机构对社会资本的授权;监管方式主要包括履约管理、行政监管和公众监督等。

7. 采购方式选择

项目采购应根据《中华人民共和国政府采购法》及相关规章制度执行,采购方式包括公开招标、竞争性谈判、邀请招标、竞争性磋商和单一来源采购。项目实施机构应根据项目采购需求特点,依法选择适当采购方式。

公开招标主要适用于核心边界条件和技术经济参数明确、完整、符合国家法律法规和政府采购政策,且采购中不作更改的项目。

三、实施方案审核

财政部门应对项目实施方案进行物有所值和财政承受能力验证,通过验证的,由项目实施机构报政府审核;未通过验证的,可在实施方案调整后重新验证;经重新验证仍不能通过的,不再采用政府和社会资本合作模式。

第三节　项 目 采 购

一、资格预审

项目实施机构应根据项目需要准备资格预审文件,发布资格预审公告,邀请社会资本和与其合作的金融机构参与资格预审,验证项目能否获得社会资本响应和实现充分竞争,并将资格预审的评审报告提交财政部门备案。

项目有3家以上社会资本通过资格预审的,项目实施机构可以继续开展采购文件准备工作;项目通过资格预审的社会资本不足3家的,项目实施机构应在实施方案调整后重新组织资格预审;项目经重新资格预审合格社会资本仍不够3家的,可依法调整实施方案选择的采购方式。

资格预审公告应在省级以上人民政府财政部门指定的媒体上发布。资格预审合格的社会资本在签订项目合同前资格发生变化的,应及时通知项目实施机构。资格预审公告应包括项目授权主体、项目实施机构和项目名称、采购需求、对社会资本的资格要求、是否允许联合体参与采购活动、拟确定参与竞争的合格社会资本的家数和确定方法,以及社会资本提交资格预审申请文件的时间和地点。提交资格预审申请文件的时间自公告发布之日起不得少于15个工作日。

二、采购文件编制

项目采购文件应包括采购邀请、竞争者须知(包括密封、签署、盖章要求等)、竞争者应提供的资格、资信及业绩证明文件、采购方式、政府对项目实施机构的授权、实施方案的批复和项目相关审批文件、采购程序、响应文件编制要求、提交响应文件截止时间、提交响应文件开启时间、提交响应文件地点、强制担保的保证金交纳数额和形式、评审方法、评审标准、政府采购政策要求、项目合同草案及其他法律文本等。

采用竞争性谈判或竞争性磋商采购方式的,项目采购文件除上款规定的内容外,还应明确评审小组根据与社会资本谈判情况可能实质性变动的内容,包括采购需求中的技术、服务要求以及合同草案条款。

三、响应文件评审

评审小组由项目实施机构代表和评审专家共 5 人以上单数组成,其中评审专家人数不得少于评审小组成员总数的 2/3。评审专家可以由项目实施机构自行选定,但评审专家中应至少包含 1 名财务专家和 1 名法律专家。项目实施机构代表不得以评审专家身份参加项目的评审。

项目采用公开招标、邀请招标、竞争性谈判、单一来源采购方式开展采购的,按照政府采购法律法规及有关规定执行。

项目采用竞争性磋商采购方式开展采购的,按照下列基本程序进行。

1. 采购公告发布及报名

竞争性磋商公告应在省级以上人民政府财政部门指定的媒体上发布。竞争性磋商公告应包括项目实施机构和项目名称、项目结构和核心边界条件、是否允许未进行资格预审的社会资本参与采购活动,以及审查原则、项目产出说明、对社会资本提供的响应文件要求、获取采购文件的时间、地点、方式及采购文件的售价、提交响应文件截止时间、开启时间及地点。提交响应文件的时间自公告发布之日起不得少于 10 日。

2. 资格审查及采购文件发售

已进行资格预审的,评审小组在评审阶段不再对社会资本资格进行审查。允许进行资格后审的,由评审小组在响应文件评审环节对社会资本进行资格审查。项目实施机构可以视项目的具体情况,组织对符合条件的社会资本的资格条件进行考察核实。

3. 采购文件的澄清或修改

提交首次响应文件截止之日前,项目实施机构可以对已发出的采购文件进行必要的澄清或修改,澄清或修改的内容应作为采购文件的组成部分。澄清或修改的内容可能影响响应文件编制的,项目实施机构应在提交首次响应文件截止时间至少 5 日前,以书面形式通知所有获取采购文件的社会资本;不足 5 日的,项目实施机构应顺延提交响应文件的截止时间。

4.响应文件评审

项目实施机构应按照采购文件规定组织响应文件的接收和开启。评审小组对响应文件进行两阶段评审。

第一阶段:确定最终采购需求方案。评审小组可以与社会资本进行多轮谈判,谈判过程中可实质性修订采购文件的技术、服务要求以及合同草案条款,但不得修订采购文件中规定的不可谈判核心条件。实质性变动的内容,须经项目实施机构确认,并通知所有参与谈判的社会资本。具体程序按照《政府采购非招标方式管理办法》及有关规定执行。

第二阶段:综合评分。最终采购需求方案确定后,由评审小组对社会资本提交的最终响应文件进行综合评分,编写评审报告,并向项目实施机构提交候选社会资本的排序名单。具体程序按照《政府采购货物和服务招标投标管理办法》及有关规定执行。

项目实施机构应在资格预审公告、采购公告、采购文件、采购合同中,列明对本国社会资本的优惠措施及幅度、外方社会资本采购我国生产的货物和服务要求等相关政府采购政策,以及对社会资本参与采购活动和履约保证的强制担保要求。社会资本应以支票、汇票、本票或金融机构、担保机构出具的保函等非现金形式缴纳保证金。参加采购活动的保证金的数额不得超过项目预算金额的2%。履约保证金的数额不得超过政府和社会资本合作项目初始投资总额或资产评估值的10%。无固定资产投资或投资额不大的服务型合作项目,履约保证金的数额不得超过平均6个月的服务收入额。

项目实施机构应组织社会资本进行现场考察或召开采购前答疑会,但不得单独或分别组织只有一个社会资本参加的现场考察和答疑会。

四、谈判与合同签署

项目实施机构应成立专门的采购结果确认谈判工作组。按照候选社会资本的排名,依次与候选社会资本及与其合作的金融机构就合同中可变的细节问题进行合同签署前的确认谈判,率先达成一致的即为中选者。确认谈判不得涉及合同中不可谈判的核心条款,不得与排序在前但已终止谈判的社会资本进行再次谈判。

确认谈判完成后,项目实施机构应与中选社会资本签署确认谈判备忘录,并将采购结果和根据采购文件、响应文件、补遗文件和确认谈判备忘录拟定的合同文本进行公示,公示期不得少于5个工作日。合同文本应将中选社会资本响应文件中的重要承诺和技术文件等作为附件。合同文本中涉及国家秘密、商业秘密的内容可以不公示。公示期满无异议的项目合同,应在政府审核同意后,由项目实施机构与中选社会资本签署。

需要为项目设立专门项目公司的,待项目公司成立后,由项目公司与项目实施机构重新签署项目合同,或签署关于承继项目合同的补充合同。

项目实施机构应在项目合同签订之日起2个工作日内,将项目合同在省级以上人民政府财政部门指定的媒体上公告,但合同中涉及国家秘密、商业秘密的内容除外。

第四节　项目执行

一、项目公司设立

社会资本可依法设立项目公司。政府可指定相关机构依法参股项目公司。项目实施机构和财政部门应监督社会资本按照采购文件和项目合同约定,按时足额出资设立项目公司。

二、融资管理

项目融资由社会资本或项目公司负责。社会资本或项目公司应及时开展融资方案设计、机构接洽、合同签订和融资交割等工作。财政部门和项目实施机构应做好监督管理工作,防止企业债务向政府转移。

社会资本或项目公司未按照项目合同约定完成融资的,政府可提取履约保函直至终止项目合同;遇系统性金融风险或不可抗力的,政府、社会资本或项目公司可根据项目合同约定协商修订合同中相关融资条款。

当项目出现重大经营或财务风险,威胁或侵害债权人利益时,债权人可依据与政府、社会资本或项目公司签订的直接介入协议或条款,要求社会资本或项目公司改善管理等。在直接介入协议或条款约定期限内,重大风险已解除的,债权人应停止介入。

三、绩效监测与支付

1. 政府支付义务

项目合同中涉及的政府支付义务,财政部门应结合中长期财政规划统筹考虑,纳入同级政府预算,按照预算管理相关规定执行。财政部门和项目实施机构应建立政府和社会资本合作项目政府支付台账,严格控制政府财政风险。在政府综合财务报告制度建立后,政府和社会资本合作项目中的政府支付义务应纳入政府综合财务报告。

项目实施机构应根据项目合同约定,监督社会资本或项目公司履行合同义务,定期监测项目产出绩效指标,编制季报和年报,并报财政部门备案。

政府有支付义务的,项目实施机构应根据项目合同约定的产出说明,按照实际绩效直接或通知财政部门向社会资本或项目公司及时足额支付。设置超额收益分享机制的,社会资本或项目公司应根据项目合同约定向政府及时足额支付应享有的超额收益。

项目实际绩效优于约定标准的,项目实施机构应执行项目合同约定的奖励条款,并可将其作为项目期满合同能否展期的依据;未达到约定标准的,项目实施机构应执行项目合同约定的惩处条款或救济措施。

2. 违约的临时接管

社会资本或项目公司违反项目合同约定，威胁公共产品和服务持续稳定安全供给，或危及国家安全和重大公共利益的，政府有权临时接管项目，直至启动项目提前终止程序。

政府可指定合格机构实施临时接管。临时接管项目所产生的一切费用，将根据项目合同约定，由违约方单独承担或由各责任方分担。社会资本或项目公司应承担的临时接管费用，可以从其应获终止补偿中扣减。

3. 项目实施机构重点关注

在项目合同执行和管理过程中，项目实施机构应重点关注合同修订、违约责任和争议解决等工作。

(1)合同修订。按照项目合同约定的条件和程序，项目实施机构和社会资本或项目公司可根据社会经济环境、公共产品和服务的需求量及结构等条件的变化，提出修订项目合同申请，待政府审核同意后执行。

(2)违约责任。项目实施机构、社会资本或项目公司未履行项目合同约定义务的，应承担相应违约责任，包括停止侵害、消除影响、支付违约金、赔偿损失以及解除项目合同等。

(3)争议解决。在项目实施过程中，按照项目合同约定，项目实施机构、社会资本或项目公司可就发生争议且无法协商达成一致的事项，依法申请仲裁或提起民事诉讼。

四、中期评估

1. 中期评估重点

项目实施机构应每3~5年对项目进行中期评估，重点分析项目运行状况和项目合同的合规性、适应性和合理性；及时评估已发现问题的风险，制订应对措施，并报财政部门备案。

2. 政府行政监管重点

政府相关职能部门应根据国家相关法律法规对项目履行行政监管职责，重点关注公共产品和服务质量、价格和收费机制、安全生产、环境保护和劳动者权益等。

社会资本或项目公司对政府职能部门的行政监管处理决定不服的，可依法申请行政复议或提起行政诉讼。

3. 信息披露

政府、社会资本或项目公司应依法公开披露项目相关信息，保障公众知情权，接受社会监督。

社会资本或项目公司应披露项目产出的数量和质量、项目经营状况等信息。政府应公开不涉及国家秘密、商业秘密的政府和社会资本合作项目合同条款、绩效监测报告、中期评估报告和项目重大变更或终止情况等。

社会公众及项目利益相关方发现项目存在违法、违约情形或公共产品和服务不达标准的，可向政府职能部门提请监督检查。

第五节　项目移交

一、移交准备

项目移交时，项目实施机构或政府指定的其他机构代表政府收回项目合同约定的项目资产。

项目合同中应明确约定移交形式、补偿方式、移交内容和移交标准。移交形式包括期满终止移交和提前终止移交；补偿方式包括无偿移交和有偿移交；移交内容包括项目资产、人员、文档和知识产权等；移交标准包括设备完好率和最短可使用年限等指标。

采用有偿移交的，项目合同中应明确约定补偿方案；没有约定或约定不明的，项目实施机构应按照“恢复相同经济地位”原则拟定补偿方案，报政府审核同意后实施。

二、性能测试

项目实施机构或政府指定的其他机构应组建项目移交工作组，根据项目合同约定与社会资本或项目公司确认移交情形和补偿方式，制定资产评估和性能测试方案。

项目移交工作组应委托具有相关资质的资产评估机构，按照项目合同约定的评估方式，对移交资产进行资产评估，作为确定补偿金额的依据。

项目移交工作组应严格按照性能测试方案和移交标准对移交资产进行性能测试。性能测试结果不达标的，移交工作组应要求社会资本或项目公司进行恢复性修理、更新重置或提取移交维修保函。

三、资产交割

社会资本或项目公司应将满足性能测试要求的项目资产、知识产权和技术法律文件，连同资产清单移交项目实施机构或政府指定的其他机构，办妥法律过户和管理权移交手续。社会资本或项目公司应配合做好项目运营平稳过渡相关工作。

四、绩效评价

项目移交完成后，财政部门应组织有关部门对项目产出、成本效益、监管成效、可持续性、政府和社会资本合作模式应用等进行绩效评价，并按相关规定公开评价结果。评价结果作为政府开展政府和社会资本合作管理工作决策参考依据。

根据《政府和社会资本合作（PPP）项目绩效管理操作指引》（财金〔2020〕13 号），PPP 项目绩效管理是指在 PPP 项目全生命周期开展的绩效目标和指标管理、绩效监控、绩效评价及结果应用等项目管理活动。项目实施机构应在项目所属行业主管部门的指导下开展 PPP 项目绩效管理工作，必要时可委托第三方机构协助。项目实施机构负责编制 PPP 项目绩效目标与绩效指标，报项目所属行业主管部门、财政部门审核。

（1）PPP 项目绩效目标：包括预期产出、预期效果及项目管理等内容。其中，预期产出是指项目在一定期限内提供公共服务的数量、质量、时效等；预期效果是指项目可能对经济、社会、生态环境等带来的影响情况，物有所值的实现程度，可持续发展能力及各方满意程度等；项目管理是指项目全生命周期内的预算、监督、组织、财务、制度、档案、信息公开等管理情况。

（2）PPP 项目绩效指标：它是衡量绩效目标实现程度的工具，应按照系统性、重要性、相关性、可比性和经济性的原则，结合预期产出、预期效果和项目管理等绩效目标细化量化后合理设定。

项目实施机构应根据项目合同约定，在执行阶段结合年度绩效目标和指标体系开展 PPP 项目绩效评价。财政部门应会同相关主管部门、项目实施机构等在项目移交完成后开展 PPP 项目后评价。PPP 项目绩效评价结果是按效付费、落实整改、监督问责的重要依据。

本章小结

特许经营业务流程主要涉及政府、社会资本和其他参与方开展的关于政府和社会资本合作项目的识别、准备、采购、执行和移交等活动。

项目识别包括项目发起、项目筛选、物有所值评价和财政承受能力论证等。通过物有所值评价和财政承受能力论证的项目，可进行项目准备。项目准备包括管理构架组建、实施方案编制和实施方案审核等。项目实施方案主要包括项目概况、风险分配基本框架、项目运作方式、交易结构、合同体系、监管架构、采购方式选择等内容。项目采购包括资格预审、采购文件编制、响应文件评审、谈判与合同签订等。项目执行包括项目公司设立、融资管理、绩效监测与支付和中期评估等。项目移交包括移交准备、性能测试、资产交割和绩效评价等。

复习思考题

1. 特许经营项目如何发起？政府和社会资本方作为发起人，有何不同？

2. 简述进行物有所值定性评价和定量评价的基本思路。

3. 项目实施机构组织编制项目实施方案时，应该包括哪些主要内容？

4. 项目执行阶段，融资管理的主体是谁？融资管理的主要任务是什么？

5. 项目执行阶段进行绩效监测的意义和作用是什么？绩效监测的不同结果对项目执行有哪些影响？

6. 你认为项目移交时应该注意的问题有哪些？移交资产如何确认？

7. 根据《政府和社会资本合作项目绩效管理操作指引》（财金〔2020〕13 号），PPP 项目绩效管理的主要内容有哪些？PPP 项目后评价与项目绩效管理的关系如何？

第二篇

社会资本方特许经营项目会计

本篇概要

社会资本方是特许经营项目合同的主要参与方。在特许经营项目合同中，社会资本方承担的是受政府方的委托投资建设特许经营项目资产，并通过使用特许经营项目资产向社会公众提供公共产品和服务的重要职责。按照国家有关法律法规的规定和特许经营项目合同的约定，社会资本方需要在特许经营项目合同期限届满时，将符合条件的特许经营项目资产移交给政府方或政府方指定的专门机构。

本篇学习和讨论的主要内容有：社会资本方为执行特许经营项目合同筹措取得特许经营项目资产所需资金涉及相关业务的会计处理；社会资本方为执行特许经营项目合同取得特许经营项目资产涉及相关业务的会计处理；社会资本方持有特许经营项目资产期间提供公共产品和服务涉及相关业务的会计处理；特许经营项目合同期限届满时社会资本方终止确认特许经营项目资产涉及的相关业务会计处理。

除此以外，社会资本方为执行特许经营项目合同，还有可能从政府方获取相关财政补助；在特许经营项目合同期限届满时，可能需要进行终止清算。这些特殊业务涉及的会计处理问题，也在本篇进行学习和讨论。

第四章

社会资本方特许经营项目会计处理概论

本章概要

参与特许经营项目合同的社会资本方，可进一步划分为参与特许经营项目竞标的社会资本方，以及社会资本方为执行特许经营项目合同投资设立的项目公司。社会资本方或项目公司从事特许经营业务的会计处理，需要执行《企业会计准则解释第14号》中的相关解释。在本章中，主要学习国务院以及相关主管部门对社会资本方的界定，理顺社会资本方与项目公司的关系，较好地理解《企业会计准则解释第14号》中的相关解释，为进一步学习社会资本方或项目公司执行特许经营项目合同的会计处理奠定所需的前期专业基础。

由于承担特许经营项目建设与运营管理的责任主体基本属于社会资本方投资设立的项目公司，故除非专门所指，本书一律采取"项目公司"的称谓来代表特许经营项目合同中的社会资本方。

第一节　社会资本方概述

一、社会资本方的概念

(一)社会资本方的界定

特许经营项目合同的签署方包括政府方和社会资本方。可以认为，社会资本方是特许经营项目合同的主要参与方，承担着受政府方的委托投资建设特许经营项目资产，并通过使用特许经营项目资产向社会公众提供公共产品和服务的重要职责。

在国外，特许经营项目合同的签署方一般采取的是"授予方"和"经营方"的称谓。

财政部于2008年8月7日印发的《企业会计准则解释第2号》(财会〔2008〕11号)中采取的是"合同投资方"的称谓，并将合同投资方界定为"按照有关程序取得该特许经营权合同的企业"。

财政部于2014年11月29日印发的《财政部关于印发政府和社会资本合作模式操作指

南(试行)的通知》(财金〔2014〕113 号)中首次明确了社会资本的概念。该文对社会资本的界定是:社会资本是指已建立现代企业制度的境内外企业法人。

2014 年 12 月 30 日,财政部印发的《关于规范政府和社会资本合作合同管理工作的通知》(财金〔2014〕156 号)的附件——PPP 项目合同指南(试行)中,将社会资本界定为“依法设立且有效存续的具有法人资格的企业”。

综上所述,可将社会资本方的本质特征界定如下。

1. 社会资本方属于非政府主体

由于社会资本方是政府和社会资本合作的产物,故社会资本方不应当属于政府主体。但是在美国财务会计准则理事会(FASB)公布的会计准则汇编(ASC)中,将 PPP 解释为“公私合作”(Public-Private Partnership)和“公公合作”(Public-Public Partnership)两种类型,这是考虑到有可能存在美国联邦政府与州政府或地方政府之间,以及州政府与地方政府之间的合作事项。在这种状况下,社会资本方也有可能属于政府主体。但是在中国境内,不存在这种状况。

2. 社会资本方属于具有法人资格的企业

由于需要独自承担民事责任,故特许经营项目合同中的社会资本参与方及其投资设立的项目公司,基本都属于具有法人资格的公司制企业。具有法人资格的行政事业单位和民间非营利组织,不具备成为特许经营项目合同参与方的主体资格。

相比较之下,在美国国内外投资者投资设立的从事政府特许经营业务的项目公司,有可能采取的是有限合伙的组织形式。

3. 社会资本方属于具有法人资格的境内外企业

我国的现行政策允许并在一定程度上鼓励境外具有法人资格的公司制企业以社会资本方的身份参与特许经营项目的竞标。

按照中国和大多数国家现行法律的规定,采取有限合伙组织形式的非公司制企业由于不具有法人资格,则无法以社会资本方的身份参与特许经营项目的竞标。

4. 社会资本方是特许经营项目合同的参与方

社会资本方可以单独法人企业的身份参与特许经营项目的竞标,也可以由多家法人企业组成的投资联合体参与特许经营项目的竞标。

由于基础设施特许经营项目的投资额巨大,对此参与竞标的社会资本方往往采取组成投资联合体的方式共同出资设立项目公司,来承担具体运作基础设施特许经营项目的职责。

以社会资本方的身份参与特许经营项目竞标的境内外法人企业或投资联合体,在竞标成功后,应当按照有关规定与政府方签署特许经营项目投资意向书,并在具备相关条件后与政府方或者通过投资设立的项目公司与政府方签署正式特许经营项目合同。

在实务中,参与北京地铁四号线 BOT 项目竞争性谈判并取得该项目的社会资本方,就是由港铁北京四号线投资有限公司、北京首都创业集团有限公司和北京市基础设施投资有限公司三方组成的投资联合体。随后,2005 年 2 月 7 日,北京市交通委员会代表市政府与港铁北京四号线投资有限公司——首创联合体草签了北京地铁四号线的特许经营协议。2005年11月8日,投资联合体共同投资设立的北京京港地铁有限公司宣告成立,并于2006年1月16日取得工商营业执照。2006年4月12日,北京市交通委员会代表市政府与北京京港地铁有限公司签署了《北京地铁四号线项目特许权协议》。

(二)社会资本方的边界范围

并非所有的具有法人资格的境内企业都能成为社会资本方。财政部通过出台相关规定将一些企业从社会资本方的边界范围内排除。

财金〔2014〕113号文指出:社会资本方不包括本级政府所属融资平台公司及其他控股国有企业。

财金〔2014〕156号文指出:本级人民政府下属的政府融资平台公司及其控股的其他国有企业(上市公司除外)不得作为社会资本方参与本级政府辖区内的PPP项目。与财金〔2014〕113号文相比,国有控股的上市公司也纳入了社会资本方的边界范围。

2018年4月24日印发的《关于进一步加强政府和社会资本合作(PPP)示范项目规范管理的通知》(财金〔2018〕54号)指出,地方政府融资平台公司不得作为社会资本方。

2019年3月7日印发的《关于推进政府和社会资本合作规范发展的实施意见》(财金〔2019〕10号)中再次明确:本级政府所属的各类融资平台公司、融资平台公司参股并能对其经营活动构成实质性影响的国有企业不应当作为社会资本参与本级PPP项目。社会资本方不得只承担项目建设,不承担项目运营责任。

2022年11月11日印发的《关于进一步推动政府和社会资本合作(PPP)规范发展、阳光运行的通知》(财金〔2022〕119号)中进一步指出:地市级、县区级地方人民政府实际控制的国有企业(上市公司除外)可以代表政府方出资参与PPP项目,不得作为本级PPP项目的社会资本方。

按照排除法理解,可以认为,除了地市级、县区级地方人民政府实际控制的除了上市公司以外的国有和国有控股企业以外的其他具有法人资格的公司制企业,均可以社会资本方的身份成为PPP项目的参与者。

有必要区别国有企业以社会资本方的身份参与PPP项目,以及代表政府方作为社会资本方联合体的组成部分出资设立项目公司参与PPP项目的做法。社会资本方属于投资设立的项目公司的控股方。

省级人民政府实际控制的除了上市公司以外的国有和国有控股企业能否作为省级PPP项目的社会资本方?按照财金〔2014〕113号文和财金〔2014〕156号文的理解,不行;但财金〔2022〕119号文中没有专门予以明确。要坚持初衷、回归本源,最大程度鼓励民营企业参与政府和社会资本合作项目。

二、社会资本方与项目公司

(一)项目公司

项目公司是指社会资本方投资设立、与政府方签署正式特许经营项目合同、专门承担特许经营项目融资、投资建设与建成后的运营管理职责的公司制企业。一般来说，社会资本方是通过投资设立项目公司来运作中标取得的特许经营项目。

社会资本方投资设立项目公司的主要目的，是让项目公司独立承担特许经营项目投资与运营风险。故在实务中，通常采取的是针对一个特许经营项目单独设立一家项目公司的做法。

项目公司设立后，需要与政府方签署正式的特许经营项目合同，并进行特许经营项目的投资建设与建成后的运营管理。

《企业会计准则解释第2号》中首次涉及项目公司的概念，并要求合同投资方按照规定设立项目公司进行项目建设和运营。项目公司除取得建造有关基础设施的权利以外，在基础设施建造完成以后的一定时期内负责提供后续经营服务。

财金〔2014〕113号文中进一步明确，社会资本可依法设立项目公司。需要为项目设立专门项目公司的，待项目公司成立后，由项目公司与项目实施机构重新签署项目合同，或签署关于承继项目合同的补充合同。项目融资由社会资本或项目公司负责。

（二）项目公司案例

【案例4-1】山西中交翼侯高速公路有限公司。

山西省交通厅2004年11月3日以晋交规划字〔2004〕462号文批复，同意中国港湾建设（集团）总公司和山西中昌集团有限公司❶共同出资设立山西中港晋侯高速公路有限公司，负责采取BOT方式建设与经营全长66.791km的山西晋城至侯马高速公路翼城关门至侯马段。山西中港晋侯高速公路有限公司注册资本6.85亿元人民币，中国港湾建设（集团）总公司出资89.781%，山西中昌集团有限公司出资10.219%。

2004年11月12日，中国港湾建设（集团）总公司和山西中昌集团有限公司共同签署了《山西中港晋侯高速公路有限公司章程》。

2004年11月23日，山西中港晋侯高速公路有限公司完成注册登记。

2005年2月16日，山西晋城至侯马高速公路翼城关门至侯马段开工建设。

2006年2月28日，山西省交通厅（甲方）与山西中港晋侯高速公路有限公司（乙方）法定代表人在山西太原签订山西晋城至侯马高速公路关门至侯马段项目建设、运营与移交合同（BOT合同）。甲方代表山西省人民政府作为特许权授予方，通过签订本合同，将山西晋城至侯马高速公路关门至侯马段项目的特许权授予乙方，由乙方按照本合同的条款和条件实施本项目。

2006年10月，中国路桥建设（集团）总公司和中国港湾建设（集团）总公司重组合并为中国交通建设股份有限公司以后，山西中港晋侯高速公路有限公司的出资人由中国港湾建设（集团）总公司变更为中国交通建设股份有限公司。

2007年9月22日，山西中港晋侯高速公路有限公司更名为“山西中交翼侯高速公路有

❶ 该公司于2005年3月更名为“山西国能集团有限公司”。

限公司”。

2007 年 10 月 15 日,山西省人民政府以晋政函〔2007〕198 号文同意山西晋城至侯马高速公路关门至侯马段由山西中交翼侯高速公路有限公司收取车辆通行费,收费期限为 30 年。

2007 年 11 月 5 日,山西晋城至侯马高速公路翼城关门至侯马段建成投入运营。

2008 年 6 月 6 日,山西中交翼侯高速公路有限公司的出资人由中国交通建设股份有限公司变更为“中交投资有限公司”。

2009 年 11 月 20 日,中瑞岳华会计师事务所有限公司提供的审计报告表明,经审计的该项目财务决算为 23.28 亿元,比项目投资概算 25 亿元节约了 1.72 亿元。交付使用的资产确认为无形资产的公路收费权 232120.30 万元;确认为固定资产的 706 万元。

该项目建成后,前期的经营效益并不理想。2008—2017 年,项目公司均处于亏损状态。2018 年和 2019 年度实现通行费收入分别为 1.49 亿元和 1.67 亿元,意味着项目公司开始扭亏为盈。由于新型冠状病毒疫情的影响,2020 年的通行费收入再次下滑至 1.36 亿元。2021 年实现通行费收入回升至 1.91 亿元。

【案例 4-2】湖北马鄂高速公路经营有限公司。

湖北马鄂高速公路经营有限公司(简称“马鄂公司”)是由马来西亚 JEL 公司(在英属开曼群岛注册,注册资本 3000 万美元)于 1995 年在湖北省武汉市独资设立的外商投资企业,注册资本 2800 万美元。该公司与湖北省交通厅签订了《武黄公路收费经营权转让协议》,以 5.8 亿元的价格受让全长 70.3km 的湖北武黄高速公路 25 年的收费权,负责该路的收费经营业务。在马鄂公司累计支付转让金 3.8 亿元的前提下,武黄高速公路的收费权移交给了马鞍鄂公司,转让期限从 1997 年 9 月 23 日零时起开始计算,至 2022 年 9 月 22 日。

武汉至黄石高速公路为双向四车道,于 1991 年 2 月建成通车。

根据马鄂公司在 1995 年 6 月 7 日签订的合同及其后的修订内容,马鄂公司在武黄高速公路的经营期内,将武黄高速公路的收费及其附属设施的使用、管理、保护、保养和维修委托给湖北省高等级公路管理局或其指定的承包商,并按路费收入的固定比例支付委托管理费用。

从 2003 年开始,武黄高速公路由新成立的湖北武黄高速公路经营有限公司负责管理与养护。2021 年,马鄂公司确认的委托管理费用为 10925.2 万元。

2005 年 8 月 5 日,深圳高速公路集团股份有限公司(简称“深高速”)的全资子公司——美华实业(香港)有限公司以 6.54 亿港元(折合人民币 6.81 亿元)的价格,收购了马来西亚 JEL 公司 55% 的股权,间接拥有该公司的全资子公司——马鄂公司 55% 的股权。

辉轮投资有限公司取得马来西亚 JEL 公司 45% 的股权。辉轮投资有限公司是深圳国际控股有限公司(1989 年 11 月 22 日在百慕达注册设立并在香港联交所上市的有限公司,该公司的实际控制人是深圳市国有资产管理委员会,通过其下属的深圳市投资管理公司拥有其 40.92% 的股权)的全资子公司,而深圳国际控股有限公司的第一大股东新通产实业开发(深圳)有限公司(拥有 30.03% 的股权)又属于深圳国际控股有限公司的全资子公司,所以马来西亚 JEL 公司就成为深高速与深圳国际控股有限公司共同控制的合营企业。

从 2011 年 7 月 1 日开始，深高速取得了对马来西亚 JEL 公司的实际控制权，开始将该公司纳入深高速的合并范围。

2016 年 12 月 2 日深高速董事会发布公告，宣布深高速的全资子公司美华公司以人民币 45349.88 万元的价格受让深圳国际的全资子公司辉轮投资拥有的 JEL 公司 45% 权益。本次交易完成后，JEL 公司由美华公司全资拥有，并成为深高速的全资子公司。

马鄂公司 2021 年实现营业利润 25776.5 万元，约占深高速营业利润的 8.22%；实现净利润 19342.6 万元，约占深高速归属于上市公司股东的净利润的 7.42%。

2022 年 12 月 9 日，深高速董事会发布公告，宣布武黄高速公路特许经营期于 2022 年 12 月 10 日 0 时终止（包括由于新型冠状病毒疫情期间暂停收取车辆通行费延长的 79 天）。马鄂公司将按照交通管理部门的规定和要求，按时将武黄高速公路相关资产移交，不再负责到期日后武黄高速公路的养护、运营和管理工作。

【案例 4-3】北京京港地铁有限公司。

北京京港地铁有限公司（简称"京港地铁"）由港铁北京四号线投资有限公司（49%）、北京首都创业集团有限公司（49%）、北京市基础设施投资有限公司（2%）三方联合投资组建，并于 2006 年 1 月 16 日取得工商营业执照。公司注册资本 13.8 亿元人民币。

北京地铁四号线正线长度 28.177km，共设车站 24 座，是市区西部南北交通大动脉。项目总投资约 153 亿元人民币。

该项目于 2004 年 8 月开工建设，2009 年 9 月 28 日建成通车。

由于增加了投资建设与运营管理地铁 14 号线的职责，京港地铁于 2014 年 5 月 26 日将注册资本增至 63.80 亿元。

京港地铁全资设立的项目子公司——北京京港十六号线地铁有限公司，于 2015 年 7 月 1 日取得营业执照，认缴金额 50 亿元人民币。

京港地铁全资设立的子公司——北京京港十七号线地铁有限公司，于 2020 年 4 月 27 日取得营业执照，认缴金额 100 万元人民币。

截至 2022 年底，京港地铁以 PPP 模式参与投资、建设并运营北京的地铁 4 号线、14 号线、16 号线，并负责运营管理大兴线，还以租赁经营模式运营 17 号线。线路总里程超 200km，已开通运营里程 148.5km，所辖车站 91 座。

【案例 4-4】北控（秦皇岛）水务有限责任公司。

北控（秦皇岛）水务有限责任公司（简称"北控水务"）是河北省秦皇岛市污水污泥处理 TOT 项目的项目公司，由北控润盈（天津）投资管理有限公司（85%）、秦皇岛排水有限责任公司（10%）、北控水务（中国）投资有限公司（5%）三方联合投资组建，并于 2018 年 6 月 20 日取得工商营业执照。北控水务注册资本 11.04 亿元人民币。

该项目的实施机构是秦皇岛市城市管理综合执法局，代表政府方授予项目公司该项目 30 年的特许经营权。项目公司取得该项目的特许经营权后，负责特许经营期内运营、维护和管理秦皇岛市存量排水设施的职责。

存量排水设施涉及5座污水处理厂(总处理规模每日32万m^3)、2座污泥处理厂(总处理规模每日500t)、1座中水处理厂、51座污水泵站和423.31km排水管网。

该项目特许经营权的转让价格为36.80亿元。项目公司需要分3年向秦皇岛市财政局支付36.19亿元;在卢龙污水处理厂具备接受条件后再向卢龙县财政局支付0.61亿元。

该项目的回报机制为可行性缺口补助。

第二节　对社会资本方会计处理的规范要求

一、财政部对社会资本方会计处理的规范要求

2008年,《企业会计准则解释第2号》曾对PPP中最主要的BOT运作模式中涉及的项目合同中经营方的会计处理行为作出了解释,使得经营方BOT项目合同的会计处理开始有了制度依据。

随着PPP项目的不断推广,社会资本方的PPP业务相关监管规定和法律环境产生的新变化,PPP模式运作方式多样化,PPP项目经营方的会计处理需进一步完善。对此,财政部印发了《企业会计准则解释第14号》(财会〔2021〕1号),其中"一、关于社会资本方对政府和社会资本合作(PPP)项目合同的会计处理"在《企业会计准则解释第2号》的基础上,进一步完善了有关PPP项目核算的相关问题,形成了PPP项目社会资本方核算的主要依据。另外,在PPP项目的不同阶段,还可能涉及《企业会计准则第14号——收入》(简称"CAS 14")、《企业会计准则第13号——或有事项》(简称"CAS 13")、《企业会计准则第22号——金融工具确认和计量》(简称"CAS 22")、《企业会计准则第6号——无形资产》(简称"CAS 6")、《企业会计准则第17号——借款费用》(简称"CAS 17")、《企业会计准则第2号——长期股权投资》(简称"CAS 2")、《企业会计准则第33号——合并财务报表》(简称"CAS 33")等准则。《企业会计准则解释第14号》开始施行后,同时废止了《企业会计准则解释第2号》中有关BOT业务会计处理的解释。

此外,财政部还分别在2019年12月和2020年12月印发了《政府会计准则第10号——政府和社会资本合作项目合同》及其应用指南,对PPP项目合同中涉及的政府方会计处理事项进行了规范。由于财政部借鉴了国际公共部门会计准则理事会(IPSASB)的相关表述,提出了"镜像互补"的原则或理念,并明确了按照此原则或理念进一步修改和完善《企业会计准则解释第2号》中的相关解释,对此也可以按照"镜像互补"的原则借鉴政府会计准则中的相关规定来讨论经营方或社会资本方特许经营业务的会计处理事项。有关政府会计准则中对政府方PPP项目合同会计处理行为的规范,详见本书第三篇的内容。

2021年8月5日,财政部会计司发布《PPP项目合同社会资本方会计处理实施问答》(以下简称"《实施问答》")和应用案例。《实施问答》涉及:社会资本方执行《企业会计准则解释第14号》时,应当如何应用"双特征";应当如何应用"双控制"条件1——"政府方控制

或管制社会资本方使用PPP项目资产必须提供的公共产品和服务的类型、对象和价格”？应当如何应用“双控制”条件2——“PPP项目合同终止时，政府方通过所有权、收益权或其他形式控制PPP项目资产的重大剩余权益”？当PPP项目资产部分受到政府方控制时，应当如何应用“双控制”条件？社会资本方在PPP项目建造期间形成的合同资产应当如何列报？社会资本方在PPP项目建造期间发生的借款费用，应当如何进行会计处理和列报？社会资本方在PPP项目建造期间发生的建造支出在现金流量表中应如何列示？等11个实施问答。应用案例包括无形资产模式应用案例、金融资产模式应用案例和混合模式应用案例。这些实施问答和应用案例资料，对社会资本方PPP项目合同会计处理提供了权威性的指导。

《企业会计准则解释第14号》中涉及以下对社会资本方PPP项目合同会计处理的解释内容。

(一)对PPP项目合同的识别

《企业会计准则解释第14号》中要求PPP项目合同应当同时符合“双特征”和“双控制”的判别要求。

1.双特征的判别要求

按照“双特征”的判别要求，社会资本方和政府方依法依规就PPP项目合作所订立的合同，应当同时符合下列特征：

(1)社会资本方在合同约定的运营期间内代表政府方使用PPP项目资产提供公共产品和服务；

(2)社会资本方在合同约定的期间内就其提供的公共产品和服务获得补偿。

2.双控制的判断要求

按照“双控制”的判别要求，PPP项目合同应当同时符合下列条件：

(1)政府方控制或管制社会资本方使用PPP项目资产必须提供的公共产品和服务的类型、对象和价格；

(2)PPP项目合同终止时，政府方通过所有权、收益权或其他形式控制PPP项目资产的重大剩余权益。

符合“双特征”和“双控制”的判别要求PPP模式的运作方式，包括BOT、ROT和TOT，其会计处理应当执行《企业会计准则解释第14号》的解释。

采取BOO运作方式的PPP项目合同由于没有同时符合“双特征”和“双控制”的判别要求，故需要按照相关企业会计准则的规定进行会计处理，不执行《企业会计准则解释第14号》的解释。

(二)建造服务收入的确认

《企业会计准则解释第14号》中提出，社会资本方提供建造服务(含建设和改扩建)或发包给其他方等，应当按照CAS 14确定其身份是主要责任人还是代理人，并进行会计处理，确认合同资产。

项目公司提供的确认建造服务收入的 PPP 项目资产的建造服务，应当属于 CAS 14 中规范的单项履约义务，与提供的 PPP 项目资产建成后的运营服务、维护服务相区别。项目公司需要将交易价格按照各项履约义务的单独售价的相对比例分摊至各单项履约义务。

对此，确认建造服务收入需要具备以下两项条件。

1. 项目公司提供了基础设施的建造服务

项目公司提供的建造服务，包括新建基础设施提供的建造服务，以及对现有基础设施进行扩建改造提供的建造服务。

2. 项目公司提供的建造服务属于单项履约义务

项目公司应当依据 CAS 14 的规定来判断提供的建造服务是否属于单项履约义务。

一般来说，如果项目公司能够因提供建造服务取得政府方支付或承诺支付的对价，则意味着提供的建造服务属于单项履约义务。

（三）无形资产和金融资产

按照《企业会计准则解释第 14 号》中的解释，社会资本方不得将 PPP 项目资产确认为其固定资产。

社会资本方根据 PPP 项目合同约定，在项目运营期间，满足有权收取可确定金额的现金（或其他金融资产）条件的，应当在社会资本方拥有收取该对价的权利（该权利仅取决于时间流逝的因素）时确认为应收款项，并按照 CAS 22 的规定进行会计处理。社会资本方应当在 PPP 项目资产达到预定可使用状态时，将相关 PPP 项目资产的对价金额或确认的建造收入金额，超过有权收取可确定金额的现金（或其他金融资产）的差额，确认为无形资产。

1. 无形资产

一般来说，如果 PPP 项目合同中约定的是使用者付费机制，则取得的 PPP 项目资产应确认为一项无形资产。

项目公司可通过采取以下两种方式，将取得的 PPP 项目资产确认为一项无形资产：

（1）项目公司采取 BOT 或 ROT 运作方式通过提供基础设施建造服务，可将取得的政府方授予的向接受公共产品和服务的社会公众收费的权利确认为一项无形资产。

（2）项目公司采取 TOT 运作方式，可将通过向政府方支付对价换取的政府方授予的向接受公共产品和服务的社会公众收费的权利确认为一项无形资产。

2. 金融资产

一般来说，如果 PPP 项目合同中约定的是政府付费机制，则项目公司通过提供建造服务和经营服务取得的收取对价的权利，应确认为一项金融资产。但金融资产不属于项目公司使用的用于提供公共产品和服务的 PPP 项目资产。

如果政府方是按照影子付费的原理支付对价，项目公司则需要将取得的收费权确认为一项无形资产。

(四)与 PPP 项目资产移交相关后续支出的会计处理

《企业会计准则解释第 14 号》中提出,为使 PPP 项目资产保持一定的服务能力或在移交给政府方之前保持一定的使用状态,社会资本方根据 PPP 项目合同而提供的服务不构成单项履约义务的,应当将预计发生的支出,按照 CAS 13 的规定进行会计处理。

一般来说,按照 CAS 13 的规定进行会计处理,与 PPP 项目合同相关的后续支出需要同时具备以下三项条件。

1. 预期发生的后续支出属于项目公司应当履行的一项现时义务

这包括以下两点含义:

(1)该后续支出不属于已发生的后续支出,而是预期将在未来发生的后续支出。已发生的后续支出可直接执行相关准则的规定进行资本化或费用化的会计处理,无须执行 CAS 13 的规定。

(2)预期发生的后续支出是由已发生的交易或事项所导致的、需要由项目公司承担的现时义务。

2. 预期发生的后续支出不具备资本化的条件

如果预期发生的后续支出具备资本化的条件,可直接计入 PPP 项目资产或其他相关资产的成本,其会计处理无须执行 CAS 13 的规定。

3. 项目公司提供的与预期发生后续支出相关的服务不构成单项履约义务

如果项目公司提供的与预期发生后续支出相关的服务构成单项履约义务,则需要执行 CAS 14 和其他相关准则的规定分别确认收入和成本费用。

(五)其他相关事项的会计处理

1. 借款费用

《企业会计准则解释第 14 号》规定,在 PPP 项目资产的建造过程中发生的借款费用,社会资本方应当按照 CAS 17 的规定进行会计处理。对于与取得无形资产相关的借款费用,社会资本方在相关借款费用满足资本化条件时,应当将其予以资本化,并在 PPP 项目资产达到预定可使用状态时,结转至无形资产。除上述情形以外的其他借款费用,社会资本方均应予以费用化。

与取得金融资产相关的借款费用,不具备资本化的条件,应当在发生时予以费用化,计入当期损益。

2. 收取政府方的对价

社会资本方根据 PPP 项目合同,自政府方取得其他资产,该资产构成政府方应付合同对价的一部分的,社会资本方应当按照 CAS 14 的规定进行会计处理,不作为政府补助。

3. 运营收入确认

PPP 项目资产达到预定可使用状态后,社会资本方应当按照 CAS 14 确认与运营服务相关的收入。

与运营服务相关的收入,包括项目公司向接受公共产品和服务的社会公众收费取得的收入和接受政府方支付的现金对价形成的收入。

项目公司确认的这些运营收入,应计入利润表中的营业收入。

(六)相关信息披露

社会资本方应当按照重要性原则,在附注中披露各项 PPP 项目合同的下列信息,或者将一组具有类似性质的 PPP 项目合同合并披露下列信息。

1. 与 PPP 项目合同相关的信息

(1)PPP 项目合同的概括性介绍。

(2)PPP 项目合同中可能影响未来现金流量金额、时间和风险的相关重要条款;社会资本方对 PPP 项目资产享有的相关权利(包括使用、收益、续约或终止选择权等)和承担的相关义务(包括投融资、购买或建造、运营、移交等)。

(3)本期 PPP 项目合同的变更情况。

(4)PPP 项目合同的分类方式等。PPP 项目合同可按照高速公路、污水处理、垃圾处理等进行分类披露。

按照财政部在《实施问答》中的解释,社会资本方承接的具有相同或类似性质的 PPP 项目,例如社会资本方同时承接多项高速公路收费的 PPP 项目合同,则可以将该类合同的会计信息和合同信息分别进行合并披露。

2. 其他信息

社会资本方除应当按照相关企业会计准则对 PPP 项目合同进行披露外,还应当披露相关收入、资产等确认和计量方法;相关合同资产、应收款项、无形资产的金额等会计信息。

二、国际财务报告准则中对社会资本方会计处理的规范要求

境外会计标准体系中对基础设施特许经营基本采取的是“特许服务权安排”(Service Concession Arrangement,SCA)的表述。国际会计准则理事会(IASB)出台的国际财务报告准则体系(IFRSs)、美国财务会计准则理事会(FASB)出台的会计准则汇编、英国财务报告理事会(FRC)出台的财务报告准则体系(FASs)、澳大利亚会计准则理事会(AASB)出台的与国际财务报告准则趋同的澳大利亚会计准则体系(A-IFRSs)等,都对“特许服务权安排”中经营方的会计处理行为进行了规范。

在 IASB 于 2006 年 11 月 30 日发布的《国际财务报告解释公告第 12 号——特许服务权安排》(简称“IFRIC 12”)中定义了特许服务权安排,明确了“授予方”和“经营方”的概念,并对经营方的会计处理作出了解释。

IFRIC 12 中涉及以下解释内容。

(一)对特许服务权安排的界定

IFRIC 12 认为,特许服务权安排的特点是经营方承担的是公共服务性质的义务。无论提供服务一方是何身份,公共政策都是为通过使用这些基础设施来向公众提供服务制定的。SCA 赋予了经营方代表公共部门主体向社会公众提供服务的合同义务。其他的一般特征是:①授予服务安排的一方(授予方)是包括政府部门的公共部门主体,或承担服务职责的私营部门主体;②经营方至少负责基础设施的部分管理并提供相应的服务,而不仅仅是作为授予方的代理机构;③合同设定了经营方收取的最初服务价格,并规定了在服务安排期间价格的调整机制;④无论何方最初提供了资金,经营方均被要求在安排期限届满,将具备设定条件的基础设施移交给授予方。经营方可以为此获得少量对价,授予方也可以不支付对价。

授予方有权控制基础设施的使用,并在合同有效期结束时控制基础设施的任何重大剩余利益。控制基础设施的使用,意味着授予方有权控制或者监督经营者提供的服务以及服务价格。

经营方发挥的是公共服务提供者的作用。经营方建造或升级改造用于提供公共服务的基础设施(建造或升级改造服务),并在特定期限内经营和维护该设施(经营服务)。

IFRIC 12 涉及的特许经营业务包括:①经营方按照服务安排建造或从第三方取得基础设施(即 BOT 项目或 ROT 项目);②经营方按照服务安排从授予方取得的现有基础设施(即 TOT 项目)。

(二)对特许服务权安排的会计处理

IFRIC 12 中涉及以下对会计处理的规范要求。

1. 资产确认

SCA 产生的基础设施不应当确认为经营方的一项不动产、厂房和设备(即固定资产,下同),因为合同服务安排并未将控制基础设施使用的权利转移给经营方。经营方是依据合同条款代表授予方通过经营基础设施来提供公共服务。

2. 建造服务和经营服务的区分

经营方应按照 IFRS 15:客户合同收入准则的规定确认和计量提供服务的收入。如果经营方在一项合同或安排下提供不止一项服务(例如建造或升级改造服务和经营服务),当收取或者应收取的对价可单独辨认,则应按照这些服务的公允价值进行分配。对价的性质决定着后续的会计处理。

3. 建造服务收入和成本确认

经营方应执行 IFRS 15:客户合同收入准则的规定作出与建造或升级改造服务相关的收入和成本的会计处理。

4. 金融资产和无形资产

如果经营方提供了建造或升级改造服务,经营方收取或应收取的对价应按其公允价值确认。对价也许是一项金融资产或无形资产。

如果经营方因提供建造服务可拥有无条件向授予方收取现金或其他金融资产的合同权利,则需要确认一项金融资产。

如果授予方通过合同明确需要支付经营方可设定或可确定的金额,或按照设定或确定的金额与向使用者收费之间的差额,尽管该金额可能具有不确定性,可认为经营方具有无条件收款的权利。

如果经营方取得的是一项向公共服务使用者收费的权利(许可),则应确认一项无形资产。向公共服务使用者收费的权利不是一项无条件收取现金的权利,因为其金额是不确定的,取决于使用公共服务的情况。

5. 金融资产与无形资产的区分

如果支付给经营者提供建造服务的对价一部分属于金融资产,另一部分属于无形资产,经营方收取的对价则有必要分别进行会计处理,并分别按照收取或者应收取对价的公允价值进行初始确认。

6. 对价性质确定

授予方支付给经营方对价的性质应当参照合同条款确定。

7. 经营收入与费用确认

经营方应当执行收入准则的规定,确认与经营服务相关的收入和费用。

8. 或有事项

经营者可能具有其必须履行的合同义务,作为其取得许可的一项条件:保持基础设施在某设定的服务水平,或在服务安排期限届满移交给授予方时恢复基础设施到某设定的状况。除了升级改造部分外,这些保持或恢复基础设施的合同义务应当执行 IAS 37:准备、或有负债和或有资产准则的规定进行确认、计量和相关信息的披露,初始计量应按照履行相关现时义务所需支出的最佳估计数进行。

9. 借款费用

依据 IAS 23:借款费用准则的规定,归属于该项安排的借款费用应当确认为发生当期的一项费用,除非经营方拥有收到一项无形资产(向公共服务的使用者收费的权利)的合同权利。在这种状况下,依据该准则的规定,归属于该安排并在建设期间发生的借款费用应当予以资本化。

10. 金融资产和无形资产的后续计量

经营方确认的金融资产和无形资产应分别执行 IAS 39:金融工具(确认和计量)准则和 IAS 38:无形资产的规定进行后续计量。

金融资产的后续计量与金融资产的分类密切相关,应当结合授予方不同类别应付的金额对应的金融资产,由分别以摊余成本或以公允价值计量且其变动计入当期损益进行后续计量。如果授予方应付的金额按照摊余成本计量,则按照实际利率法计算的利息应计入当期损益。

11. 用于交换经营服务的资产

根据服务安排,授予方给予经营者的基础设施资产不应当确认为经营方的房地产、厂房和设备。授予方也许将其他资产提供给经营者持有。如果这些资产构成授予方应支付的服务对价的一部分,就不属于政府补助准则中定义的政府补助。它们应被确认为经营方的资产,按照公允价值进行初始计量。由于经营方用于交换这些资产的义务还没有履行,对此应确认一项负债。

(三)SCA 信息披露

在 IASB 于 2001 年 12 月 30 发布的《解释公告第 29 号——特许服务权安排:披露》中,对 SCA 的相关信息披露事项作出了解释。

按其解释,经营方应当在每个会计期间披露以下信息:

(1)对特许服务权安排的描述。

(2)特许服务权安排中有可能影响未来现金流量金额、时间和确定性的重要协议条款(例如特许权期限、重新定价日期以及确定重新定价和重新谈判的基础等)。

(3)以下事项的性质和范围(数量、期限或数额,视情况而定):

①使用指定资产的权利;

②提供预期服务条款的义务和相应的权利(提供义务或期望服务提供的权利);

③取得或建造不动产、厂房和设备的义务;

④在特许期结束时移交指定资产的义务或取得指定资产的权利;

⑤续约或终止的选择权;

⑥其他权利和义务(例如大型修缮);

⑦经营期间特许服务权安排发生的变化;

⑧特许服务权安排是如何进行分类的;

⑨该期间用建造服务换取金融资产或无形资产确认的收入和损益金额。

本 章 小 结

社会资本方是 PPP 项目合同的主要参与方。社会资本方或社会资本方组成的投资联合体可通过投资设立的项目公司,具体承担投资建设 PPP 项目资产以及使用 PPP 项目资产向社会公众提供公共产品和服务的重要职责。

从 2021 年初开始,规范社会资本方 PPP 项目合同会计处理的规章制度是《企业会计准则解释第 14 号》中有关社会资本方 PPP 项目合同会计处理的解释。在明确“双特征”和“双控制”判断标准的基础上,《企业会计准则解释第 14 号》中主要对社会资本方确认建造服务收入、区分不同情况分别将提供建造服务应收取的对价确认为一项无形资产和金融资产以及与 PPP 项目资产移交相关后续支出的会计处理等作出了解释。

《企业会计准则解释第 14 号》中有关社会资本方 PPP 项目合同会计处理的解释,趋同的是 IFRIC 12 中的相关解释。本章有关对 IFRIC 12 相关内容的介绍,为进一步了解和掌握《企业会计准则解释第 14 号》中的相关解释提供了借鉴。

复习思考题

1. 什么是社会资本方和项目公司?承担向社会公众提供公共产品和服务职责的是社会资本方还是项目公司?为什么?

2. 为什么说社会资本方或项目公司投资建设的 PPP 项目资产,属于一项政府资产?

3. 事业单位和民间非营利组织能否作为社会资本方参与 PPP 项目的竞标并承担向社会公众提供公共产品和服务职责?为什么?

4. 如果社会资本方投资设立的项目公司不具有法人主体资格,能否与政府方签署 PPP 项目合同并独立承担向社会公众提供公共产品和服务职责?为什么?

5. 如何依据 CAS 14 的相关规定判断项目公司提供的建造服务是否属于单项履约义务?如果不属于单项履约义务,为什么不能确认建造服务收入?

6. 什么是与 PPP 项目合同相关的无形资产?为什么说采取使用者付费机制的 PPP 项目合同产生的 PPP 项目资产,应当确认为一项无形资产?

7. 什么是与 PPP 项目合同相关的金融资产?在哪一种情况发生时需要确认一项与 PPP 项目合同相关的金融资产?你认为金融资产是否属于一项 PPP 项目资产?

8.《企业会计准则解释第 14 号》中明确的需要按照 CAS 13 的规定进行会计处理的与 PPP 项目资产相关的后续支出,为什么应当是社会资本方根据 PPP 项目合同提供的不构成单项履约义务的服务预计发生的支出?如果构成单项履约义务,应当如何进行会计处理?

9. 项目公司能否将预期发生的与 PPP 项目资产相关的不构成单项履约义务的后续支出,全部执行 CAS 13 的规定进行会计处理?为什么?

10. 你认为 IFRIC 12 和《企业会计准则解释第 14 号》中涉及的对 PPP 项目合同会计处理的相关解释之间有何不同之处?如果存在一些差异,应当如何理解这些差异?

第五章

项目公司融资业务会计处理

本章概要

除了公司设立需要筹措的资本以外，项目公司的筹资活动主要是为了满足为取得特许经营项目资产所需的资金。取得特许经营项目资产所需资金的来源，除了项目公司从各级政府以各种方式获取的财政性资金以及其他股东投入的资本以外，主要是靠从银行获取贷款或者发行各种债券（包括企业债券、公司债券、中期票据等）。本章的学习和讨论，主要是结合项目公司资金筹措的一些相关案例来进行的可以加深对项目公司资本融资和债务融资会计处理的理解，并进一步提高分析与解决这方面实际会计处理事项的业务能力。

第一节　项目公司筹措资本的会计处理

一、项目公司资本与项目资本

按照有关法律法规和政策导向的规定，从资本管理的角度，项目公司需要筹措的资本，划分为公司资本和项目资本两种。

（一）公司资本

项目公司属于公司制企业。从事基础设施 PPP 业务，应当依照《中华人民共和国公司法》（简称《公司法》）的规定设立有限责任公司和股份有限公司。

项目公司作为公司制企业，筹措公司资本执行的是《公司法》及其相关法律法规的规定。2005 年 10 月修订后的《公司法》规定了公司设立所需的最低注册资本（及法定资本），即一般有限责任公司人民币 3 万元；一人有限责任公司人民币 10 万元；股份有限公司人民币 500 万元；上市公司人民币 3000 万元。2013 年 12 月修订后公布的《公司法》中取消了公司法定资本的概念。

由于基础设施建设需要巨额投资，项目公司的投入资本一般都需要数亿元人民币。除了公司设立时的资本投入以外，为满足从事基础设施投资建设对项目资本的需求往往还需要追加投入资本。

(二)项目资本

1996年8月23日印发的《国务院关于固定资产投资项目试行资本金制度的通知》(国发〔1996〕35号)中明确提出“项目资本金”的概念,并要求投资项目资本金占总投资的比例,交通运输项目为35%及以上。

随后,由于各种原因所致,资本金所占比例呈现不断下降趋势。根据《国务院关于调整固定资产投资项目资本金比例的通知》(国发〔2009〕27号)的精神,交通运输业项目资本金的最低比例从35%下调至25%。2015年9月9日,国务院印发了《国务院关于调整和完善固定资产投资项目资本金制度的通知》(国发〔2015〕51号),将城市轨道交通项目、铁路、公路项目的最低资本金比例由25%下调至20%。2019年11月20日印发的《国务院关于加强固定资产投资项目资本金管理的通知》(国发〔2019〕26号)中允许公路建设项目在投资回报机制明确、收益可靠、风险可控的前提下,可以适当降低项目最低资本金比例,但下调不得超过5个百分点。

(三)公司资本与项目资本

项目资本体现的是按照项目建设的需要筹措、核算与管理的公司资本。所以,项目资本的筹措与管理应符合《公司法》的要求。

如果一家公司制企业只从事一个建设项目,则筹措的公司资本和投入项目的资本是一致的;如果一家公司制企业从事两个或两个以上的建设项目,则筹措的公司资本需要按照不同建设项目资本管理的不同要求,分别投入各项目进行分账核算与管理。

(四)公司资本与项目资本的构成内容

1. 投入资本

广义的投入资本包括普通股股东投入的资本和其他权益工具持有者投入的资本;狭义的投入资本体现的只是普通股股东投入的资本。

普通股股东投入的资本,包括对有限责任公司直接出资形成的出资额和以购买普通股股票的方式投入股份有限公司的资本。

投入资本进一步划分为资本(股本)和资本溢价(股本溢价)。

2. 其他权益工具

2014年3月17日财政部印发的《金融负债与权益工具的区分及相关会计处理规定》(财会〔2014〕13号)中首次明确了企业发行的符合规定条件的优先股和永续债,可确认为一项其他权益工具,并对其会计处理行为进行了规范。

项目公司发行优先股,应当符合修订后的《优先股试点管理办法》(中国证监会令第209号)的规定。

项目公司发行的永续债,包括具有永续性质的中期票据、企业债券、公司债券、委托贷款等。例如,2016 年 2 月湖北省交通投资集团有限公司从中信银行股份有限公司武汉分行取得的 40 亿元永续委托贷款,被确认为该公司的一项其他权益工具。

2017 年 5 月 2 日,财政部印发的修订后的《企业会计准则第 37 号——金融工具列报》(财会〔2017〕14 号),对其他权益工具的确认和计量行为进行了规范。

2019 年 1 月 28 日,财政部印发了《永续债相关会计处理的规定》(财会〔2019〕2 号),进一步明确了永续债的会计处理行为。

但其他权益工具不同于普通股股东投入的资本。按照国发〔2019〕26 号文的要求,通过发行金融工具等方式筹措的各类资金,按照国家统一的会计制度应当分类为权益工具的,可以认定为投资项目资本金,但不得超过资本金总额的 50%。

这里所指的金融工具,应当是确认为一项其他权益工具的优先股和永续债。

二、项目公司筹措资本的会计处理

(一)投资者对项目公司出资的认定

投资者一般可用现金、实物和无形资产,对项目公司出资。但投入的实物和无形资产,需要通过资产评估,确认其投入项目公司的资本金额。

对于投资者能否用应收账款、长期应收款、持有至到期投资、可供出售金融资产等债权出资,《公司法》中尚无具体规定。

2009 年 10 月 20 日财政部印发的《关于企业公益性捐赠股权有关财务问题的通知》(财企〔2009〕213 号)明确了企业可以用持有的股权对外捐赠。但能否用股权对新设企业出资,目前仍不明确。

在实务中,一些投资者将经评估的高速公路收费权,作为资本投入高速公路 PPP 项目公司。投资者投入高速公路收费权的行为应当被界定为一项高速公路收费权的转让行为(即 PPP 模式中的 TOT 运作方式)。

(二)项目公司取得资本的账务处理

属于有限责任公司组织形式的项目公司应当通过设置"实收资本"和"资本公积——资本溢价"科目,核算投资者投入的资本。

属于股份有限公司组织形式的项目公司应当通过设置"股本"和"资本公积——股本溢价"科目,核算公司通过发行股票筹措的股本。

1. 投资者投入货币资本的账务处理

由于基础设施投资额巨大,非国有法人和自然人投资者投入项目公司的资本,一般表现为货币资本;中央财政对项目公司货币资本的投入,一般表现为财政专项资金(车辆购置税交通专项资金等)的投入。各级财政(包括中央财政和地方财政)也可以用财政一般预算资金对项目公司进行货币资本的投入。

中央财政用财政专项资金对项目公司的投入,基本上是对国有独资公司的投入。国有独资性质的项目公司取得中央财政投入的财政专项资金,一般可界定为资本公积。

【案例5-1】华岳投资控股集团有限公司属于国有独资性质的有限责任公司。该公司收到中央财政投入的1亿元货币资本的账务处理为:

借:银行存款　　100000000.00

　　贷:资本公积——资本溢价　　100000000.00

在实务中,甘肃省公路航空旅游投资集团有限公司建设政府收费公路收到的交通运输部投入的财政专项补助资金,以及甘肃省财政投入的项目资本金,都被确认为资本公积。在该公司成立的2011年,其资本公积增加了423.84亿元,其中交通运输部车购税的补助为371.03亿元;甘肃省政府投入28.32亿元;其他24.39亿元。2022年底,公司实收资本200亿元;资本公积增加至1745.09亿元。

需要说明的是,按照产权清晰的要求,国有控股、国有持股或者非国有性质的项目公司如果收到各级财政投入的财政资金,除了明确为政府补助收入以外,必须界定为实收资本,或者按照投资协议中的约定将其中的部分金额界定为资本公积。

【案例5-2】假设华岳公司为国有资本占60%的国有控股有限责任公司。按照该公司与所在地××省人民政府签订的投资本地区高速公路建设项目的协议,地方财政投入该公司3亿元,作为投入资本,由××省国有资产监督管理委员会履行出资人的职责。如果投资开始日该公司资产负债表中的实收资本为5亿元,而经认可的资产评估的结果表明该公司的净资产为7.5亿元;则地方财政投入的3亿元中应当确认为实收资本部分的为2亿元(3×5÷7.5),确认为资本公积的金额应当为1亿元。账务处理为:

借:银行存款　　300000000.00

　　贷:实收资本——××省国有资产监督管理委员会　　200000000.00

　　　　资本公积——资本溢价　　100000000.00

2. 社会资本方将高速公路收费权作为资本投入的会计处理

社会资本方将已建成政府收费高速公路的收费权作为资本投入项目公司的行为,其性质属于有偿转让政府收费高速公路收费权。项目公司收到社会资本方投入的已建成政府收费公路收费权时,应当将收费权依托的公路基础设施(含公路用地使用权)确认为一项无形资产;将投入的其他配套设施分别确认为一项固定资产。一般账务处理为:借记"无形资产——公路收费权""固定资产"等科目,贷记"实收资本""资本公积——资本溢价"科目。

【案例5-3】湖北楚天高速公路股份有限公司发起设立。

湖北楚天高速公路股份有限公司(简称"楚天高速")由湖北金路高速公路建设开发有限公司❶、华建交通经济开发中心❷、湖北省交通规划设计院、湖北省交通开发公司、湖北省

---

❶ 该公司于2001年11月8日更名为"湖北省高速公路集团有限公司";2011年6月,更名为"湖北交投高速公路发展有限公司"。

❷ 该公司于2011年更名为"招商局华建公路投资有限公司";2016年,以招商局华建公路投资有限公司为主体整体改制,更名为"招商局公路网络科技控股股份有限公司";2017年12月,吸收合并华北高速在深圳证券交易所实现整体上市,简称"招商公路"(证券代码SZ001965)。

公路物资设备供应公司共同发起设立。

2000 年 11 月 13 日，经湖北省经济贸易委员会《关于同意设立湖北楚天高速公路股份有限公司的批复》（鄂经贸企〔2000〕809 号），楚天高速于 2000 年 11 月 20 日召开成立大会，并于 2000 年 11 月 22 日在湖北省工商管理局完成注册（注册号：4200001141833）。

投资人共同出资 100254.23 万元。其中，金路公司和华建以其在汉宜高速公路武汉至荆州段全长 179.9555km 的主体资产（主要包括路基、路面、桥涵、交叉工程、安全设施、绿化工程和收费设施）作为资本投入楚天高速，该项资产评估确认值为 100104.23 万元；其他三家公司各出资现金 50 万元。

按照 1∶0.65 折股，总股本为 65165.2495 股。其中，金路公司持股 41435.1429 万股；华建持股 23632.6066 万股；其他三家公司各持股 32.5 万股。

与投资发起设立有关的其他资料如下：

受金路公司委托，湖北证联资产评估有限公司（鄂证评报字〔2000〕24 号）以 2000 年 6 月 30 日作为基准日对该路产进行评估的结果为：固定资产评估值为 123447.23 万元，其中公路及构筑物（包括路基、路面、桥梁、涵洞、交叉工程、沿线安全设施和绿化工程）122563.88 万元，房屋建筑物（包括沿线的收费雨棚、收费亭）774.48 万元，收费站设备（包括空调、拦截器、监控设备等）108.87 万元；长期借款 23343 万元，其中将在一年内到期的借款 10743 万元；净资产 100104.23 万元。

2000 年 9 月 1 日，湖北省财政厅以鄂财评发〔2000〕861 号文对该评估结果的合规性提供了审核意见。

2001 年 3 月 16 日，交通部以交函财〔2001〕70 号文对发起资产中的公路资产进行了确认。

2001 年 4 月 24 日，湖北省国土资源厅省直土地管理局以鄂土资直发〔2001〕1 号文同意金路公司以出让方式取得汉宜高速公路武汉至荆州段占用土地 8658220m² 的使用权，并租赁给楚天高速使用。经湖北永业行评估咨询公司以 2000 年 6 月 30 日为基准日进行的评估（永地估字〔2000〕001 号），其评估值为 63733.35 万元。

2001 年 5 月 18 日，湖北省国土资源厅以鄂土资函〔2001〕196 号文作出批复：①同意金路公司因股份制改造的需要以出让方式取得上述土地的使用权，使用期限 30 年，用途为交通用地；②同意金路公司将以上土地租赁给楚天高速，但租赁时间不得超过出让期限。

2001 年 6 月 22 日，交通部以交财发〔2001〕331 号文同意汉宜高速公路武汉至荆州段收费权经营期限为 30 年，从楚天高速成立之日起算。

执行当时应当执行的《公路经营企业会计制度》的规定，楚天高速收到投入资本的账务处理为：

借：银行存款	1500000.00
固定资产——公路及构筑物	12256388000.00
——收费站设备	10887000.00
——房屋建筑物	77448000.00

贷:短期借款 1074300000.00

长期借款 1260000000.00

股本——金路公司 414351429.00

——华建中心 236326066.00

——规划设计院 325000.00

——交通开发公司 325000.00

——物资设备供应公司 325000.00

资本公积 350889805

【案例 5-4】经中国证券监督管理委员会证监字〔2003〕147 号文核准,楚天高速于 2004 年 2 月 24 日发行 A 股 28000 万股,每股发行价格 3 元,发行市盈率 16.67 倍,筹资总额 8.4 亿元人民币;筹资费用 3502 万元,筹资净额 8.05 亿元。楚天高速本次发行 A 股筹集的资金将主要用于收购江宜段高速公路收费权。

公司发行 A 股涉及的账务处理如下:

(1)公司为发行 A 股支付相关发行费用 688 万元的账务处理为:

借:资本公积——股本溢价 6880000.00

贷:银行存款 6880000.00

(2)楚天高速于 2004 年 3 月 2 日收到证券承销机构划转款项 81156 万元(其中扣除了承销费 2520 万元和发行手续费 294 万元)的账务处理为:

借:银行存款 811560000.00

贷:股本 280000000.00

资本公积——股本溢价 531560000.00

按照《企业会计准则解释第 2 号》的解释,楚天高速于编制 2011 年年度报告时,进行了会计政策变更,将取得的汉宜高速公路收费权重新确认为一项无形资产,并对 2010 年的财务报表进行了追溯调整。

2017 年 9 月 25 日,楚天高速的全称由湖北楚天高速公路股份有限公司变更为湖北楚天智能交通股份有限公司,并办理了工商变更登记手续。

2022 年底,湖北楚天智能交通股份有限公司拥有的确认为一项无形资产的高速公路收费权 138.54 亿元,涉及武汉至宜昌里程为 263.661km 的沪渝高速公路汉宜段(其中汉宜高速公路汉荆段 179.204km,汉宜高速公路江宜段 84.457km)、大悟至随州里程为 84.39km 的麻竹高速公路大随段、黄石至咸宁里程为 55.97km 的武汉城市圈环线高速公路黄咸段和全长 147.115km 的大广北高速公路、全长 35.223km 的豫南高速公路的高速公路特许经营权,总里程 586.359km。

三、项目公司筹措其他权益工具资金的会计处理

项目公司发行符合规定条件的优先股和永续债筹措资本,应通过设置的“其他权益工具”一级科目进行账务处理。

(1)取得其他权益工具。项目公司发行确认为权益工具的优先股、永续债等金融工具，应按照实际收到的金额，借记“银行存款”科目，贷记“其他权益工具——优先股(永续债)”科目。这意味着，不需要单独核算其他权益工具的面值和溢价。

(2)确认交易费用。按照CAS 37(2017)的规定，项目公司发行其他权益工具发生的交易费用应当从权益中扣减。如果发行其他权益工具未完成，其交易费用计入当期损益。

(3)确认优先股股利和永续债利息。项目公司确认应支付的优先股股利和永续债的利息，应纳入利润分配的范畴进行会计处理。

(4)其他权益工具列报。作为权益工具的组成部分，在资产负债表中“所有者权益”类别中列示的其他权益工具，应当体现的是其他权益工具持有人所拥有的权益。应当如何列示，现行规定中尚不明确。

【案例5-5】经中国证监会核准，公路上市公司——新华路业集团股份有限公司按照面值发行了20亿元的优先股。根据发行章程中的约定，符合确认为一项权益工具的条件。扣除支付给证券承销机构的2000万元的发行费用后，公司收到发行净值19.8亿元的账务处理为：

借：银行存款　　1980000000.00

　　贷：其他权益工具——优先股　　1980000000.00

资产负债表日，新华路业按照发行章程中的约定确认应归属本会计期间的优先股股利4500万元的账务处理为：

借：利润分配——应付优先股股利　　45000000.00

　　贷：应付股利——优先股股利　　45000000.00

【案例5-6】河南中原高速公路股份有限公司(简称“中原高速”)于2015年6月29日采取非公开方式并按照面值发行优先股3400万股，确认为一项其他权益工具。扣除发行费用后列示的账面价值为33.7111亿元。

在中原高速编制的2015年度资产负债表中，“其他权益工具”项目下的“优先股”列示的金额为3371110000.00元。

2016年中原高速分派了优先股股利278413932.51元，包括按照5.8%股息率计算的197200000元固定股息和参与2015年剩余利润分配的股利81213932.51元。

经股东大会审议通过，中原高速于2018年6月29日按照面值回购优先股17亿元。赎回金额与账面价值之间的差额计入资本公积(股本溢价)。

2018年底，在资产负债表列示的优先股的账面价值为1685555000.00元。

2019年7月1日，剩余的面值为17亿元人民币的优先股被中原高速赎回。

【案例5-7】原陕西省高速公路建设集团公司将收到的地方政府收费公路专项债券资金确认为一项其他权益工具。2018—2020年底确认为其他权益工具的收费公路专项债券本金分别为40.50亿元、90亿元和64.70亿元。此外，还包括一些企业债券和中期票据。

经过重组后的陕西交通控股集团有限公司于2021年2月注册设立后，2021年资产负债表中列示：其他权益工具369.84亿元，其中永续债61.54亿元，陕西省收费公路专项债券本金308.30亿元,还有企业债券和中期票据。

2022年新增其他权益工具100亿元,其中收费公路专项债券20亿元;永续债80亿元。

第二节　项目公司筹措债务资金的会计处理

项目公司为满足特许经营项目建设与运营对债务资金的需求筹措的债务资金,包括借款资金和债券资金,均属于金融负债的范畴。故筹措这些债务资金的会计处理,需要执行CAS 22的相关规定。

项目公司利用售后回租方式筹措债务资金,还需要符合CAS 21的规定。

一、项目公司借款融资的会计处理

(一)借款融资概述

借款划分为短期借款和长期借款。项目公司借款融资主要是为了满足建设或购买特许经营项目资产对债务资金的需求,故借款主要体现为长期借款。长期借款是指公司向银行等金融企业借入的、期限在一年以上的各种借款。

提供借款的国内金融机构包括政策性银行(例如国家开发银行)、商业银行(例如中国工商银行)和其他商业性金融机构(例如保险公司、投资公司等)。提供贷款的国际机构包括世界银行、亚洲开发银行、日本海外经济协力基金等。

项目公司为从事特许经营项目经营活动产生的对短期借款的需求及其会计处理,不在本书中讨论。

(二)企业长期借款的一般业务账务处理

项目公司的长期借款会计处理业务没有业务特色,一般需要通过设置“长期借款”科目,核算通过向银行等金融企业借款筹措的债务资金。

企业长期借款核算的一般涉及以下4项账务处理。

1.取得长期借款

项目公司需要通过设置“长期借款”一级科目,核算从银行等金融企业取得的期限在一年及以上的借款。

按照CAS的规定,企业需要在“长期借款”一级科目下设置“本金”“应计利息”“利息调整”等明细科目组织明细核算。

某项目公司从某商业银行取得2亿元长期借款的账务处理为:

借:银行存款　　200000000.00

　贷:长期借款——本金　　200000000.00

长期借款属于企业的一项金融负债。按照CAS 22的规定,发生的借款手续费,应当作为借款的初始确认金额,并构成实际利息的一部分。这意味着,如果企业通过签发转账支票支付借款手续费等交易费用,应当借记“长期借款——利息调整”科目,贷记“银行存款”科目。这意味着,需要按照调整后的实际利率,而不是合同利率,作为确认利息费用的依据。

如果交易费用占借款总额的比例较低,对实际利率的实质性影响较小,也可以采取简化处理方式,将发生的借款手续费等交易费用直接计入当期损益(财务费用)。

【案例5-8】2023年7月1日,MT高速公路集团有限公司从银行取得期限为8年的长期借款10亿元用于某高速公路PPP项目的建设。发生了借款手续费500万元;借款手续费由贷款银行直接扣除。

(1)如果MT公司将借款手续费计入当期损益,其账务处理如下:

借:银行存款　　995000000.00

　　财务费用　　5000000.00

　　贷:长期借款——本金　　1000000000.00

不考虑确认的借款利息费用,在2023年7月31日的资产负债表中进行初始确认的该项长期借款的账面金额为10亿元。

(2)如果MT公司将借款手续费计入借款的初始计量金额,则账务处理需要调整如下:

借:银行存款　　995000000.00

　　长期借款——利息调整　　5000000.00

　　贷:长期借款——本金　　1000000000.00

不考虑确认的借款利息费用,在2023年7月31日的资产负债表中确认的该项长期借款的账面金额为9.95亿元。

2.计算确认长期借款利息

在各资产负债表日,需要按照借款的摊余成本和实际利率计算确认借款的利息费用。关于长期借款利息的账务处理,需要区分以下三种情况分别进行:

(1)借款利息在借款到期后一次性偿还。如果**【案例5-8】**中的MT高速公路集团有限公司取得10亿元长期借款可在8年后一次还本付息,合同利率为8%,则有必要在此基础上计算确定该项借款的实际利率。

如果实际利率为K,确定实际利率的计算公式为:

$1000000000 \times (F/P, K, 8) = 1000000000 + 1000000000 \times 8\% \times 8 = 1640000000$(万元)

$K = 6.38\%$

分年度按实际利率计算的利息费用结果见表5-1。

利息费用计算表(单位:万元)　　表5-1

年数	利息费用	债务余额	年数	利息费用	债务余额
0	0	100000	2	6787	113167
1	6380	106380	3	7220	120387

续上表

年数	利息费用	债务余额	年数	利息费用	债务余额
4	7681	128068	7	9247	154178
5	8171	136239	8	9822	164000
6	8692	144931	合计	64000	—

2023 年 7 月 31 日,公司应确认的利息费用为 531.67 万元(6380 ÷ 12);与按照合同利率计算的利息 666.67 万元之间的差额计入利息调整明细科目。如果确认的利息费用计入当期损益,账务处理为:

借:财务费用——借款利息　　5316666.67

　长期借款——利息调整　　1350000.00

　贷:长期借款——应计利息　　666666666.67

如果将借款手续费计入当期损益,包括确认的利息费用在内,2023 年 7 月 31 日资产负债表中该项借款的账面价值为 100531.67 万元,列入"长期借款"项目。

如果在资产负债表日按照合同利率确认利息费用,则在 2023 年 7 月 31 日确认为的利息费用为 666.67 万元(100000 × 8% ÷ 12),与计入长期借款中的应计利息一致。这种处理方式简单易于理解,但不符合 CAS 22 的规定。故财政部于 2006 年 10 月 30 日印发的《企业会计准则应用指南——附录:会计科目和主要账务处理》(财会〔2006〕18 号)(简称《会计科目和主要账务处理》)中仅允许在实际利率与合同利率差异较小时,采用合同利率计算确定利息费用。

在 20 世纪末以前,我国银行的长期借款政策,比较多地采取的是到期一次还本付息的方式。故 2000 年 12 月 29 日财政部印发的《企业会计制度》(财会〔2000〕25 号)中,仍规定将长期借款的利息,通过"长期借款"科目核算。这样,"长期借款"科目的贷方余额,反映的是尚未偿还的长期借款本息。

(2)借款利息分期支付。进入 21 世纪以后,由于金融企业一般要求借款人分期支付借款利息,基本上取消了在贷款期限届满一次性还本付息的规定,对此《会计科目和主要账务处理》中不再要求将分期支付的长期借款利息计入"长期借款"科目,而是通过"应付利息"科目核算。

2019 年 4 月 30 日,财政部印发的《2019 年度一般企业财务报表格式》(财会〔2019〕6 号)中明确了"基于实际利率法计提的金融工具的利息应包含在相应金融工具的账面余额中"新的规范要求。按此规定,企业在资产负债表日确认的长期借款利息,无论是否采取分期支付的方式,都需要计入"长期借款——应计利息"科目。对于采取分期支付方式需要在一年内支付的借款利息,应当在资产负债表中的"一年内到期的非流动负债"项目列示。

按照财政部的规定,在借款手续费计入当期损益的状况下,合同利率和实际利率是一致的。MT 高速公路集团有限公司应确认的利息费用为 666.67 万元;2023 年 7 月 31 日资产负债表中该项借款的账面价值为100666.67万元，应当分别在“长期借款”项目列示本金100000万元；在“一年内到期的非流动负债”项目列示需要在一年内支付的借款利息666.67万元。

如果借款手续费计入借款的初始计量金额，2023年7月31日还需要做出按照实际利率法摊销借款手续费（利息调整）的会计处理。

（3）借款费用资本化。确认的长期借款利息，需要依据CAS 17的规定，判断其应当予以资本化还是费用化。基础设施特许经营项目中需要进行资本化处理的借款利息，一般是基础设施投资建设有关的长期借款利息。一般认为，在基础设施建设通过竣工（交工）验收交付使用前发生的应计利息，应当予以资本化处理，计入基础设施的建造服务成本。

如果**【案例5-8】**中MT高速公路集团有限公司取得的是用于MT高速公路建设、分期支付利息的专项借款，并且MT高速公路已经在2023年6月底以前开工建设，则2023年7月31日确认利息费用的账务处理如下：

借：合同履约成本（MT）——待摊支出（借款利息支出）　666666.67

　贷：长期借款——应计利息　666666.67

经营期间确认的长期借款利息，应当予以费用化，计入当期损益。

如果**【案例5-8】**中MT高速公路集团有限公司承担的高速公路建设项目已经于2025年12月31日通过交工验收交付使用，则在2026年1月31日确认的利息费用应计入当期损益。账务处理如下：

借：财务费用——借款利息费用　6666666.67

　贷：长期借款——应计利息　6666666.67

2026年1月31日，资产负债表中该项借款的账面价值，包括在“长期借款”项目列示100000万元的借款本金，和在“一年内到期的非流动负债”项目列示的累计7个月的应计利息金额。

3. 项目公司按照合同约定支付长期借款利息

需要分以下两种情况讨论：

（1）按照贷款合同的规定分期支付利息。在这种状况下，MT高速公路集团有限公司在2024年7月1日支付当期8000万元借款利息的账务处理为：

借：长期借款——应计利息　80000000.00

　贷：银行存款　80000000.00

如果在借款合同约定的支付利息的当天由于各种原因所致无法按期支付借款利息，按照财会〔2019〕6号文中的说明其账务处理需要调整如下：

借：长期借款——应计利息　80000000.00

　贷：其他应付款——应付利息　80000000.00

（2）按照贷款合同的规定在贷款期限届满后一次性还本付息，则应当在借款到期后核算利息支付事项。

4.偿还长期借款

在分期支付利息的模式下，项目公司偿还长期借款的一般账务处理为：借记“长期借款——本金”科目，贷记“银行存款”科目。

如果【案例5-8】中的MT高速公路集团有限公司按照合同约定，需要分别在2027年6月30日和2031年6月30日偿还5亿元的贷款本金，则于2027年6月30日偿还借款本金5亿元和当年借款利息8000万元的账务处理如下：

借：长期借款——本金	500000000.00	
——应计利息	80000000.00	
贷：银行存款		780000000.00

如果采取的是分期偿还借款本金的合同约定模式，则需要测算借款的实际利率和分年度应确认的借款利息。

（三）长期借款特殊业务会计处理

1.合同利率与实际利率

按照《会计科目和主要账务处理》的规定，如果由于贷款合同利率与实际利率之间的差异等方面的原因导致取得的借款存在与借款本金（即到期需要偿还的借款）之间的差额，该账务处理需要调整为：借记“银行存款”科目，贷记“长期借款——本金”科目，借记或贷记“长期借款——利息调整”科目。

【案例5-9】2023年1月1日，CH高速公路集团有限公司从银行取得期限为5年的长期借款10亿元用于高速公路建设。发生借款手续费500万元。

（1）如果按照合同的约定，贷款合同利率为5%，市场利率为6%，CH高速公路集团有限公司从银行取得的借款金额可计算如下：

$100000 \times 5\% \times (P/A, 6\%, 5) + 100000 \times (P/F, 6\%, 5) = 100000 \times 5\% \times 4.21236 + 100000 \times 0.74726 = 95787.8$（万元）

其账务处理为：

借：银行存款	957878000.00	
长期借款——利息调整	42122000.00	
贷：长期借款——本金		1000000000.00

（2）如果该公司采取将取得借款发生的交易费用直接计入当期损益的会计政策，其账务处理为：

借：财务费用	5000000.00	
贷：银行存款		5000000.00

（3）按照CAS 22的规定，公司为取得借款发生的交易费用应当计入长期借款的初始计量金额，则支付交易费用的账务处理需要调整如下：

借：长期借款——利息调整	5000000.00	
贷：银行存款		5000000.00

在此状况下,还需要调整分摊“利息调整”项目的实际利率。

2.“利息调整”的摊销

(1)“利息调整”需要在各会计期间的资产负债表日根据合同利率和实际利率计算的应计利息之间的差额进行摊销,计入当期损益。

根据**【案例 5-9】**提供的数据,如果将借款交易费用计入当期损益,分期按实际利率计算的利息费用的结果见表 5-2。

利息费用计算表(单位:千元)　　表 5-2

期数	利息费用	应计利息	利息调整摊销	债务余额
0	—	—	—	957878
1	57473	50000	7473	965351
2	57921	50000	7921	973272
3	58396	50000	8396	981668
4	58900	50000	8900	990568
5	59432	50000	9432	100000
合计	292122	250000	42122	—

归属 2023 年 1 月的借款利息费用为 4789.42 千元(57473 ÷ 12);应付利息为 4166.67 千元(1000000 ×5% ÷12),故 CH 高速公路集团有限公司需要在 2023 年 1 月 31 日作以下账务处理:

借:财务费用——借款利息　　4879420.00

　贷:长期借款——应计利息　　4166670.00

　　　　　　——利息调整　　712750.00

如果一年计算一次利息费用,即确认的 5000 万元借款利息应当在下一年度支付,则需要将这 5000 万元的应计利息计入年末资产负债表中的“一年内到期的非流动负债”项目。

(2)如果由于提前偿还借款等原因,导致“利息调整”明细科目还有余额,则应当根据不同情况的分析分别计入有关成本或者当期损益。

如果 CH 高速公路集团有限公司与贷款银行达成协议,提前于 2024 年底偿还全部贷款,则需要将尚未摊销的 943.2 万元的尚未摊销的利息调整余额计入当期损益。账务处理为:

借:财务费用——利息调整　　9432000.00

　贷:长期借款——利息调整　　9432000.00

二、项目公司债券融资的会计处理

(一)债券融资概述

项目公司为筹措债务资金发行的债券,包括企业债券、公司债券、非金融企业债务融资工具等。

1. 企业债券

项目公司通过发行企业债券筹措取得特许经营项目资产所需的债务资金，是公司融资的有效尝试。进入21世纪以后，项目公司发行的企业债券期限一般都在10年以上，较好地适应了基础设施建设融资的需求。

按照中国现行管理体制，企业债券的监督管理机构是国家发展改革委。企业发行债券，需要报经国家发展改革委核准。

发行企业债券融资所需遵循的规范有：①1993年8月2日发布的《企业债券管理条例》；②《公司法》(2018年10月修正)第七章"公司债券"中的规定；③《中华人民共和国证券法》(2019年12月修订)中的相关规定；等等。

2. 公司债券

伴随着2007年8月14日《公司债券发行试点办法》(证监会令第49号)的发布，中国境内开始进行发行公司债券的融资尝试。

发行公司债券的主体是上市公司；公司债券的监督管理机构是中国证券监督管理委员会。

截至2014年底，只有经中国证监会核准的上市公司，才能够通过发行公司债券筹措债务资金。

2015年1月15日，中国证券监督管理委员会公布了《公司债券发行与交易管理办法》(证监会令第113号)，取代了《公司债券发行试点办法》(证监会令第49号)，将发行公司债券的主体由上市公司扩大到其他公司制企业。

3. 非金融企业债务融资工具

非金融企业债务融资工具，是指具有法人资格的非金融企业在银行间债券市场发行的，约定在一定期限内还本付息的有价证券。

非金融企业债务融资工具包括短期融资券、中期票据、非公开定向债务融资工具和其他债务融资工具。

依据中国人民银行2005年5月23日发布的《短期融资券管理办法》(中国人民银行令〔2005〕2号)的规定，从该办法发布之日起，项目公司可以通过发行短期融资券筹措基础设施建设资金。短期融资券的发行期限最长不得超过1年。

2008年4月9日发布的《银行间债券市场非金融企业债务融资工具管理办法》(中国人民银行令〔2008〕1号)，取代了《短期融资券管理办法》(中国人民银行令2005年2号)。

依据《短期融资券管理办法》的规定，项目公司发行短期融资券需要经中国人民银行核准；但按照《银行间债券市场非金融企业债务融资工具管理办法》的规定，项目公司发行债务融资工具应在中国银行间市场交易商协会注册，不再需要报经中国人民银行核准。

依据中国人民银行令〔2005〕第2号的规定，2011年4月29日，中国银行间市场交易商协会出台了《银行间债券市场非金融企业债务融资工具非公开定向发行规则》，允许具有法人资格的非金融企业通过在银行间债券市场发行非公开定向债务融资工具筹措资金。

(二)长期债券融资相关业务的账务处理

项目公司应当通过设置“应付债券”一级科目,核算公司为筹措资金发行的期限在一年以上的企业债券、公司债券、可转换公司债券、中期票据以及非公开定向债务融资工具等。

项目公司通过发行确认为一项金融负债的优先股和永续债筹措的债务资金,也应当通过“应付债券”一级科目进行账务处理。

按照《会计科目和主要账务处理》的规定,企业需要通过设置“债券面值”“债券利息调整”“应计利息”三个二级科目进行明细核算。

发行确认为一项金融负债的优先股和永续债的项目公司,还需要在“应付债券”一级科目下设置“优先股”和“永续债”明细科目进行明细核算。

在20世纪末以前,我国企业发行的企业债券大多采取的是到期一次还本付息的方式。这意味着,按照实际利率法确认的债券利息费用,具有长期负债的特征。故《企业会计制度》要求企业债券的应计利息,通过“应付债券——应计利息”科目核算[1]。这样,“应付债券”科目的贷方余额,反映的是尚未偿还的企业债券的本息。

进入21世纪以后,随着债券期限的延长,企业债券开始采取了分期支付利息的方式,基本上取消了在到期一次性还本付息的做法。对此,CAS作出了新的规定:对于到期一次还本付息的债券,可通过设置“应付债券——应计利息”科目核算确认的债券利息费用;对于分期付息的债券,企业应将在资产负债表日确认的、应计入当期损益的债券利息费用,借记“财务费用”科目,贷记“应付利息”科目[2]。

按照财会〔2019〕6号文的规定,企业在资产负债表日确认的分期支付的债券利息,仍需要计入债券的账面余额中,即仍需要通过“应付债券——应计利息”科目核算。

项目公司发行债券筹措资金涉及以下三类业务。

1. 发行债券的账务处理

理论上,项目公司可以按照溢价、面值和折价三种形式发行债券。但在现实中,项目公司基本上是按照面值发行各类债券的。

项目公司如果采用溢价或者折价的方式发行债券,债券发行价格与面值之间的差额计入“债券利息调整”明细科目。

依据CAS 22的规定,项目公司发行债券支付的手续费、印刷费等发行费用,应计入“债券利息调整”明细科目。

2. 确认债券应计利息和支付利息的账务处理

企业债券的利息,需要依据CAS 17的规定和本书中的相关讨论,确定其应予以资本化还是计入当期损益。

---

[1] 中华人民共和国财政部. 企业会计制度2001[M]. 北京:经济科学出版社,2001.

[2] 中华人民共和国财政部. 企业会计准则——应用指南2006[M]. 北京:中国财政经济出版社,2006.

(1)确认的债券利息费用计入当期损益,则项目公司确认债券利息费用时借记“财务费用”科目,贷记“应付债券——应计利息”科目。

(2)确认的债券利息如果需要予以资本化处理,则项目公司确认债券利息费用时借记“合同履约成本”等科目,贷记“应付债券——应计利息”科目。

(3)债券利息的支付方式及其支付利息的账务处理。债券利息一般具有分期支付和到期一次支付两种方式。债券利息的支付方式,对债券发行价格具有重要的影响。

项目公司支付利息,借记“应付债券——应计利息”科目或“其他应付款——应付利息”科目,贷记“银行存款”科目。

3. 到期收回债券的账务处理

在企业债券到期日,项目公司收回所发行债券面值的一般账务处理为:借记“应付债券——本金”科目,贷记“银行存款”科目。

(三)短期融资券相关业务的账务处理

《会计科目和主要账务处理》中没有明确短期融资券的核算事项。本书认为,项目公司可通过设置“应付短期债券”科目核算发行短期融资券的经济业务。“应付短期债券”科目下可通过设“本金”和“利息调整”两个明细科目,分别核算发行公司在债券到期后应当支付给债券持有人的短期融资券本金和发行短期融资券支付的手续费。资产负债表日确认的应付短期融资券的利息计入“应付短期债券——应计利息”科目。

资产负债表日,“应付短期债券”的科目余额应在资产负债表中的“其他流动负债”项目列示。

按照规定,短期融资券的最长期限为365天(或366天)。短期融资券一般可采取以下两种方式发行。

1. 按照面值发行,到期后一次支付债券本金和利息

【案例5-10】某从事城市道路投资建设与运营管理的PPP项目公司:MB实业有限公司于2022年7月19日发布公告,宣布收到中国银行间市场交易商协会发出的《接受注册通知书》,并于2022年7月25日按照面值发行短期融资券12亿元,主要用于偿还部分到期债务和补充流动资金。短期融资券发行期限为366天,采取固定利率方式,发行利率为5.78%,2022年7月27日开始计息;2023年7月27日到期一次还本付息。

2022年7月28日,MB实业有限公司董事会发布公告,宣布募集资金净额119520万元已于2022年7月27日划入公司指定账户。

可以认为,短期融资券面值与实际收到价款之间的差异为支付的手续费。按照CAS 22的规定,手续费应当计入初始确认金额。对此,MB实业有限公司收到融资款的账务处理为:

借:银行存款	1195200000.00	
应付短期债券——利息调整	4800000.00	
贷:应付短期债券——本金		1200000000.00

按照CAS 22的规定,MB实业有限公司应当确认分摊手续费的实际利率,并在各资产负

债表日计算确认本期应负担的手续费,借记“财务费用”科目,贷记“应付短期债券——利息调整”科目。由于短期融资券的期限在一年及以内,对此也可以简化按照平均摊销的方法摊销手续费。

资产负债表日,短期融资券的摊余成本,为应付债券本金扣除尚未摊销的手续费后的余额,并在资产负债表中的“其他流动负债”项目列报。

但 MB 实业有限公司 2022 年度报告中的相关资料显示,公司将支付的发行手续费在支付时直接计入了当期损益。这样以上会计分录需要调整为:

借:银行存款	1195200000.00	
财务费用	4800000.00	
贷:应付短期债券——本金		1200000000.00

MB 实业有限公司 2022 年 12 月 31 日资产负债表“其他流动负债”栏目列报的该短期融资券的金额为 12 亿元。

MB 实业有限公司应当按照发行合同中约定的计息日,分别在各月末资产负债表日确认应当计入当期损益的利息费用。

2022 年 7 月 31 日,MB 实业有限公司应确认的由当期损益负担的短期融资券利息可计算如下:

利息费用 = 1200000000 × 5.78% × 5 ÷ 365 = 950136.98(元)

其账务处理为:

借:财务费用——利息支出	950136.98	
贷:应付短期债券——应计利息		950136.98

2023 年 7 月 27 日短期融资券到期时,MB 实业有限公司应偿还的短期融资券本金为 12 亿元;利息为 0.6936 亿元(12 × 5.78%)。

其中,应计入 2023 年 7 月损益的利息费用可计算如下:

利息费用 = 1200000000 × 5.78% × 26 ÷ 365 = 4940712.33(元)

对此还本付息的账务处理为:

借:应付短期债券——本金	1200000000.00	
——应计利息	59019287.67	
财务费用	4940712.33	
贷:银行存款		1269360000.00

2. 折价发行,到期后只支付债券面值

在实务中,一些项目公司采取了折价发行债券融资的有益尝试。折价发行的债券又可称之为“现值债券”。采取折价发行方式,需要按照债券面值的现值作为发行价格;按照债券的面值收回债券;不计债券利息。

【案例 5-11】经中国人民银行核准,广东交通集团有限公司于 2005 年 8 月 8 日发行短期融资券 30 亿元,期限为 365 天,发行价格为 97.16 元,面值为 100 元。收益率为 2.9230135%。

广东交通集团有限公司发行短期融资券的账务处理如下:

借:银行存款　　2914800000.00

　应付短期债券——利息调整　　85200000.00

　贷:应付短期债券——债券本金　　3000000000.00

在资产负债表日(2005 年 12 月 31 日),该公司应计入当期损益的利息费用可确认如下:

2005 年应确认利息费用的天数 =(23 +30 +31 +30 +31) =145(天)

应确认的利息费用 =2914800000 ×(145 ÷365) ×2.9230135% =33846575.34(元)

账务处理为:

借:财务费用——利息支出　　33846575.34

　贷:应付短期债券——利息调整　　33846575.34

到期日(2006 年 8 月 8 日)确认的应计入 2006 年的融资费用确认如下:

2006 年应确认利息费用的天数 =(31 +28 +31 +30 +31 +30 +31 +8) =220(天)

应确认的利息费用 =2914800000 ×(220 ÷365) ×2.9230135% =51353423.15(元)

未确认利息费用余额 =85200000.00 -33846575.34 =51353424.66(元)

确认利息费用的账务处理如下:

借:财务费用——利息支出　　51353424.66

　贷:应付短期债券——利息调整　　51353424.66

偿还短期融资券本金的账务处理如下:

借:应付短期债券——债券本金　　3000000000.00

　贷:银行存款　　3000000000.00

资产负债表日(2005 年 12 月 31 日),应付短期债券的账面价值 2948646575.34 元(短期融资券本金减去利息调整的余额)可列入资产负债表中的“其他流动负债”的栏目。

在本案例中,没有考虑短期融资券发行费用及其账务处理。

三、项目公司可转换公司债券融资的会计处理

可转换公司债券是指发行公司依法发行、在一定时间内依据约定的条件可以转换成公司普通股的公司债券。

公司发行的可转换公司债券一般附有可分离或不可分离的认股权证。

(一)项目公司发行分离交易可转债的会计处理

《上市公司证券发行管理办法》(证监会令第 30 号)规范了上市公司发行可转债的筹资行为。2020 年 2 月 14 日,中国证券监督管理委员会对该办法的部分规范内容进行了修正;2020 年 12 月 31 日,公布了《可转换公司债券管理办法》(证监会令第 178 号),与证监会令第 30 号一起,成为规范可转债发行和管理行为的部门规章。

《企业会计准则解释第 2 号》中解释了企业发行分离交易可转债的会计处理:企业发行认股权和债券分离交易的可转换公司债券,其认股权符合 CAS 22 和《企业会计准则第 37

号——金融工具列报》(CAS 37)有关权益工具定义的,应当按照分离交易可转换公司债券发行价格,减去不附认股权且其他条件相同的公司债券公允价值后的差额,确认一项权益工具(资本公积)。

《上市公司证券发行管理办法》有以下规定:

(1)公司可转债的面值为100元;

(2)可转换公司债券自发行结束之日起6个月后方可转换为公司股票;

(3)上市公司可以公开发行认股权和债券分离交易的可转换公司债券;

(4)分离交易的可转换公司债券中的公司债券和认股权分别符合证券交易所上市条件的,应当分别上市交易。

可转债的作用在于提高债券的发行价格,或降低债券的利率。

企业发行可转债,需要通过分析将收到的价款划分为债务部分和权益部分。将价款中确认的转换权价值作为权益,计入"资本公积"科目;将价款中的债务部分分别计入"面值"和"利息调整"明细科目。

【案例5-12】飞龙股份有限公司2023年7月1日发行面值为100元、利率为5%、期限为5年的可转债。每年6月30日支付利息。每张可转债附认股权证25张,每张认股权证可在2024年1月1日至3月31日按照每股4元的价格转换为1股公司的股票。

如果市场利率为8%,公司债券的发行价格应当为:

$P = 100 \times 5\% \times 3.993 + 100 \times 0.681 = 88.07$(元)

如果飞龙股份有限公司可转债按照面值发行,则意味着权益部分应当为11.93元。

不考虑支付的发行费用,发行面值为1000万元可转债(10万张)的账务处理为:

借:银行存款	10000000.00	
应付债券——利息调整	1193000.00	
贷:应付债券——面值		10000000.00
资本公积		1193000.00

这意味着,飞龙股份有限公司可转债发挥的是降低债券利率的作用。

如果债券利率为8%,和市场利率保持一致,公司债券的发行价格为115元,可以认为债券价格的提高是由于可转债的作用引发的,所以债券价格中的权益部分应当是15元。账务处理为:

借:银行存款	11500000.00	
贷:应付债券——面值		10000000.00
资本公积		1500000.00

如果认股权证持有者选择行权,则飞龙股份有限公司所需的一般账务处理为:借记"银行存款""资本公积——其他资本公积"科目,贷记"股本""资本公积——资本溢价"科目。

其中,"银行存款"科目核算按照约定的行权价格收取的价款;"资本公积——其他资本公积"科目核算发行分离可转债时平均每份认股权证公司确认的资本公积;"股本"科目核算行权增加的股本的面值;"资本公积——资本溢价"科目核算公司增加股份的溢价。

按照【案例5-12】中的相关数据,公司发行每张认股权证取得的资本公积为0.4772元(11.93÷25);如果有200000份认股权证按照每股4元的价格行权,则账务处理为:

借:银行存款　　800000.00

　资本公积——其他资本公积　　95440.00

　贷:股本　　200000.00

　　资本公积——资本溢价　　695440.00

按照《企业会计准则解释第4号》(财会〔2010〕15号)规定,企业发行的认股权和债券分离交易的可转换公司债券,认股权持有人到期没有行权的,应当在到期时将原计入资本公积(其他资本公积)的部分转入资本公积(股本溢价)。

(二)项目公司发行附有不可分离认股权证的可转换公司债券的会计处理

与分离交易可转债不同,非分离交易可转债一般通过确定转换率(即每张债券可转换的普通股)来间接反映转换价格。例如,如果项目公司规定,每张面值为1000元的可转债可以转换为25股公司的普通股,则转换价格为每股40元(1000÷25)。

发行非分离交易可转债的账务处理与分离交易可转债相同;不同的是债券持有者行权时的账务处理。

与分离交易可转债的行权不同,非分离交易可转债的持有者无须支付价款购买股票,只需用持有的可转债交换为公司的普通股即可。对此,公司按照面值发行可转债状况下债券持有者行权时公司所需的一般账务处理为:借记"应付债券——面值""资本公积——其他资本公积"科目,贷记"股本""资本公积——资本溢价"科目。

项目公司按照溢价或者折价方式发行债券持有者行权时的账务处理不在这里讨论,有兴趣的读者可参考相关的财务会计书籍。

四、项目公司资产证券化与基础设施REITs融资的会计处理

具备相应条件的项目公司,可以依据中国证券监督管理委员会及其有关部门的规定,从事资产证券化业务和基础设施REITs业务筹措资金。

(一)资产证券化

1.资产证券化概述

资产证券化的基本原理是:基础资产的原始权益人(即拥有基础资产的企业)将要证券化的资产剥离出来,转移给中介机构设立的特殊目的载体(special purpose vehicle),用其获得的这项资产的未来现金流为担保,发行资产支持证券(Asset-based Securities,ABS),用证券发行收入支付取得证券化资产的价款,以证券化资产产生的现金流向证券投资者支付利息。

我国最早进行证券化试点的基础资产是信贷资产。2005年4月20日发布的《信贷资产证券化管理办法》(中国人民银行、中国银行业监督管理委员会公告〔2005〕第7号)第二条

中将信贷资产证券化定义为：在中国境内，银行业金融机构作为发起机构，将信贷资产信托给受托机构，由受托机构以资产支持证券的形式向投资机构发行受益证券，以该财产所产生的现金支付资产支持证券收益的结构性融资活动。

伴随着资产证券化的发展，基础资产逐步由信贷资产或金融资产向非金融资产发展。2010 年 1 月 11 日，中国证券监督管理委员会发布的《公开发行证券的公司信息披露编报规则第 15 号——财务报告的一般规定（2010 年修订）》（证监会公告〔2010〕1 号）第三章第六节"资产证券化业务的会计处理"规定：应根据《信贷资产证券化试点管理办法》和《企业会计准则第 23 号——金融资产转移》（CAS 23），披露金融资产证券化业务的主要交易安排及其会计处理。涉及非金融资产的资产证券化业务，参照《信贷资产证券化试点管理办法》和 CAS 23 的有关规定，披露非金融资产证券化业务的主要交易安排及其会计处理。同时，应详细说明资产证券化业务的破产隔离条款。

2014 年 11 月 19 日，中国证券监督管理委员会公布的《证券公司及基金管理公司子公司资产证券化业务管理规定》（证监会公告〔2014〕49 号）中对资产证券化的界定是：资产证券化业务是指以基础资产所产生的现金流为偿付支持，通过结构化等方式进行信用增级，在此基础上发行资产支持证券的业务活动。

资产证券化涉及的基础资产，是指符合法律法规规定，权属明确，可以产生独立、可预测的现金流且可特定化的财产权利或者财产。基础资产可以是单项财产权利或者财产，也可以是多项财产权利或者财产构成的资产组合。基础资产可以是企业应收款、租赁债权、信贷资产、信托受益权等财产权利，基础设施、商业物业等不动产财产或不动产收益权，以及其他经认可的财产或财产权利。

相关中介机构为开展资产证券化业务设立的特殊目的载体（SPV）一般体现为资产支持专项计划（简称"专项计划"）。

【案例 5-13】根据开展业务活动对资金的需求，中国金秀实业发展有限公司（简称"金秀公司"）与某证券公司签订协议，将该公司拥有的 46000 万元应收账款以证券化的方式，向该证券公司融资 40000 万元。按照协议的约定，中国金秀实业发展有限公司将该项资产的收款权利移交给证券公司，对此需要作终止确认应收账款的以下账务处理：

借：银行存款	400000000.00	
财务费用	60000000.00	
贷：应收账款		460000000.00

如果中国金秀实业发展有限公司已经对该项金融资产计提了 800 万元的坏账准备，则账务处理调整如下：

借：银行存款	400000000.00	
财务费用	52000000.00	
坏账准备	8000000.00	
贷：应收账款		460000000.00

【案例 5-14】华新交通发展有限公司（简称"华新公司"）将其拥有的华新机场高速公路

三年的广告经营权证券化处理,但按照合同的约定保留三年后经营广告收取现金的权利,可以认为其不符合转移该项权利的条件,应当将收到的价款作为负债处理。

按照合同规定,华新公司需要将今后三年的广告收入每半年支付 2500 万元给受托机构,连续支付三年,融资总规模为 13500 万元人民币,则华新公司取得融资款的账务处理为:

借:银行存款　135000000.00
　未确认融资费用　15000000.00
　贷:长期应付款　150000000.00

“长期应付款”科目应当反映企业需要支付的价款总额。很明显,企业应支付的价款低于所收到的价款,其差额反映了资产证券化应当支付的融资费用。

企业支付价款时需要采用实际利率法确认归属当期的融资费用。由于期限较短,华新公司采取直线法摊销未确认融资费用。其账务处理为:

借:长期应付款　25000000.00
　贷:银行存款　25000000.00
借:财务费用　2500000.00
　贷:未确认融资费用　2500000.00

2. 高速公路资产证券化

作为基础设施的重要组成部分,由于成熟的收费高速公路项目具备持续稳定的现金流,对此可通过证券化进行融资。收费高速公路项目资产证券化有助于增加资产流动性,提高资本使用效率,并实现低成本的融资;对投资者而言,有助于拓宽投资渠道,并取得稳健回报;对实体经济而言,有助于缩短融资链条,降低实体部门的杠杆率。

收费高速公路类资产证券化项目一般以高速公路收费收益权作为基础资产,资产证券化(ABS)产品始终是市场上的热点,我国资产证券化试点以来的第二单产品就是东莞控股于 2005 年 12 月 27 日发起设立的莞深高速公路收费收益权专项资产管理计划。据不完全统计,截至 2022 年底,已陆续有超过 30 单收费高速公路 ABS 产品成功发行,发行金额超过 400 亿元人民币。

在实务中,中介机构通过“莞深高速公路收费收益权专项资产管理计划”发行资产支持证券取得的是莞深高速公路 18 个月的收费权;而通过“招商——葛洲坝内遂高速长江经济带资产支持专项计划”发行资产支持证券取得的则是项目公司(葛洲坝集团四川内遂高速公路有限公司)100% 的股权。采取不同的资产证券化方式具有不同的会计处理要求。

如果发行资产支持证券购买的是项目公司的股权,这样的资产证券化行为属于项目公司的投资方通过出售股权的融资行为,而不是项目公司的融资行为。

【案例 5-15】东莞发展控股股份有限公司资产证券化融资。

2005 年 12 月,为降低融资成本,实现高速公路滚动式发展,东莞发展控股股份有限公司(简称“东莞控股”)通过广发证券股份有限公司发起设立规模为 5.8 亿元的莞深高速公路收费收益权专项资产管理计划。

在莞深收益计划存续期的 18 个月内,公司每半年归还给该计划 2 亿元,合计 6 亿元;每半年内将莞深高速公路一期、二期的每天实际收入逐日划入莞深收益计划指定账户,直至每半年划足 2 亿元;由银行为上述的划款提供不可撤销的连带责任担保。

2005 年 12 月 22 日,中国证券监督管理委员会《关于同意广发证券股份有限公司设立莞深高速公路收费收益权专项资产管理计划的批复》(证监机构字〔2005〕162 号)同意广发证券设立莞深高速公路收费收益权专项资产管理计划申请。

2005 年 12 月 27 日,莞深高速公路收费收益权专项资产管理计划设立;同日,莞深高速公路收费收益权托管专户将 5.8 亿元的资金划入公司账户。

莞深高速公路收费收益权专项资产管理计划,是一种低成本的融资方式,有利于股东利益的最大化,同时也为公司今后的发展提供了一个全新的融资渠道。所得的 5.8 亿元资金用于收购莞深高速公路三期东城段。预计莞深高速公路三期东城段在 2005—2027 年标准车流量为 34100 万辆,实现主营业务收入 17.05 亿元。

据测算,东莞控股这次融资成本仅为 2.30%,远低于同期 5.76% 的银行贷款利率,可节约融资成本 3010 万元,具有明显的成本优势。

东莞控股推出的"莞深高速公路收费收益权专项资产管理计划",是我国 2005 年面世的两期专项管理计划产品之一,也是我国资产证券化的首批试点,是标志着我国的证券化市场迈开了从理论走向实践的重要一步,2005 年也被业界有关人士称为资产证券化元年。

随后,实行资产证券化的部分收费公路项目有衡枣高速公路车辆通行费收益权资产支持专项计划(2015)、汇富榆靖高速公路车辆通行费收益权资产支持专项计划(2015)、苏高速公路车辆通行费收益权资产支持专项计划(2017)、南昌西外环高速车辆通行费收益权资产支持专项计划(2018)、华金证券——惠莞高速公路资产支持专项计划(2022)、招商——葛洲坝内遂高速公路长江经济带资产支持专项计划(2022)等。

参照 CAS 23 及其有关规定,收费公路车辆通行费收入收益权证券化具有以下特征:

(1)公司没有转让收费公路的收费权,而只是将特定时段的车辆通行费收入作为对最终收款方支付现金流量的保证。

(2)公司有义务将收取的现金流量(车辆通行费)及时支付给最终收款方。

可以认为,由于公路收费权没有转移,公司不应当终止确认公路收费权,而是应当把收取的款项确认为一项金融负债。

在"莞深高速公路收费收益权专项资产管理计划"案例中,由于原始权益人通过计划管理人向资产支持证券持有人分配的 6 亿元中含有利息收益,故东莞控股在 2005 年 12 月下旬收到广发证券用发行资产支持证券支付购买基础资产的价款 5.80 亿元的账务处理为:

借:银行存款	580000000.00	
长期待摊费用	20000000.00	
贷:专项应付款		600000000.00

2005 年底,东莞控股采用平均摊销的方法摊销了长期待摊费用 148148.15 元,账务处理为:

借:财务费用　　148148.15

　贷:长期待摊费用　　148148.15

在2005年末和2006年末资产负债表中的"长期待摊费用"项目列示的金额分别为19851851.85元和6333333.32元。

2005年底,东莞控股将按照合同的约定转移至托管专户的通行费6243252.12元视为负债的偿还。其账务处理为:

借:专项应付款　　6243252.12

　贷:银行存款　　6243252.12

在2005年末和2006年末资产负债表中,东莞控股在"专项应付款"项目列示的金额分别为593756747.88元和192892527.48元❶。

(二)基础设施REITs

1.基础设施REITs概述

REITs是英文"Real Estate Investment Trusts"的缩写,可翻译为"不动产投资信托基金"或"房地产投资信托基金"。一般来说,REITs是一种通过发行信托基金或受益凭证来汇集社会资金,由专门的托管机构进行托管,委托专门的投资机构进行不动产相关投资经营管理,将投资综合收益按比例分配给基金或者收益凭证持有者的投资组织形式。

2020年4月24日印发的《中国证监会　国家发展改革委关于推进基础设施领域不动产投资信托基金(REITs)试点相关工作的通知》(证监发〔2020〕40号)及其他相关的政策规定,将REITs定位于基础设施领域,使得收费公路发展有了新的融资方式。2019年9月23日,沪杭甬高速公路股份有限公司发行的"中联基金-浙商资管-沪杭甬徽杭高速公路资产支持专项计划"和2020年6月9日中交路桥建设有限公司在深圳证券交易所成功簿记发行的"中联前海开源-中交路桥清西大桥资产支持专项计划",是收费公路REITs融资的有益探索。但这些收费公路REITs属于私募资金,尚不属于规范的基础设施REITs。

2021年6月21日,浙商证券沪杭甬基础设施证券投资基金、平安广州交投广河高速公路封闭式基础设施证券投资基金、红土创新盐田港仓储物流封闭式基础设施证券投资基金、中航首钢生物质封闭式基础设施证券投资基金等9只基础设施REITs分别在上海证券交易所和深圳证券交易所上市交易,迈出了基础设施REITs融资实践探索可喜的步伐。

截至2023年5月底,全国上市交易的基础设施REITs达到27只,其中18只在上海证券交易所上市交易;9只在深圳证券交易所上市交易,发行规模908.92亿元。基础设施REITs融资取得新的成效。

2.基础设施REITs与资产证券化

REITs本不同于资产证券化,即发行基础设施REITs份额募集的资金并非一定要用于购买资产支持证券,但一定的政策导向下两者之间又产生了密切的联系。按照证监发〔2020〕

❶ 2005年底和2006年底,东莞控股编制财务报表执行的是《企业会计制度》(2001)的规定。

40号文的表述，由符合条件的取得公募基金管理资格的证券公司或基金管理公司，依法依规设立公开募集基础设施证券投资基金，经中国证券监督管理委员会注册后，公开发售基金份额募集资金，通过购买同一实际控制人所属的管理人设立发行的基础设施资产支持证券，完成对标的基础设施的收购，开展基础设施 REITs 业务。这就将 REITs 与资产证券化实现了有机对接。对此，证券界的有关人士也主张将基础设施资产证券化划分为基础设施收益权 ABS 及基础设施 REITs 两种模式。

3. 基础设施 REITs 的融资作用

可以认为，基础设施领域实施 REITs 对推进基础设施特许经营模式有积极的作用。一般来说，基础设施特许经营项目具有投资额大、投资回收期长、投资风险高的局限性。基础设施领域实施 REITs 有助于解决基础设施特许经营项目投资退出的问题，增强基础设施特许经营项目投资的流动性，分散与降低投资风险。

另外，由于基础设施特许经营项目投资额大，社会资本进入的门槛较高。实施 REITs 有助于降低基础设施特许经营项目投资的进入门槛，使得广大中小投资者等社会资金也可以通过购买基金份额的方式作为社会资本投资基础设施特许经营项目，为基础设施建设提供所需的资金。

基础设施 REITs 的融资作用主要可体现在以下两个方面：

(1)出售项目公司股权融资。站在项目公司的投资方——社会资本方的角度，可通过发行基础设施 REITs 用中小社会投资者的资金购买相关联的资产支持证券；用发行资产支持证券筹措的资金，购买项目公司的股权。采取这种方式，基础设施 REITs 融资属于社会资本方或项目给公司投资方的融资行为，而不是项目公司的融资行为。

(2)项目公司利用基础设施的收益权融资。如果项目公司采取东莞控股资产证券化的融资方式，则也可将基础设施 REITs 融资纳入项目公司融资的范畴。相关会计处理详见资产证券化的会计处理。

4. 基础设施 REITs 的会计处理

与基础设施 REITs 相关的会计主体主要包括：

(1)原始权益人。与原始权益人相关的会计事项有：将基础资产转让给资产支持专项计划；按照基金合同的约定回购至少20%的基金份额等。

(2)项目公司。项目公司发生的与收费公路 REITs 相关的会计事项，主要是向拥有其100%股权的投资者——资产支持专项计划分配收益。按照证监会公告〔2020〕54号：《公开募集基础设施证券投资基金指引(试行)》的规定，将可供分配金额通过资产支持专项计划进一步分配至基础设施投资基金。可分配金额主要由项目公司的净利润和计提的固定资产折旧和无形资产摊销构成。

在实务中，华夏越秀高速 REITs 在2022年度可供分配的金额为13742.68万元，主要由净利润3136.77万元和折旧和摊销10503.27万元构成。

(3)证券投资基金(REITs)。与 REITs 相关业务的会计处理，是由资金管理人受托进行的。涉及的相关会计事项有:公开发行基础设施投资基金;用取得的价款购买资产支持证券100%的份额;向基金管理人支付委托管理费;用取得的收益向基金持有人分配收益等。

(4)资产支持专项计划。与资产支持专项计划相关业务的会计处理,是由计划管理人受托进行的。涉及的相关会计事项有:向基础设施投资基金发行资产支持证券;用取得的价款购买项目公司100%的股权;向计划管理人支付委托管理费;用取得的收益向资产支持证券持有人(基础设施投资基金)分配收益等。

五、项目公司售后租回融资的会计处理

(一)对特许经营项目资产售后租回行为的判断

项目公司开展售后租回融资业务的会计处理,需要符合《企业会计准则第21号——租赁》(CAS 21)的规定。

CAS 21(2006)曾将售后租回交易划分为融资租赁和经营租赁。CAS 21(2018)不再区分承租人的经营租赁和融资租赁,故其售后租回交易也不再区分融资租赁和经营租赁,但要求对售后租回交易中的资产转让是否属于销售作出职业判断。

由于特许经营项目资产属于一项政府资产,故项目公司依托该项目资产开展的售后租回业务涉及的项目资产转让属于特许经营项目资产使用权的转让,应当不属于销售行为,故应当按照资产转让不属于销售的相关规定进行会计处理。

(二)特许经营项目资产售后回租业务涉及的相关纳税事项

2010年9月8日印发的《关于融资性售后回租业务中承租方出售资产行为有关税收问题的公告》(国家税务总局公告2010年第13号)认为,融资性售后回租业务是指承租方以融资为目的将资产出售给经批准从事融资租赁业务的企业后,又将该项资产从该融资租赁企业租回的行为。融资性售后回租业务中承租方出售资产时,资产所有权以及与资产所有权有关的全部报酬和风险并未完全转移。对此,承租方出售资产,不确认为销售收入,无须缴纳增值税和营业税。对于融资租赁的资产,应当按照出售前原账面价值作为计税基础计提折旧。

2016年3月23日财政部、国家税务总局印发的《关于全面推开营业税改征增值税试点的通知》(财税〔2016〕36号)附件中规范了融资性售后回租业务所涉及的增值税税务行为。

(三)特许经营项目资产售后租回业务的账务处理

采用售后租回方式转让特许经营项目资产的使用权,并不存在项目资产使用权实质性的转移。故按照CAS 21(2018)的规定,项目公司不应当终止确认项目资产的使用权;收取或者应当收取的转让价款也不应当确认为一项收入,而是确认为项目公司的一项金融负债。

【案例5-16】河南中原高速公路股份有限公司售后租回融资会计处理分析。

2010年11月26日,河南中原高速公路股份有限公司(简称“中原高速”)董事会发布公告,经公司董事会审议通过,拟作为承租方,将郑州机场高速公路全路段路面、路基等资产,

以售后回租方式,向招银金融租赁股份有限公司、建信金融租赁股份有限公司融资人民币90000万元。中原高速用郑州机场高速公路收费权进行质押担保。

租赁期限为10年,每3个月支付租金2912.45万元(本金加利息),并随利率的调整从下一租期进行相应调整。租赁利率按照5年以上银行贷款利率下浮15%,采取浮动利率制。

租赁期限届满后,租赁标的物的名义价格为人民币3元。承租人需要分别向招银和建信支付人民币1元和2元后,将租赁标的物移交给承租人。

2010年12月15日,中原高速董事会发布2010年第七次临时股东大会决议公告,一致通过《关于郑州机场高速公路进行融资租赁的议案》。

2010年12月16日,中原高速与招银金融租赁有限公司、建信金融租赁股份有限公司签订了融资租赁合同,以售后回租方式向招银金融租赁有限公司、建信金融租赁有限公司转让郑州机场高速公路全路段路面、路基等资产,分别向招银金融租赁有限公司融资3亿元、向建信金融租赁有限公司融资6亿元。

应当进一步明确的是:根据国家有关法律法规的规定并结合高速公路经营的特点,能够采取售后租回交易融资的资产,并非高速公路路面、路基等实物资产,而应当是依托高速公路实物资产的收费权。

【案例5-16】中涉及的交易可具体分析如下:

(1)由于没有实质性转移被"出售"的郑州机场高速公路收费权,所以无须进行机场高速公路收费权终止确认的账务处理。

(2)可以认为,中原高速应当收取的9亿元人民币的价款,可以界定为租回收费权的公允价值。租赁资产公允价值应当构成该项租赁业务涉及租赁付款额的现值。按照CAS 21应用指南(2019)中的表述,其账务处理如下:

由于租赁合同约定,租赁期开始日为实际收到租赁标的价款的日期,故中原高速应当在收到标的价款时做出以下账务处理:

借:银行存款	900000000.00	
租赁负债——未确认融资费用	264980000.00	
贷:租赁负债——租赁付款额		1164980000.00

其中,租赁付款额为每3个月收取租金2912.45万元,一共收取10年(40期),合计数116498万元。

中原高速为签署租赁合同支付了租赁手续费3240万元和联合租赁安排费1080万元。其账务处理为:

借:租赁负债——未确认融资费用	43200000.00	
贷:银行存款		43200000.00

在此基础上,需要进一步确定分摊未确认融资费用的实际利率。

(四)支付租金的账务处理

在**【案例5-16】**中,中原高速需要每3个月支付租金2912.45万元。支付租金的账务处理为:

借:租赁负债——租赁付款额　　　　29124500.00

　贷:银行存款　　　　29124500.00

(五)摊销未确认融资费用的账务处理

摊销未确认融资费用的一般账务处理为:借记"财务费用"科目,贷记"租赁负债——未确认融资费用"科目。

中原高速可根据计算确定的实际利率,确认应当分摊计入年度损益的未确认融资费用,并在月度资产负债表日采取直线法分摊计入当月损益。

(六)租赁业务的列报

项目公司应当将尚未偿还的租赁负债的本金,在资产负债表中列示为一项金融负债——租赁负债,并需要在报表附注中做出相应的信息披露。

【案例5-16】中,中原高速在2019年年度报告中披露的有关租赁负债信息披露如下:截至2019年12月31日,招银租赁公司向本公司支付融资金额3亿元,本公司已还款262916779.80元,尚有余额37083220.20元;建信租赁公司向本公司支付融资金额6亿元,本公司已还款526107360.00元,尚有余额73892640.00元。

截至2020年底,伴随着最后租赁款的支付完毕,该项融资租赁业务涉及的会计处理事项业已全部完成。

本章小结

项目公司可以通过直接吸收投资或者发行股票来筹措资本;也可以通过从国内外金融机构借款或者发行企业债券来筹措债务资金。不同的筹集渠道和筹资方式具有不同的会计处理要求。

项目公司筹措资本和债务资金的主要目的是满足取得特许经营项目资产对资金的需求。除了各级政府财政资金对基础设施建设项目的投入以外,项目公司资本的一个重要来源,社会资本方用持有的已建成政府收费高速公路收费权折价入股投入形成的国家资本或者国有法人资本。

按照《企业会计准则解释第14号》的解释,投入项目公司的高速公路收费权,应确认为一项无形资产。对此,有必要进一步关注收费权依托实体资产的移交与管理;关注高速公路基础设施占用土地的确认与管理。

项目公司应当通过设置"实收资本"(或"股本")和"资本公积——资本(股本)溢价"科目,核算投资者投入的项目资本,或者发行股票筹措的股本。

项目公司可以通过国内外金融机构借款、发行企业债券、公司债券、可转换公司债券、短期融资券、中期票据等,以及资产证券化、基础设施REITs等方式以及筹措基础设施建设所需的债务资金。不同的筹资业务具有不同的会计处理要求。

利用高速公路收费权售后租回方式筹措高速公路建设资金是深化高速公路投融资体制改革的又一有益尝试。应当依据CAS 21中对售后租回业务的规范要求和CAS 21应用指南(2019)中的解释,并结合高速公路收费权售后租回业务特点进行会计处理。

复习思考题

1. 在现行投融资管理体制下,项目公司主要可采取哪几种筹资方式筹措特许经营项目资产建设所需资金?

2. 社会资本方将高速公路收费权投入项目公司一般都会涉及哪些业务的会计处理事项?

3. 项目公司如果从银行等金融企业取得短期借款或者发行短期融资券融资,是为了满足哪些方面的融资需求?

4. 企业债券、公司债券和中期票据有何区别?发行的企业债券、公司债券和中期票据需要满足怎样的条件才能确认为一项其他权益工具?

5. 如果某上市的项目公司通过发行分离交易可转债筹措特许经营项目资产建设所需资金,所涉及的会计处理有哪些?

6. 什么是短期融资券?项目公司发行短期融资券融资一般都涉及哪些业务的账务处理?你认为应当通过设置何科目来核算筹措的短期融资券资金?

7. 什么是资产证券化融资?对项目公司而言,基础设施资产证券化融资都涉及哪些业务的会计处理?

8. 什么是基础设施REITs融资?对项目公司而言,基础设施REITs融资都涉及哪些业务的会计处理?

9. 什么是售后租回业务?与房屋建筑物、机械设备的售后租回相比,高速公路售后租回有何特色?将一条高速公路采取售后租回方式筹措公路建设资金,一般都涉及哪些账务处理?

10. 如果某项目公司采取将某确认为一项无形资产的高速公路收费权采取售后租回的方式进行融资,是否有必要对被销售无形资产进行终止确认的会计处理?为什么?

第六章

项目公司取得特许经营项目资产的会计处理

本章概要

特许经营项目资产是指特许经营项目合同中确定的用来提供公共产品和服务的资产。特许经营项目资产属于一项政府资产。项目公司需要通过政府行政许可取得特许经营项目资产的使用权，用于向社会公众提供公共产品和服务。

项目公司一般主要采取以下两种方式取得特许经营项目资产的使用权：①通过投资建造的运作方式（BOT）或对现有资产进行扩建改造的运作方式（ROT）来取得项目资产的使用权；②通过取得政府方现有资产的运作方式（TOT）来取得项目资产的使用权。

在本章中，主要以公路 PPP 项目为例，进行采取以上两种方式取得特许经营项目资产使用权涉及相关业务会计处理的学习和讨论。

第一节　投资建设取得 PPP 项目资产的会计处理

项目公司取得的用于提供公共产品和服务的 PPP 项目资产，包括基础设施和其他相关资产。采取 BOT 或者 ROT 运作方式实施的 PPP 项目，项目公司需要通过投资建造 PPP 项目资产的方式来取得其使用权。本节主要讨论通过投资建设取得基础设施的会计处理事项。

一、基础设施建设投资会计处理的主要内容

按照基础设施基本建设程序，基础设施在建设过程中发生的费用，可以划分为前期工作阶段发生的费用、建设期间发生的费用和工程验收期间发生的费用。

（一）前期工作阶段发生的费用

1. 前期工作

进入 21 世纪以后，伴随着政府部门预算改革和财政国库管理制度改革的逐步推进，我国开始在建设领域引入了前期工作和前期费用的概念。《中央预算内基建投资项目前期工

作经费管理暂行办法》(财建〔2006〕689号)第二条规定:前期工作是指从建设项目的立项申请、可行性研究、初步设计到项目开工前所进行的一系列工作,主要包括项目建议书、可行性研究报告、初步设计等工作环节的文件编制、招标、评估、审查、报批等相关工作。

可以认为,从建设项目立项申请、编制项目建议书开始,到取得施工许可、颁发建设开工令为止所需的一切建设前期工作,均属于前期工作的范畴。

2. 前期工作费用

参照财建〔2006〕689号文件第三条和第六条的规定,前期工作经费是指从中央预算内基建投资(含国债项目资金)中安排的用于项目前期工作的专项经费,包括勘察费、设计费、研究试验费、可行性研究费、前期工作的标底编制及招标管理费、概算审查费、咨询评审费、技术图书资料费、差旅交通费、业务招待费等管理费用以及经同级财政部门批准的与前期工作相关的其他费用。

前期工作费包括编制项目建议书(或预可行性研究报告)、可行性研究报告、投资估算,以及相应的勘察、设计等所需的费用;通过风洞试验、地震动参数、索塔足尺模型试验、桥墩局部冲刷试验、桩基承载力试验等为建设项目提供或验证设计数据所需的专题研究费用;初步设计和施工图设计的勘察费、设计费、概(预)算编制及调整概算编制费用等;设计、监理、施工招标及招标标底(或造价控制值或清单预算)文件编制费等。

可以认为,在前期工作阶段从事各项工作所需发生的支出,均可以归属于前期工作费。

按照国家的有关规定和建设方式的不同,前期工作费应当根据不同情况,分别列入政府部门预算,并计入项目建设成本。

(二)建设期间发生的费用

建设期发生的费用,包括建筑安装工程费、设备购置费和其他费用。

1. 建筑安装工程费

如果项目公司采取招标方式选择施工企业承担公路建设任务,则建筑安装工程费一般表现为支付给施工企业的工程结算价款,包括施工企业提供施工服务发生的成本费用、应当缴纳的税金和应当获取的利润。

2. 设备购置费

设备购置费反映了项目公司为购置提供公共产品和服务所需的相关设备发生的支出。基础设施建设项目中的设备购置费在总建设费用中所占比重一般较少。

3. 其他费用

建设期间需要支付的借款利息,是利用金融机构贷款建设的基础设施其他费用的主要组成部分。除此以外,还涉及项目公司为管理工程发生的施工管理费、支付给工程监理公司的工程监理费用等。这些费用,应归属于项目建设成本中的待摊投资支出。

一些基础设施建设用地(高速公路、城市道路等)的征地拆迁费用在基础设施建设其他费用中也占有较大的比重。但从发生的时间来看,似乎也可以归类于前期工作费的范畴。

(三)工程验收期间发生的费用

工程验收期间发生的费用一般包括:依据财政部、PPP 项目行政主管部门的有关规定招标选择竣工决算审计单位发生的相关费用;对竣工决算审计的费用;组织竣工验收发生的相关费用等。这些费用,也应当归属于基础设施建设成本中的待摊投资支出。

二、基础设施建设成本的构成

(一)建设成本的构成

建设成本是指建设单位在投资活动中计入交付使用资产价值的各项投资支出,包括建筑安装工程投资支出、设备投资支出、待摊投资支出和其他投资支出。其中,建设项目的建筑安装工程投资支出、设备投资支出和分摊的待摊投资支出之和构成了该项目的建设工程成本;其他投资支出构成了不需要通过建筑安装工作即可形成交付使用资产的价值。

《基本建设财务规则》(财政部令第 81 号)、《基本建设项目建设成本管理规定》(财建〔2016〕504 号)等规章制度具体规范了建设项目成本管理行为。

1. 建筑安装工程投资支出

基础设施建设项目的建筑安装工程投资支出进一步划分为建筑工程支出和安装工程支出。

2. 设备投资支出

设备投资包括为购置需要安装设备、不需安装设备以及为生产准备的低于固定资产标准的工具、器具所发生的实际支出。

3. 待摊投资支出

待摊投资支出属于间接支出,不能够直接按工程项目归集;不构成建设项目实体。但其支出与项目建设密切相关,所以应当采取一定的方法将其支出摊入各建设项目工程成本。待摊投资支出一般包括:工程管理费、土地征用及迁移补偿费、勘察设计费、研究试验费、可行性研究费、临时设施费、负荷联合试车费、坏账损失、借款及债券利息、合同公证及工程质量监理费、土地使用税、汇兑损益、国外借款手续费及承诺费、报废工程损失、耕地占用税、土地复垦及补偿费、企业债券发行费用、概(预)算审查费、项目评估费、社会中介机构审计审查费以及其他待摊投资支出。

建筑安装工程投资支出、设备投资支出和待摊投资支出构成工程成本。

4. 其他投资支出

其他投资支出是指项目公司按照建设项目概算内容发生的构成基本建设实际支出的房屋购置、办公生活用家具器具等购置、可行性研究用固定资产购置、软件研发及不能计入设备投资的软件购置、取得公路用地使用权等的支出。

(二)PPP 项目交付使用资产价值的构成

有必要区别 PPP 项目的建设成本和 PPP 项目建成后交付使用资产的价值。一个 PPP 项目,可形成若干项交付使用资产,包括 PPP 项目资产和项目公司具有控制权的其他资产。

但 PPP 项目资产的建设成本,并不形成交付使用资产价值,而是项目公司提供建造服务的成本,应当在确认的建造服务收入的会计期间转入当期损益。

采取不同方式取得的 PPP 项目资产,具有不同的建设成本构成。

1. 通过建造形成的 PPP 项目资产

项目公司通过投资建设基础设施形成的 PPP 项目资产,其建设成本由建筑工程投资支出和分摊的待摊投资支出构成。

2. 购买设备形成的 PPP 项目资产

项目公司购买的需要通过安装才能交付使用的设备,其建设成本由设备投资支出、安装工程投资支出和需要分摊的待摊投资支出构成。

3. 购买的房屋建筑物形成的 PPP 项目资产

项目公司购买的管理用房屋建筑物形成的 PPP 项目资产,其建设成本由其他投资支出过构成。如果其他投资支出也需要分摊待摊投资支出,则分摊的待摊投资支出也属于交付使用资产建设成本的组成部分。

三、基础设施建设投资业务会计处理

(一)会计科目的设置

按照《企业会计准则》的规定,项目公司一般需要通过设置“在建工程”一级科目,核算从事非 PPP 项目合同性质的基本建设业务所发生的各项工程支出。

按照财政部在《PPP 项目合同社会资本方会计处理应用案例——无形资产模式》中的说明,项目公司提供 PPP 项目资产的建造服务发生的相关支出,通过“合同履约成本”科目进行核算。

但财政部没有进一步解释,如果某 PPP 项目合同发生的建设支出,包括与提供 PPP 项目资产的建造服务相关的支出和项目公司具有控制权的固定资产等实体资产的建造支出,应当如何进行账务处理。

对此,本书主张,如果某 PPP 项目合同形成的交付使用资产除了 PPP 项目资产以外还具有项目公司能够控制的固定资产等资产(例如一个高速公路 PPP 项目建成后交付使用的资产,除了体现 PPP 项目资产的无形资产以外,还有可能包括 PPP 项目合同期限届满无须移交给政府方的收费设施、管理用房屋建筑物等),则有必要分别通过“合同履约成本”和“在建工程”科目进行核算。其中,“合同履约成本”科目核算的是项目公司向政府方提供 PPP 项目资产建造服务发生的相关支出;“在建工程”科目核算除了建造服务支出以外的其他建设支出。

1. 合同履约成本

项目公司设置的“合同履约成本”一级科目，核算项目公司向政府方提供 PPP 项目资产建造服务发生的建造服务成本。

主要包括以下两部分内容：

(1)体现 PPP 项目资产的基础设施(含其他不动产，下同)的建筑工程支出。发生的建筑工程支出，可通过“合同履约成本——建筑工程”科目核算。

(2)可直接归属于 PPP 项目资产的待摊投资支出，例如基础设施和其他不动产用地的征地、拆迁补偿费等。发生的和直接归集的待摊投资支出，可通过“合同履约成本——待摊支出”科目核算；发生的需要通过分摊计入合同履约成本的待摊投资支出，可通过适当分摊计入“合同履约成本——待摊支出”科目。

2. 在建工程

项目公司设置的“在建工程”一级科目，核算项目公司从事 PPP 项目合同中约定的非 PPP 项目资产的建造业务发生的建设成本。

项目公司可在“在建工程”一级科目下设“建筑工程”“安装工程”“在安装设备”和“待摊支出”四个明细科目，分别核算相应的支出。

如果一家项目公司承担着两个或两个以上需要分项目核算的工程项目(包括基本建设项目、扩建改造项目、改建项目、大中修项目等)，明细科目设置还需要考虑分项目核算的要求。

按照现行核算制度的规定，基本建设期间根据项目概算购入不需要安装的固定资产、为生产准备的工具器具、购入土地使用权等无形资产以及发生的职工岗前培训等支出，直接计入“固定资产”“周转材料”“无形资产”“管理费用”等科目，不通过“在建工程”科目核算。

3. PPP 借款支出

按照财政部在《PPP 会计处理实施问答》中的解释，为投资建设基础设施发生的具备资本化条件的借款费用，应计入“PPP 借款支出”科目。

(二)建筑工程和安装工程支出归集的核算

PPP 项目合同涉及的建设工程属于大中型工程。按照《中华人民共和国政府采购法》和《中华人民共和国招标投标法》等法律法规的规定，作为政府资产的建设项目，项目公司一般应当采取招标选择施工企业的方式进行建造。

PPP 项目建设业务会计处理一般涉及以下内容：①向施工企业预付备料款和工程款；②购买和领用工程用物资；③项目公司的辅助生产部门为工程提供水、电、设备安装、修理、运输等劳务；④与施工企业办理工程价款结算并支付工程价款；⑤其他会计处理业务。

1. 工程物资的会计处理

采取发包方式建设 PPP 项目资产，项目公司需要购买的工程物资一般包括：①按照建造合同的约定应当由项目公司(甲方)提供的工程材料;②工程项目需要安装的设备;③为使用PPP项目资产提供公共服务准备的未达到固定资产标准的工具器具等。

项目公司取得的为公路在建工程准备的各类物资的成本,包括工程材料、尚未安装的设备以及为经营活动准备的工具器具等,应通过设置“工程物资”一级科目进行核算。

“工程物资”科目可按照“专用材料”“专用设备”“工器具”等明细科目进行明细核算。其中,“专用材料”科目核算专门为在建工程购置的各种工程材料;“专用设备”科目核算为在建工程购置的各类需要安装的设备;“工器具”科目核算为在建工程购置的不构成固定资产的各类工具器具等物品。

(1)项目公司购入工程材料的账务处理。在主要通过招标投标方式选择施工企业的体制下,为了保证基础设施工程的质量,根据建造合同的约定,项目公司可能会采取自购一些关键性工程材料(例如高速公路路面用沥青、桥梁工程用特种钢材等)提供给施工单位施工的做法。项目公司(甲方)购买并需要提供给乙方施工企业(乙方)使用的材料,俗成为“甲供材料”。

项目公司可参照《企业会计准则第 1 号——存货》(CAS 1)的规定,确定购买工程材料的实际成本。工程材料的实际成本包括购买价款、相关税费、运输费、装卸费、保险费以及其他可归属于工程材料采购成本的费用。

【案例 6-1】华岳公路发展有限公司(简称“华岳公司”)采用 BOT 运作方式和使用者付费机制投资建设华江公路大桥,需要向青山冶金集团有限公司购入工程用螺纹钢 500t,取得的增值税专用发票上记载的价格为每吨 10000 元,按照 13% 的税率计算的增值税款为 1300 元;运杂费总价为 26000 元。按照购货合同的约定,购货价款可以在收到螺纹钢三个月内支付。

如果华岳公司属于增值税一般纳税人,但选择了简易计税方法,则华岳公司购买这批螺纹钢的实际成本计算如下:

采购成本总额 = 500 × (10000 + 1300) + 26000 = 5676000(元)

账务处理为:

借:工程物资——专用材料(螺纹钢)　　5676000.00

　贷:应付账款——东海公司　　5676000.00

(2)项目公司购入工程设备的账务处理。项目公司购买的工程设备,一般与 PPP 项目的建造服务无关。项目公司应按照《企业会计准则第 4 号——固定资产》(CAS 4)的规定,确定购买工程设备的实际成本。工程设备的实际成本包括购买价款、相关税费、使固定资产达到预定可使用状态前所发生的可归属于该项资产的运输费、装卸费、安装费和专业人员服务费等。

相关税费包括购买车辆需要交纳的车辆购置税、购买一般设备需要计入购买成本的增值税款等。

【案例 6-2】华岳公路发展有限公司因华江公路大桥建设工程所需,用银行汇票购买需要安装的工程质量监控设备一套,取得增值税专用发票上记载的价款为人民币 500000 元,按照 13% 的税率计算的增值税款为 65000 元;另外,为购买设备支付相关费用 10000 元。

华岳公司购买该监控设备的实际成本计算如下:

购买成本总额 = 500000 + 65000 + 10000 = 575000(元)

账务处理为:

借:工程物资——专用设备(监控设备)　575000.00

　贷:其他货币资金——银行汇票存款　575000.00

2016 年 5 月 1 日起,高速公路收费经营业务属于增值税应税业务。如果项目公司属于一般纳税人但具备选择简易计税方法的条件并选择了简易计税方法,则购买用于高速公路建设的工程物资(包括工程材料和工程设备等)时无论是否取得了增值税专用发票,一律不能作扣税处理。对此,项目公司应根据实际支付的全部价款,包括购价、支付的增值税款以及工程设备的运杂费等,确认为工程物资的入账价值。

在【**案例 6-1**】和【**案例 6-2**】中,由于华岳公司属于一般纳税人但在符合相应条件的前提下选择了简易计税方法,则购买用于华江公路大桥建设项目的钢材和监控设备支付的增值税款都需要计入工程物资的采购成本。

(3)PPP 项目资产建筑工程项目领用工程材料的账务处理。由于大桥属于需要在 PPP 项目合同期限届满移交给政府方的 PPP 项目资产,故在【**案例 6-1**】中,工程项目领用外购的存货成本为 416.25 万元的螺纹钢,应当计入合同履约成本。账务处理如下:

借:合同履约成本(华江公路大桥)　4162500.00

　贷:工程物资——专用材料(螺纹钢)　4162500.00

因工程建设的需要,项目公司如果将本企业附属生产单位制造的产品(例如混凝土构件等)用于工程建设,按照增值税条例及其相关规定,需要视同销售,依法缴纳增值税。作为一般纳税人,企业应当根据库存商品(例如混凝土构件等)的公允价值和 13% 的增值税率,计算确定应缴纳的增值税;作为小规模纳税人,企业应当根据库存商品的公允价值和 3% 的增值税率,计算确定应缴纳的增值税。

在【**案例 6-1**】中,假设华岳公司从事混凝土生产销售业务,由于业务规模较少税务部门允许选择简易计税方法;如果该公司将内部非独立法人性质的混凝土构件厂生产的混凝土结构件用于华江公路大桥项目,这批结构件的账面价值为 240 万元,公允价值为 300 万元,则需要按照 300 万元和 3% 的税率计算应当缴纳的增值税款。此外,还需要按照应交增值税款的 7% 缴纳城市维护建设税;分别按照应交增值税款的 3% 和 2% 缴纳教育费附加和地方教育附加。账务处理为:

借:合同履约成本(华江公路大桥)　2500800.00

　贷:库存商品　2400000.00

　　应交税费——应交增值税(销项税额)　90000.00

　　　　——应交城市维护建设税　6300.00

　　　　——应交教育费附加和地方教育附加　4500.00

(4)工程项目领用需要安装工程设备的账务处理。项目公司购买的需要安装的设备,包括收费用设备、通信用设备、监控用设备等，应当在领用时计入工程成本。如果建成交付使用的工程设备不属于需要移交的PPP项目资产，则应当通过“在建工程”科目核算。

【案例6-2】中华江公路大桥建设工程领用购买的监控设备的账务处理为：

借：在建工程（华江公路大桥）——在安装设备　　575000.00

　贷：工程物资——专用设备（监控设备）　　575000.00

财政部印发的《会计科目和主要账务处理》（CAS）中虽然没有明确规定，但项目公司也可以参照《基本建设财务规则》中的相关要求，在资产负债表日将不符合设备投资条件的领用设备作退库的账务处理。

工程完工后对领出的剩余工程物资应办理退库手续，作相反会计分录。

（5）购入工器具交付使用的账务处理。项目公司将购买成本为135万元的为从事公路特许经营活动准备的工具及器具交付使用单位时的账务处理为：

借：周转材料——低值易耗品　　1350000.00

　贷：工程物资——工器具　　1350000.00

按照CAS的规定，项目公司也可以单独设置“低值易耗品”一级科目，核算购入的为生产准备的低值易耗品。

按照CAS的规定，项目公司购买的无须安装的设备，可直接通过“固定资产”科目核算，无须通过“工程物资”科目核算。项目公司购买的为从事基础设施特许经营活动准备的工器具，也具有无须安装设备的特征，故也可直接通过“周转材料”科目核算，无须通过“工程物资”科目核算。

对于项目公司下设的工程管理部门领用的工器具，则有必要计入建设成本，借记“在建工程——待摊支出”科目，贷记“工程物资”科目。

2. 工程结算价款确认与支付的会计处理

工程价款确认与支付涉及以下内容：

（1）向施工单位预付备料款和工程款。按照《建设工程价款结算暂行办法》（财建〔2004〕369号）的规定，包工包料工程的预付款按合同约定拨付，原则上预付比例不低于合同金额的10%，不高于合同金额的30%。

作为建设主体的项目公司应当在与承包商签订的工程合同中明确工程预付款结算数额和抵扣方式等内容。

按照CAS的规定，企业向施工单位预付工程款、备料款时，应借记“预付账款——预付工程款”科目，贷记“银行存款”科目。

【案例6-3】按照华岳公路发展有限公司与新世纪公路工程有限公司签订的华江公路大桥的建造合同，工程合同价款总额为2.56亿元人民币；为了保证工程正常进行，华岳公司（甲方）需要在正式开工前向新世纪公司（乙方）支付5000万元预付工程款以满足乙方用于购买工程材料、支付员工薪酬所需。甲方开具转账支票支付乙方预付工程款的账务处理如下：

借：预付账款——预付工程款　　50000000.00

贷:银行存款　　50000000.00

(2)确认与支付工程价款。项目公司确认与支付公路建设工程价款应当按照以下程序实施:

①工程承包商通过专业监理工程师向业主提出支付申请。

②专业监理工程师根据设计文件及承包合同中关于工程量计算的规定,对承包单位申报的已完成工程的工程量进行核验,在签署意见后上报总监审批。总监审批后签署支付证书。

③项目公司工程管理部门对上报的计量支付资料进行审核,按规定的审批权限和审批程序批准。

④项目公司财会机构应对工程合同约定的价款支付方式、施工单位提交的价款支付申请以及凭证、审批人的审批意见等进行审查和复核。复核无误后方可办理价款支付手续。

项目公司财会机构向施工单位支付工程价款时需要按照合同规定抵扣全部或者部分预付工程款。在【**案例6-3**】中,假设合同约定预付工程款在实际支付工程价款时分两次平均抵扣;华岳公司财会机构在收到经批准价款支付单时,应当按照支付单中记载的支付总额7000万元和约定的抵扣2500万元预付工程款的约定签发总额为4500万元的银行转账支票,并作以下账务处理:

借:合同履约成本(华江公路大桥)　　70000000.00
　贷:银行存款　　45000000.00
　　预付账款——预付工程款　　25000000.00

项目公司收到施工单位提交的价款支付申请以及凭证、审批人的审批意见等书面资料后,由于各种原因不能及时支付工程价款,也需要予以确认。华岳公司确认7000万元工程结算价款的账务处理如下:

借:合同履约成本(华江公路大桥)　　70000000.00
　贷:应付账款——应付工程款　　45000000.00
　　预付账款——预付工程款　　25000000.00

如果没有及时入账,不仅会影响建造服务成本会计处理的准确性,也将形成项目公司的账外拖欠债务。

以上账务处理的假设条件是:确认和支付的均属于与PPP项目资产建设相关的工程结算价款。如果是与项目公司具有控制权的管理用房屋建筑物等其他资产建设相关的工程结算价款,或者设备安装工程价款,应通过"在建工程——建筑工程(安装工程)"科目核算。

3. 在建资产在资产负债表日的会计处理

按照财政部的规定及其相关解释,建设期间资产负债表日与在建资产相关的会计处理有以下两项:

(1)按照履约进度确认建设服务收入并结转建造服务成本。这部分的会计处理详见本节随后的学习和讨论。

(2)在建资产在资产负债表中的列报。PPP 项目建设期间形成的在建资产,包括通过"合同履约成本"核算并在确认建造服务收入时确认的合同资产,以及通过"在建工程"科目核算的在建资产。

通过"合同履约成本"核算,并在确认建造服务收入时确认的合同资产,符合无形资产确认条件的,应当在资产负债表中列示为一项无形资产。与该项无形资产相关"PPP 借款支出"科目余额,也应当计入资产负债表中相关的无形资产。通过"在建工程"科目核算的在建资产,应当在资产负债表中列示为一项在建工程。

4. 工程竣工价款结算

《建设工程价款结算暂行办法》第十四条第(四)款规定:发包人收到承包人递交的竣工结算报告及完整的结算资料后,应按本办法规定的期限(合同约定有期限的,从其约定)进行核实,给予确认或者提出修改意见。发包人根据确认的竣工结算报告向承包人支付工程竣工结算价款,保留 5% 左右的质量保证(保修)金,待工程交付使用 1 年质保期到期后清算(合同另有约定的,从其约定),质保期内如有返修,发生费用应在质量保证(保修)金内扣除。

按照《基本建设财务规则》的规定,工程质量保证金的最高比例下调至 3%。

【案例 6-4】华江公路大桥工程完工通过交工验收后,华岳公司及时与新世纪公司办理竣工结算手续。华岳公司财会机构收到的经批准后的竣工结算单表明,工程总价款 2.56 亿元中,已经支付了 2 亿元;按照合同约定在办理工程竣工结算时应当扣除 3% 的工程质量保证金;其他款项应当立即支付给新世纪公司。华岳公司财会机构签发转账支票支付尾款 4832 万元的账务处理如下:

借:合同履约成本(华江公路大桥)	35000000.00	
在建工程(华江公路大桥)——建筑工程	10000000.00	
——安装工程	11000000.00	
贷:其他应付款——应付工程质量保证金		7680000.00
银行存款		48320000.00

(三)待摊投资支出归集的会计处理

待摊投资支出会计处理的内容一般包括工程管理费、征地与拆迁补偿费、可行性研究费、临时设施费、筹资费、负荷联合试车费、合同公证费、工程监理费、应缴纳的相关税金、工程损失等。

待摊投资支出可进一步划分为由各项目分摊的待摊投资支出(例如工程管理费等)和可直接归属某特定项目的待摊投资支出。

1. 工程管理费的会计处理

工程管理费涉及工程管理人员的工资、办公费、差旅费、管理用固定资产使用费、印花税等工程管理性质的支出。

项目公司需要加强对工程管理费的有效管理，应当严格区分计入建设成本的工程管理费和计入当期损益的管理费用。

工程管理费一般属于应当由各工程项目共同分摊的待摊投资支出。

(1)将支付给工程管理人员的工资性支出计入待摊投资支出。其一般账务处理为：借记“在建工程——待摊支出(工程管理费)”科目，贷记“应付职工薪酬”科目。

(2)将计提的工程管理用固定资产折旧计入待摊投资支出。其一般账务处理为：借记“在建工程——待摊支出(工程管理费)”科目，贷记“累计折旧”科目。

(3)项目公司将支付工程管理人员的差旅费、工程管理部门发生的办公费、工程管理用固定资产的修理费、支付的印花税等支出计入待摊基建支出。其一般账务处理为：借记“在建工程——待摊支出(工程管理费)”科目，贷记“银行存款”科目。

依据1988年8月6日发布、1988年10月1日起施行的《中华人民共和国印花税暂行条例》(国务院令第11号)的规定，印花税是对经济活动和经济交往过程中书立、领受的凭证按记载的金额征收的一种税。项目公司一般在缴纳印花税时直接计入相关成本费用科目，不形成与税务机关之间的债权债务关系。

2. 征地及拆迁补偿费的会计处理

征地及拆迁补偿费一般包括征用土地发生的开支、对征用土地上建筑物拆迁补偿发生的开支、对征用土地上的青苗及树木等给予的补偿费以及所需的农村就业安置费等。项目公司一般可采取以下两种方式支付征地及拆迁补偿费：

(1)直接将相关款项支付给相关单位或者个人。

【案例6-5】华岳公司开出转账支票，支付华江公路大桥建设用地的征用及迁移补偿费2500万元给某行政村委会，作为征用土地的补偿费。如果该项支出中包括华江公路大桥建设用地2.2亿元和管理用房屋建筑物用地300万元，则其账务处理如下：

借：合同履约成本(华江公路大桥)	22000000.00	
在建工程——待摊支出(征地拆迁费)	3000000.00	
贷：银行存款		25000000.00

(2)按照征地合同的约定，将补偿款支付给县乡(镇)人民政府，委托其代征公路建设用地。在现行体制下，委托地方人民政府征地也许要支付更多的补偿费，但具有较高的缩短征地占用时间的效率。

3. 可行性研究费会计处理

在现行体制下，建设项目计入待摊基建支出的可行性研究费，一般表现为支付给研究单位用于工程可行性研究的相关经费。

对此支付可行性研究费的一般账务处理为，借记“在建工程——待摊支出(可行性研究费)”科目，贷记“银行存款”等科目。

【案例6-6】华岳公司通过招标方式选择宏大科技有限公司承担华江公路大桥建设项目工程可行性研究工作。按照合同约定，签发支票汇出可行性研究经费210万元。账务处理为：

借：在建工程——待摊支出（可行性研究费） 2100000.00

贷：银行存款 2100000.00

如果可行性研究的结果表明该项目不可行，决策机构决定取消该项目的建设，则可将发生的可行性研究费转入其他项目。账务处理为：

借：在建工程——待摊支出（其他） 2100000.00

贷：在建工程——待摊支出（可行性研究费） 2100000.00

需要进一步说明的是，财政部出台的相关规章制度中均没有明确待摊支出的具体核算事项。本书的账务处理，参照的是财政部曾作出的相关解释[1]。从理论上分析，将一个项目的可行性研究费由其他项目负担或者分担，并非合理。项目取消与公司的管理决策有关，对此将该项费用计入管理费用，也许是更好的选择。基于这样的思考，以上会计分录可改写如下：

借：管理费用——取消项目可行性研究费 2100000.00

贷：在建工程——待摊支出（可行性研究费） 2100000.00

4. 应交税费的会计处理

按照我国税法的规定，基础设施建设项目应当缴纳的并计入待摊支出的税费，包括城镇土地使用税、耕地占用税、车船税、契税、印花税以及按照规定缴纳的其他税费。

（1）城镇土地使用税。《中华人民共和国城镇土地使用税暂行条例》（国务院令第17号）于1988年9月27日发布，并于2006年12月31日、2011年1月8日、2013年12月7日和2019年3月2日四次修订。

城镇土地使用税是对在城镇和工矿区范围内单位和个人实际占用的土地，按照使用面积分年度计算征收的一种税。该税采用分类分级的幅度定额税率。

项目公司确认应当由公路建设项目负担的城镇土地使用税时的账务处理为：借记“在建工程——待摊支出”科目，贷记“应交税费——应交城镇土地使用税”科目。

（2）耕地占用税。规范耕地占用税的《中华人民共和国耕地占用税法》（主席令第18号）于2018年12月29日公布，2019年9月1日起施行。2019年8月29日，财政部等五部门联合公布的《中华人民共和国耕地占用税法实施办法》（财政部　税务总局　自然资源部　农业农村部　生态环境部公告2019年第81号）规范了耕地占用税的具体实施行为。

耕地占用税是对占用耕地建设建筑物、构筑物或者从事非农业建设的单位和个人一次性征收的一种税，该税以实际占用的耕地面积为计税依据，实行地区差别税率。

耕地占用税的计税依据应当是自然资源主管部门批准办理耕地占用手续的通知书。该通知书不仅属于项目公司缴纳耕地占用税的主要依据，也是税务机关审查纳税人是否依法纳税的主要依据。

---

[1] 财政部基本建设司．基本建设财务管理若干规定讲解[M]．北京：中国财政经济出版社，1998.

项目公司应当根据生态环境主管部门发出的办理耕地占用手续的通知书以及耕地占用税的完税凭证或免税凭证以及其他所需文件到自然资源主管部门办理建设用地的批准书。

如果某项目公司为建设基础设施占用耕地 3750 亩，按照当地税务机关的规定应当交纳的耕地占用税为每平方米 20 元，每亩换算为 666.67m^2，则确认应当由该建设项目负担的耕地占用税可计算如下：

应交耕地税 = 3750 × 666.67 × 20 = 50000250（元）

项目公司作为纳税人应当根据自然资源主管部门发出的通知书到税务机关办理纳税手续账务处理为：

借：在建工程——待摊支出（耕地占用税）　　50000250.00

　　贷：银行存款　　50000250.00

5. 工程报废损失的会计处理

计入待摊投资支出的报废工程损失，是指项目公司发生的单项工程报废的净损失。报废单项工程的残值收入，应当用于冲减待摊投资。一般账务处理为：

（1）报废的单项工程成本，经审核批准后，应当从建筑安装工程投资支出中转入待摊投资，借记“在建工程——待摊支出（报废工程损失）”科目，贷记“在建工程（××工程）——建筑工程（或安装工程）”科目。

（2）报废工程清理取得的残值收入，包括对外出售获得的变价净收入（扣除与销售有关的税费）和验收入库的材料等，应当用于冲减待摊投资，借记“银行存款”“原材料”等科目，贷记“在建工程——待摊支出（报废工程损失）”科目。

（3）对于非常原因造成的在建工程项目整体报废或毁损，其净损失报经批准后计入当期损益。如果金额太大，可考虑作为长期待摊费用分期摊入损益。

【案例 6-7】某项目公司投资建设、实行政府付费机制的某二级公路 PPP 项目由于自然灾害等非常原因需要整体报废，该项工程已投入价值为人民币 580 万元。经清理，回收价值 35 万元的废料。经公司董事会批准，其净损失计入当期损益。账务处理如下：

借：资产处置损益　　5450000.00

　　原材料　　350000.00

　　贷：合同履约成本（××工程）　　5800000.00

工程物资在建设期间发生的盘亏及毁损，报经批准后，借记“在建工程——待摊支出”科目，贷记“工程物资”科目。盘盈的工程物资，作相反会计分录。

6. 负荷联合试车费的会计处理

负荷联合试车费是指 PPP 资产建设项目购置的相关设施在正式投入使用前为检验其使用性能是否达到规定的标准和要求所发生的相关费用。发生的这些费用如果能够单独核算，应计入待摊投资支出。

对此，项目公司在公路建设项目交付使用前进行负荷联合试车发生的费用，应当作以下账务处理:借记“在建工程——待摊支出(负荷联合试车费)”科目,贷记“银行存款”科目。

工业建设项目在负荷联合试车过程中有可能生产出合格产品,通过将这些产品对外销售可取得相应的产品销售收入。按照《基本建设财务规则》等企业财务制度的规定,2021 年底以前取得的产品销售收入扣除为销售产品发生的销售费用和应当依法缴纳的相关税费(包括增值税、城市维护建设税、教育费附加等)后的余额,计入待摊支出,用于冲减工程成本。工业建设项目负荷联合试车过程中为检验制造合格产品性能发生的制造成本,计入负荷联合试车费。

2021 年 12 月印发的《企业会计准则解释第 15 号》规定:从 2022 年 1 月 1 日起,固定资产达到预计可使用状态前产出的产品或者副产品对外销售,应当分别确认营业收入和费用,计入当期损益;不再将试运行销售相关收入抵销相关成本后的净额冲减固定资产成本。但测试固定资产可否正常运转而发生的支出属于固定资产达到预定可使用状态前的必要支出,应计入该固定资产成本。

与一般工业建设项目不同,PPP 资产建设项目在负荷联合试车过程中一般不会取得产品或副产品及其销售收入;一般不存在这方面的账务处理要求。

与工业建设项目不同,高速公路 PPP 建设项目不存在独立于经营阶段的试运行过程。按照交通运输部的相关规定,公路建设项目在通过交工验收进入试运行阶段以后,收取的通行费收入以及发生的相关成本费用,应计入当期损益。

7. 工程借款利息的会计处理

资产负债表日按照摊余成本和实际利率计算确定的基础设施建设工程借款利息,包括银行借款和发行各类企业债券的应计利息,应分别不同情况处理:

(1)符合资本化条件的,应当计入在建相关资产的成本。按照财政部在《PPP 会计处理实施问答》中的解释,与 PPP 项目资产相关的具备资本化条件的借款费用,应计入“PPP 借款支出”科目,期末,“PPP 借款支出”科目的借方余额应在资产负债表“无形资产”项目中列报。

【案例 6-8】华岳公司为建设华江公路大桥,从银行取得专门借款 2 亿元人民币,借款利率为 6%。大桥建设工期为一年半,应当计入工程成本的借款利息为 1800 万元。假设这些借款利息均与 PPP 项目资产有关。华岳公司确认利息费用时的账务处理如下:

借:PPP 借款支出(华江公路大桥)——利息支出　　18000000.00

　贷:长期借款——应计利息❶　　18000000.00

【案例 6-9】华岳公司为建设华江公路大桥,经国家发展改革委核准,于 2022 年 1 月 1 日发行企业债券 4000 万元,债券期限为 5 年,利率为 5%。依据《企业会计准则第 17 号——借款费用》(CAS 17)的规定,建设期间的债券利息可计入工程成本。2022 年 12 月 31 日华岳公司确认债券利息费用 200 万元时的账务处理如下:

---

❶ 按照《一般企业财务报表报表格式(2019)》,基于实际利率法计提的金融工具的利息应包含在相应金融工具的账面余额中。

借:PPP 借款支出(华江公路大桥)——利息支出　　2000000.00

　贷:应付债券——应计利息　　2000000.00

如果借款和债券利息每年支付一次,则应当将需要在一年内支付的债券利息在资产负债表中的“一年内到期的非流动负债”项目列示。

(2)不符合资本化条件的,计入当期损益。

在【案例 6-9】中,假设华江公路大桥在 2023 年 6 月 30 日通过交工验收,并且于 2023 年 7 月 1 日开始通车收费经营,则 2023 年资产负债表日华岳公司按照 5% 利率确认债券利息费用 200 万元时的账务处理如下:

借:合同履约成本(华江公路大桥)——利息支出　　1000000.00

　财务费用　　1000000.00

　贷:应付债券——应计利息　　2000000.00

有关长期借款和企业债券应计利息不同情况下的具体会计处理,参阅本书第五章的相关内容。

需要讨论的主要问题是基础设施建设过程中借款利息开始资本化和停止资本化的具体条件。只有明确了这些条件,借款利息的处理才有明确的依据,才具有可操作性。

以高速公路 PPP 项目为例,按照交通运输部的规定,公路工程验收划分为交工验收和竣工验收。公路建设项目的主体工程交工验收合格意味着公路基础设施可以开放交通,进行试运营。按照目前的实际做法,在开放交通进入试运营阶段后,项目公司可以依法收取车辆通行费;收取的车辆通行费需要确认为公司的一项营业收入。按照配比原则,在这个阶段发生的借款利息支出,就没有理由予以资本化处理,而是应计入当期损益。

2020 年 6 月 28 日,国家发展改革委、财政部、交通运输部、住房和城乡建设部、交通运输部、中国人民银行等联合印发的《关于支持民营企业参与交通基础设施建设发展的实施意见》(发改基础〔2020〕1008 号)中也认可了区别交工验收与竣工验收的做法。该文提出:对交工验收且投入运营的交通基础设施,符合验收条件的原则上不得晚于 1 年内开展竣工验收。竣工验收前,对工程尾款、保证金,可在第三方金融机构监管、确保承包企业有承担能力的前提下,由第三方金融机构按照业主指令先行支付给承包企业。

对此,本书主张,项目公司建设借款利息停止资本化的时间,应当是路桥建设项目通过交工验收之日。

由于公路建设项目的主体工程和其他辅助工程通过交工验收的时间可能不一致,如果其他工程的建设费用在项目建设总费用中所占比重超过 5%,则有必要区分主体工程的借款利息和其他工程的借款利息,并分别采取在通过交工验收后停止资本化的账务处理。

有关资料表明,目前公路建设主体工程通过交工验收进入试运营期时的投资完成额约为投资概算的 80%。例如:由江西赣粤高速公路股份有限公司投资建设、2010 年 9 月 16 日建成通车的江西彭泽至湖口高速公路(一期)预算总投资为 16.26 亿元。截至 2010

年底，该项目累计完成投资 11.86 亿元，完成概算投资的 72.94%❶。这意味着，还有 27.06% 的投资尚需在通过主体交工验收后完成。山东高速股份有限公司投资建设并于 2022 年 10 月 12 日建成通车济泰高速公路改扩建工程投资预算为 65.73 亿元。截至 2022 年底，累计完成投资 43.16 亿元，占投资预算的 65.66%。结转固定资产 3.01 亿元；结转无形资产 40.15 亿元❷。是否还有尚未完工的尾工工程需要继续投资，有待以后年度报告的披露。

可见，如果主体工程通过交工验收后，还存在一些收尾工程尚未完工，则需要根据收尾工程占用的建设借款，将其借款利息继续资本化处理，直至这些工程通过交工验收为止。

收尾工程一般包括沿线绿化、隔离栅、交通量监控设备等工程等为防止风沙侵蚀路基、保障道路畅通、远程监视等目的而进行的工程。这些工程并非路桥通行的必要条件，可以在收费公路开放通行后逐步完善。

收尾工程占用建设借款的计算公式如下：

收尾工程占用建设借款 =（已完成总投资 ÷ 经批复的该项目概算总投资）× 项目建设借款总额

这些收尾工程在完工并通过交工验收前发生的借款利息，应计入建设成本。

8. 汇兑损益的会计处理

用世界银行借款、亚洲开发银行借款等外币借款进行的 PPP 项目建设工程，因汇率变动发生的汇兑损失，即人民币相对于借入的外币（美元、日元等）发生了贬值，意味着增加了借款本金；属于固定资产尚未交付使用之前发生的，计入在建固定资产成本。如果资产负债表上某企业利用世界银行借款从事的基础设施建设项目由于人民币兑换美元的汇率发生了贬值，出现了 45.32 万元的汇兑损益；该项目尚未办理交工验收，则账务处理为：

借：PPP 借款支出　　453200.00

　贷：长期借款——本金　　453200.00

如果资产负债表日该项目已经办理了交工验收，经分析该汇兑损益归属资产的为 420000 元；归属交工验收后期间的为 33200 元应计入当期损益，则账务处理为：

借：财务费用　　33200.00

　　PPP 借款支出　　420000.00

　贷：长期借款——本金　　453200.00

如发生汇兑收益，即人民币相对于借入的外币（美元、日元等）发生了升值，意味着减少了借款本金；企业应作相反会计分录。

基础设施建设工程完工后应进行清理，已领出的剩余材料应办理退库手续时，借记“工程物资”等科目，贷记“在建工程（××工程）”科目。

---

❶ 江西赣粤高速公路股份有限公司 2010 年度报告，www.cninfo.com.cn。

❷ 山东高速股份有限公司 2022 年度报告 PDF 版第 212 页，www.cninfo.com.cn。

(四)待摊投资支出分摊的会计处理

1. 待摊投资支出的分摊对象

按照财政部的规定,待摊投资支出的分摊对象是:

(1)建筑工程,包括房屋和建筑物工程、后备基础、支柱、工作台、梯子等建筑工程。与公路基础设施相关的待摊投资支出,直接计入"合同履约成本"科目。

(2)安装工程,包括通信设施、监控设施、收费设施等各种需要安装设备的装置、装配工程等。

(3)在安装设备:指工程项目领出的正在安装的各类设备。

不需要安装设备,工程管理部门购买的工程管理用房屋建筑物,工具、器具、家具等的成本以及单独移交的无形资产的成本,一般无须分摊"待摊支出"。

2. 待摊支出分摊率

待摊支出一般通过计算实际分摊率或概算分摊率进行分摊。按实际分摊率分摊适用于建设工期较短,整个项目的所有单项工程一次竣工的建设项目。按概算分摊率分摊适用于建设工期长,单项工程分期分批建成投产的建设项目。

实际分摊率的计算公式如下:

实际分摊率 = 待摊基建支出明细科目余额 ÷ (建筑工程明细科目余额 + 安装工程明细科目余额 + 在安装设备明细科目余额) × 100%

预算分摊率的计算公式如下:

预算分摊率 = (概算中各待摊基建支出项目的合计数 - 其中可直接分摊部分) ÷ (概算中建筑工程、安装工程和需要安装设备投资合计) × 100%

某项交付使用资产应分摊的待摊基建支出 = 该项交付使用资产的建筑工程成本、安装工程成本和需要安装设备的成本合计 × 分摊率

3. 待摊支出分摊的账务处理

(1)将由各项目共同负担的待摊支出分摊至具体的工程项目。分摊待摊支出的一般账务处理为:借记"在建工程(× ×工程)——待摊支出"科目,贷记"在建工程——待摊支出"科目。应当由PPP项目资产负担的待摊投资支出,应分摊计入"合同履约成本"科目,借记"合同履约成本——待摊支出"科目,贷记"在建工程——待摊支出"科目。

【案例6-10】华岳高速公路发展有限公司承担了华江大桥PPP项目包括华江大桥、大桥连接线项目和连接线沿线林带建设项目,有关建造成本数据见表6-1。

华岳高速公路发展有限公司分项目基本建设支出一览表(单位:亿元) 表6-1

建设项目	华江大桥	连接线	林带项目	合计
建筑工程投资支出	35.60	0.81	0.28	36.69
设备投资与安装支出	0.26	0	0	0.26
待摊支出	—	—	—	3.69

发生的待摊投资支出,是指直接计入“在建工程——待摊支出”科目的待摊投资支出,不包括计入“合同履约成本”科目的待摊投资支出。

如果不考虑设备安装工程支出和设备投资支出应分摊的待摊投资支出,则:

实际分摊费率 =(3.69 ÷36.69)×100% =10.06%

华江大桥应分摊的待摊投资支出 =35.60 ×10.06% =3.58(亿元)

连接线项目应分摊的待摊投资支出 =0.81 ×10.06% =0.08(亿元)

林带项目应分摊的待摊投资支出 =0.28 ×10.06% =0.03(亿元)

表中将分摊待摊投资支出的尾数计入华江大桥。

分摊该项待摊投资支出的账务处理为:

借:合同履约成本(华江大桥)——待摊支出　　358000000.00

　　　　　　　(连接线)——待摊支出　　8000000.00

　　　　　　　(林带项目)——待摊支出　　3000000.00

　贷:在建工程——待摊支出　　369000000.00

分摊后各项目的建设成本见表6-2。

华岳高速公路发展有限公司分项目建设成本计算表(单位:亿元)　　表6-2

建设项目	华江大桥	连接线	林带项目	合计
建筑工程投资支出	35.60	0.81	0.28	36.69
设备投资与安装支出	0.26	0	0	0.26
待摊支出	3.58	0.08	0.03	3.69
合计	39.44	0.89	0.31	40.64

(2)将按照具体项目归集的待摊支出和分摊的共性待摊支出进一步分摊至具体交付使用资产。一般采取编制分摊表的方式予以确定,无须进行账务处理。

(五)交付使用资产的成本构成

公路基础设施(PPP 项目资产)的建造服务成本,由建筑工程成本和应分摊的待摊支出构成。

房屋及建筑物等固定资产的成本,由建筑工程成本和应分摊的待摊支出构成。

通信设施、监控设施、收费设施等固定资产的成本,由取得设备的实际成本、归集或分摊的安装工程支出和分摊的待摊支出构成。

除了交付使用的公路基础设施(PPP 项目资产)需要依据合同资产的账面价值确认为一项无形资产外,项目公司需要根据编制的交付使用财产明细表,并在相关资产交付使用时编制会计分录确认固定资产成本并相应地结转项目的建设成本:借记“固定资产——监控设施(收费设施等)”科目,贷记“在建工程(××工程)——建筑工程(安装工程、在安装设备、待摊支出)”科目。项目预算安排购入的不需要安装设备,在购入时直接交付使用,借记“固定资产”科目,贷记“银行存款”等科目。

(六)交工验收和竣工验收

依据《公路工程竣(交)工验收办法》(交通部令2004年第3号),公路工程验收划分为交工验收和竣工验收两个阶段。项目主体工程通过交工验收后,项目法人可开放交通进入试运营期。试运营期不得超过3年。

1. 资产移交

企业需要在将完工工程移交使用单位时办理移交资产的账务处理。目前的规章制度并未明确办理移交资产账务处理的时机。CAS 4应用指南中认为,已达到预定可使用状态但尚未办理竣工财务决算的固定资产,应当按照估计价值确定其成本,并计提折旧;待办理竣工财务决算后,再按照实际成本调整原来的估计价值,但不需要调整原已计提的折旧额。

可以认为,公路建设项目通过交工验收后,意味着已经达到预定可使用状态,并且可以开放交通进行试运营。对此,应按照估计价值计量确认为无形资产和固定资产的入账价值并进行以下账务处理:借记"无形资产"科目,贷记"合同资产"科目;借记"固定资产——收费设施"等科目,贷记"在建工程"科目。

估计的固定资产价值,取决于在"在建工程"科目归集或者分摊的在建工程成本。一旦确认了无形资产和固定资产,项目公司就应当采取适当方式计提固定资产折旧和无形资产摊销。

2. 竣工决算

编制公路建设项目竣工决算是交通运输部的要求。竣工验收过程中需要编制的竣工决算,是最终确定工程造价或资产价值的依据。项目公司应根据经审计和有关部门批复的竣工决算,调整移交资产的账面价值。

根据经审计后确定的竣工决算数据,项目公司需要进行以下会计处理:

(1)根据经审计后的竣工决算总额,调整"合同履约成本"和"在建工程"科目归集或者分摊的工程成本。

(2)根据调整后的在建工程成本,调整已交付使用无形资产和固定资产的原值:借记"无形资产"科目,贷记"合同履约成本"科目;借记"固定资产——收费设施"等科目,贷记"在建工程"科目。

【案例6-11】某项目公司投资建造的清河公路大桥已全部完工并通过了竣工验收。根据经批复的竣工决算确定的实际工程成本比交工验收时估计的成本高35万元(假设不涉及与PPP项目资产相关的建造服务成本)。其中,安装工程的实际成本增加80000元,设备基础建筑工程增加50000元,需要安装设备的采购成本增加200000元,应分摊的待摊支出增加20000元,根据交付使用资产明细表和有关资料,编制转账凭证,作如下调整分录:

借:固定资产	350000.00	
贷:在建工程(清河大桥工程)——在安装设备		200000.00

——安装工程	80000.00
——建筑工程	50000.00
——待摊支出	20000.00

四、确认建造服务收入和建造服务成本的会计处理

(一)建造服务收入概述

确认建造服务收入是项目公司执行《企业会计准则解释第14号》的会计处理要求。由于项目公司按照PPP项目合同的约定投资建造的PPP项目资产属于政府资产;PPP项目合同终止时,政府方通过所有权、收益权或其他形式控制PPP项目资产的重大剩余权益,故项目公司投资建造PPP项目资产的行为,是为政府方提供PPP项目资产的建造服务。因此,如果项目公司如果能够通过提供PPP项目资产的建造服务取得向政府收取对价的权利,则有必要执行CAS 14的规定确认建造服务收入。

执行《企业会计准则解释第14号》的规定,项目公司要确认建造服务收入,所提供的PPP项目资产的建造服务应当属于单项履约义务。

判断一项建造服务是否单项履约义务,应符合CAS 14的规定。一般而言,如果将提供的建造服务视为单项履约义务,意味着项目公司可通过向政府方提供PPP项目资产的建造服务取得收取对价的权利。如果某基础设施PPP项目采取的是使用者付费机制,意味着项目公司提供该项基础设施PPP项目资产的建造服务,可取得向政府方收取的对价是:项目公司使用该基础设施向社会公众提供公共产品和服务时,被授予向接受公共产品和服务的社会公众收费的权利。故使用者付费机制下项目公司提供的基础设施建造服务,一般都具备确认建造服务收入的条件。

有关采用政府付费机制的PPP项目确认建造服务收入的相关讨论,在本书第七章中进行。

(二)建造服务收入的计量要求

由于建造服务收入体现的是项目公司向政府方提供基础设施(或PPP项目资产,下同)建造服务应收取的对价,故建造服务收入应当按照提供建造服务应收取对价的公允价值进行计量。

1.按公允价值计量

项目公司提供建造服务应收取的对价通常体现为以下两种方式:

(1)采取政府付费机制的PPP项目应向政府方收取的现金对价。该对价的公允价值,如果政府方承诺的是一次性付款(含短期内分次付款),则政府承诺的付款,就是应收取对价的公允价值;如果政府方承诺的是分年度付款,则项目公司应收取对价的公允价值,应当体现为政府承诺付款总额的现值。

(2)采取使用者付费机制的PPP项目应向政府方收取的对价,属于政府方承诺授予

的向接受公共产品和服务的社会公众收费的权利。按照《企业会计准则解释第 14 号》中的解释,该项权利应被确认为项目公司的一项无形资产。该项无形资产的公允价值,通常可体现为由于向接受公共产品和服务的社会公众收费形成的经营现金净流入量的现值。

借鉴境内的会计处理实务,境外的意大利高速公路股份有限公司(Autostrade per l'italia SpA)是按照建造服务成本和一定的毛利,在 2022 年合并利润表中确认了 9.16 亿欧元的建造服务收入;境内的河南交通投资集团有限公司,在 2022 年合并利润表中,分别确认了 401.47 亿元的建造服务收入和 399.22 亿元的建造服务成本。

2. 按建造服务成本计量

由于按公允价值计量具有虽然科学合理但可操作性较差的局限性,故在实务中,大多数确认建造服务收入的项目公司,是按照实际发生的建造服务成本作为计量建造服务收入的依据。这意味着,确认建造服务收入的会计处理不会产生利润或亏损。

借鉴境外的会计处理实务,2022 年度的财务报表中,意大利的高速公路公司 Autostrade 分别确认了 13.04 亿欧元的建造服务收入和建造服务成本;法国的高速公路公司 ASF 分别确认了 3.327 亿欧元的建造服务收入和建造服务成本。

借鉴境内的会计处理实务,在 2021 年初开始执行《企业会计准则解释第 14 号》后,河南交通投资集团有限公司在 2021 年的利润表中确认了 124.29 亿元的建造服务收入和建造服务成本;河南省交通运输发展集团有限公司确认了 188.18 亿元的建造服务收入和建造服务成本;中原高速公路股份有限公司确认了 0.19 亿元的建造服务收入和建造服务成本;成渝高速公路股份有限公司确认了 25.69 亿元的建造服务收入和建造服务成本;宁沪高速公路股份有限公司确认了 29.49 亿元的建造服务收入和建造服务成本;深圳高速公路股份有限公司确认了 15.40 亿元的建造服务收入和建造服务成本;东莞市轨道一号线建设发展有限公司确认了 38.45 亿元建造服务收入和建造服务成本。

山东高速股份有限公司、安徽皖通高速公路股份有限公司等也分别在 2022 年利润表中按照相等的金额确认了建造服务收入和建造服务成本。

(三)确认建造服务收入与建造服务成本的会计处理

1. 确认建造服务收入的账务处理

由于建造服务属于时段履约义务,故项目公司一般需要在提供基础设施建造服务的会计期末,按照履约进度确认应归属本会计期间的建造服务收入。

按照 CAS 14 的规定,确定履约进度可选择投入法和产出法。如果选择投入法确定履约进度,则可按照实际确认的合同履约成本作为计量建造服务收入的依据。

【案例 6-12】某项目公司与政府方签署了 PPP 项目合同,采用 BOT 运作方式承担了投资建设与运营管理全长 35km 的武清高速公路的合同义务。该项目采取的是使用者付费机制;PPP 项目合同期限为 30 年(不含建设期)。

(1)按公允价值计量。如果经测算,武清高速公路在运营 30 年期间内通过收取车辆通行费取得的现金净流入的现值为 38 亿元人民币；预计建造服务成本总额为 35 亿元人民币；则按照投入法测算，实际发生 3500 万元合同履约成本的履约进度为 1%；按照履约进度计量的建造服务收入应当为 3800 万元(380000 ×1%)。账务处理为：

借：合同资产——武清高速　　38000000.00

　贷：主营业务收入——武清高速建造收入　　38000000.00

(2)按建造服务成本计量。建设期某会计期间的资产负债表日，“合同履约成本”归集的实际发生的与武清高速公路 PPP 项目资产相关的建设成本 3500 万元，则确认建造服务收入的账务处理为：

借：合同资产——武清高速　　35000000.00

　贷：主营业务收入——武清高速建造收入　　35000000.00

由于税法尚未明确确认的建造服务收入是否需要缴纳增值税，故暂不考虑与此相关的账务处理。

2. 确认建造服务成本的账务处理

(1)建造服务成本的归集。按照财政部《PPP 项目合同社会资本方会计处理应用案例——无形资产模式》中的说明，项目公司提供建造服务发生的相关支出，通过“合同履约成本”科目进行核算。

(2)建造服务成本的确认。由于建造服务收入是按照实际发生的合同履约成本金额作为履约进度进行计量的，故也需要将实际发生的与 PPP 项目建造服务有关的合同履约成本结转到期损益。

在【**案例 6-12**】中，建设期某会计期间“合同履约成本”归集的实际发生的与武清高速公路 PPP 项目资产相关的建设成本 3500 万元，则确认建造服务成本的账务处理为：

借：主营业务成本——武清高速建造成本　　35000000.00

　贷：合同履约成本——武清高速　　35000000.00

结转主营业务成本后，与 PPP 项目建造服务有关的合同履约成本的期末余额应当为零。

3. 合同资产在资产负债表的列报

合同资产需要区别不同的情况，分别采取不同的列报方式。

(1)使用者付费机制。如果 PPP 项目采取的是使用者付费机制，则项目公司通过投资建造取得的 PPP 项目资产的使用权需要确认为一项无形资产；故按照财政部《实施问答》中的解释，该项合同资产的金额应当在资产负债表“无形资产”项目中列报。

(2)政府付费机制。如果 PPP 项目采取的是政府付费机制，项目公司通过投资建造取得的是政府方承诺的支付现金对价的权利，但尚未取得无条件收取现金对价的权利；故按照财政部《实施问答》中的解释，该项合同资产的金额应当根据其预计是否自资产负债表日起一年内变现，在资产负债表“合同资产”或“其他非流动资产”项目中列报。

第二节 采取权益转让方式取得 PPP 项目资产的会计处理

一、采取 TOT 运作方式取得 PPP 项目资产概述

(一) TOT 运作方式分析

TOT 运作方式体现的是政府方将存量资产的使用权转让给项目公司,并由项目公司负责运营、维护和用户服务,合同期满后项目公司终止标的资产的使用权并将其移交回政府方的项目运作方式。

有必要说明的是:TOT 运作方式体现的并非存量资产所有权的转让。对此,转让存量资产使用权的政府方需要继续确认该项政府资产,只不过需要将确认的该项政府资产的类别由公共基础设施(或固定资产等)变更为“PPP 项目资产”。相对应而言,项目公司取得的也并非标的资产的所有权而只是其使用权。一般而言,项目公司需要将取得的标的资产的使用权确认为一项无形资产。

政府方转让存量资产的使用权,可采取有偿转让和无偿转让两种方式。

1. 有偿转让

有偿转让是指政府方以向项目公司收取转让价款的方式将标的资产的使用权转让给项目公司,以满足项目公司在 PPP 项目合同期限内提供公共产品和服务的需要。PPP 项目合同期限届满,政府方有权无偿收回标的资产。

政府方有偿转让存量资产使用权的行为类似于将标的资产租赁给项目公司的行为。

美国芝加哥市政府在 2005 年 1 月将标的资产——芝加哥高架公路 99 年的收费权以 18.3 亿美元的价格转让给国际财团投资设立的项目公司,采取的就是“资产租赁”的称谓。

2. 无偿转让

无偿转让是指政府方将标的资产无偿提供给项目公司使用,以满足项目公司在 PPP 项目合同期限内提供公共产品和服务的需要。PPP 项目合同期限届满,政府方有权无偿收回标的资产。

政府方无偿转让存量资产的使用权类似于对项目公司的补助行为,或者以零租金的方式将标的资产租赁给项目公司的行为。项目公司应当据此如何作出会计处理,取决于 PPP 项目合同中的相关约定以及项目公司会计师作出的职业判断。

(二) TOT 运作方式与高速公路收费权转让

典型的 TOT 运作方式体现的是高速公路收费权的有偿转让。

1. 高速公路收费权转让的政策规定

通过转让高速公路收费权筹措公路建设资金，是我国深化公路建设融投资体制改革的有效尝试。交通部于1994年7月发布《关于转让公路经营权问题的通知》首次明确了允许通过转让公路经营权融资。1996年10月1日，陕西西临高速公路收费权的成功转让，可认为是我国比较规范的通过转让公路经营权融资的典型范例之一。西临高速公路20年的经营期限届满后，已按照陕西省人民政府的要求，于2016年9月30日移交给陕西省高速公路建设集团公司（陕西省高速公路建设集团公司于2021年2月并入新成立的陕西交通股控集团有限公司）。1996年10月，交通部颁布了《公路经营权有偿转让管理办法》（交通部令1996年第9号），使我国的公路经营权转让有了规范其行为的法规依据。1997年7月发布的《中华人民共和国公路法》，进一步将公路经营权转让规范为“公路收费权”转让。

2004年9月13日公布的《收费公路管理条例》和2008年8月20日发布的《收费公路权益转让办法》，明确了“收费公路权益”的概念，并将收费公路权益划分为收费公路的收费权、广告经营权和服务设施经营权三部分。

《收费公路权益转让办法》自2008年10月1日开始实施后，《公路经营权有偿转让管理办法》被废止。《公路经营权有偿转让管理办法》曾将转让经营权界定为一种“特许行为”，依据《收费公路权益转让办法》的规定，收费公路权益转让是指收费公路建成通车后，转让方将其合法取得的收费公路权益有偿转让给受让方的交易活动；转让方是指将合法取得的收费公路权益依法有偿转让给受让方的国内外经济组织，包括不以营利为目的的专门建设和管理政府收费公路的法人组织和投资建设经营性公路的国内外经济组织；受让方是指依法从转让方有偿取得收费公路权益的国内外经济组织。这反映了公路收费权转让行为成为一种有限制的市场交易行为，而不再是一种政府特许行为。

但按照财政部的规定，TOT属于PPP模式的一种重要的运作方式。高速公路收费权转让作为一种重要的TOT运作方式，应当纳入政府特许经营的范畴。

2017年11月4日，全国人民代表大会常务委员会通过的对《中华人民共和国公路法》的修正案，将收费权转让审批制调整为备案制。

2. 项目公司投资取得高速公路收费权的作用

投资取得已建成政府收费高速公路收费权，是高速公路特许经营框架下的一项投资行为。通过投资，项目公司取得了通过收取车辆通行费回收投资并获得合理回报的权利。《收费公路权益转让办法》发布后，项目公司也可以投资取得其他项目公司拥有的经营性高速公路的收费权。

与通过投资建设取得高速公路收费权相比，投资取得已建成高速公路收费权具有以下特点：

（1）对高速公路建设项目的投资形成了该项目的建造服务成本；对高速公路收费权的投资则体现的是高速公路收费权的市场交易价格（或公允价值）。

（2）对于高速公路建设投资而言，高速公路建设投资额的高低在一定程度上决定着未来的投资效益;而对高速公路收费权投资,对投资收益率的追求决定着高速公路收费权投资额的高低。

(3)由于取得收费权的高速公路已经建成,收费交通量规模大致形成,对其收费权投资的风险相对较低。

(4)PPP 项目合同期限长短与高速公路收费权的市场交易价格之间具有密切的关系。

(5)国家现行法律法规制约着公路收费权的最长转让期限。根据《收费公路管理条例》,如果中国东部地区和中西部地区将一条新建成经营性公路的收费权进行转让,则转让的最长期限分别为 25 年和 30 年;转让政府收费公路收费权的最长年限分别为 20 年和 25 年。

项目公司投资取得、持有、对外转让或者到期终止公路收费权的行为,属于 PPP 模式中的 TOT 运作方式。故其会计处理应当执行《企业会计准则解释第 14 号》中的相关解释。

二、采取 TOT 运作方式取得 PPP 项目资产的会计处理

(一)公路收费权的确认

按照《企业会计准则解释第 14 号》的相关解释,项目公司投资取得的公路收费权,应当确认为一项无形资产。

在经营性公路管理实务中,2022 年底,一些公路上市公司已将投资取得的公路收费权,包括现代投资股份有限公司有偿取得的京珠高速公路长沙至湘潭段和湘潭至耒阳段收费权;中国平安保险(集团)股份有限公司投资取得的山西长晋高速公路和晋焦高速公路收费权;湖南投资集团股份有限公司投资取得的浏阳河大桥收费权;越秀交通基建有限公司投资取得的湖北汉孝高速公路和汉蔡高速公路收费权等,确认为本公司的一项无形资产。

按照《企业会计准则解释第 14 号》的要求,从 2021 年 1 月 1 日起,所有采取 TOT 方式取得的高速公路收费权,都需要确认为一项无形资产,并对以前的会计处理,按照《企业会计准则解释第 14 号》的解释进行追溯调整。

将收费权确认为一项无形资产需要解决的有关问题如下。

1. 公路收费权依托实体资产的确认与管理。

截至 2022 年底,这方面的规定仍不明确。按照"镜像互补"的原则,本书认为,公路收费权依托的实体资产,应当是在公路特许经营期限届满按照合同的约定需要无偿移交给政府方的有形资产,即政府会计主体需要确认的"PPP 项目资产"依托的实体资产,包括公路及构筑物、与公路正常使用密切不可分割的安全设施和其他相关基础设施资产(可将其合并统称为"公路基础设施")。这些资产可以采取登记资产备查簿的方式进行实物管理。除此以外,项目公司拥有控制权、无须在 PPP 项目合同期限届满时需要移交的实体资产,包括监控设施、收费设施、车辆、机械设备等,应当视同出资购置处理。具备固定资产确认条件的,确认为固定资产;不具备固定资产确认条件的,确认为企业的一项存货。

如果按照修订后的《收费公路管理条例》及其有关规定或者公路特许经营合同的约定,监控设施、收费设施等也需要无偿移交给政府方,则这些确认为一项固定资产的设施可在移

交时按照相关会计准则的规定作出终止确认的会计处理。

2. 公路收费权依托土地使用权的确认

本书认为，项目公司取得有期限公路收费权的行为，实质上是一种公路租赁行为；既然所有权没有转移，就不应涉及土地使用权转移问题。所以，在实务中即使需要支付出让金取得公路用地使用权，理想做法是和公路收费权一并确认为一项无形资产，而不是单独确认为一项无形资产。

在实务中，现代投资股份有限公司 2022 年度财务报告显示，该公司投资取得的公路收费权依托的土地使用权，没有单独确认为一项无形资产。

3. 收费公路建设债务

由于项目公司投资取得的一般属于政府收费高速公路收费权，而政府收费高速公路通常是利用政府债务投资修建的。故在实务中，转让政府收费高速公路收费权的政府方，一般需要将该项目尚未偿还的债务本金和利息，一并移交给受让政府收费高速公路收费权的项目公司承担。

(二) 高速公路收费权的初始计量

项目公司通过投资取得的公路收费权，应当按照实际支付的价款进行初始计量；而公路收费权转让的成交价，与公路收费权的评估值有密切的关系。

如果公路收费权的转让方采取的是将公路收费权投入项目公司的方式，则公路收费权的初始计量基本取决于资产评估的结果。

1. 公路收费权评估方法的选择

依据《收费公路权益转让办法》，公路收费权的评估方法应当是收益现值法。

1996 年 10 月，交通部发布的《公路经营权有偿转让管理办法》规定的评估方法是“收益现值法与重置成本法相结合的方法”，而《收费公路权益转让办法》修改了这一规定。这意味着我国公路收费权价值评估也在走国际趋同之路。

以往的公路收费权资产评估实践中之所以比较多地使用了重置成本法，一个非常重要的原因，就是一些媒体和社会公众把收费权转让不恰当地解释为“卖路”。既然是卖，如果收费权转让价格低于其建造成本或重置成本，往往会被解读为“国有资产流失”。为了避免遭受这样的指责，一些交通运输主管部门要求选择重置成本法进行收费权的评估，并要求转让成交价不得低于其重置成本，就很容易理解了。

与重置成本法不同，收益现值法评估侧重于依赖未来收费交通量影响的现金流量。由于未来交通量的不同，所以收益现值法评估的结果有可能大大高于其重置成本，也有可能远远低于其重置成本。

一般来说，拒绝采用收益现值法评估的公路收费权项目，往往是中西部地区公路建设成本较高但未来交通量不太理想的转让项目。但既然未来效益不理想，投资者就不可能愿意花费不低于重置成本的代价来购买公路收费权。这样，交通运输主管部门期望靠盘活存量资产来筹措公路建设资金的美好愿望只能束之高阁。

采用收益现值法,摆脱了收费权转让价格不得低于其重置成本的束缚,意味着中西部地区的交通运输主管部门或国有公路经营企业也可以利用转让收费权来筹措公路建设资金。

2. 公路收费权的初始计量

项目公司应当按照取得的公路收费权的公允价值进行初始计量。

(1)投资取得高速公路收费权的初始计量。项目公司为取得公路收费权支付的出让金,一般可视为公路收费权的公允价值,作为其初始计量金额的依据。

按照《企业会计准则解释第 14 号》中的解释,将投资取得的高速公路收费权确认为项目公司的一项无形资产,应当将实际支付价款划分为取得无形资产的付款和购买其他固定资产的付款。

投资者采取资本投入方式投入项目公司的高速公路收费权,也应当视为一项收费权转让行为(TOT 业务)。其初始计量金额,应当取决于投资合同中的约定。

【案例 6-13】按照政府方 × ×省交通运输厅与项目公司泉魏高速公路发展有限公司签署的《泉山至魏海高速公路收费权转让合同》中的约定,泉魏高速公路收费权转让的成交价为 10. 82 亿元。其中,应当界定为泉魏高速公路收费权的金额为 9. 22 亿元;应界定为一项固定资产的其他相关设施(包括收费设施、监控设施、通信设施、管理用房屋建筑物等)1. 60 亿元。项目公司通过支付价款取得泉魏高速公路收费权的账务处理如下:

借:无形资产——泉魏高速收费权	922000000. 00	
固定资产	160000000. 00	
贷:银行存款		1082000000. 00

如果按照转让合同的约定,项目公司还需要承担泉魏高速公路尚未还清的长期借款本息 3. 68 亿元,其中包括借款利息 0. 147 亿元;借款本金 3. 533 亿元,并且债务的账面价值与其公允价值一致,则转让价格将调整为 7. 14 亿元。在这种状况下,项目公司通过支付价款取得泉魏高速公路收费权的账务处理将调整为:

借:无形资产——泉魏高速收费权	922000000. 00	
固定资产	160000000. 00	
贷:银行存款		714000000. 00
长期借款——本金		353300000. 00
——应计利息		14700000. 00

(2)转让方投入公路收费权的初始计量。如果采取将公路收费权作为资本投入项目公司的转让方式,公路收费权的初始计量金额应当取决于投资合同中的约定,一般依据的是对公路收费权价值评估的结果。

【案例 6-14】× ×省交通运输厅采取将泉山至魏海高速公路收费权扣除债务后的净值投入项目公司:泉魏高速公路发展有限公司的方式,则《泉山至魏海高速公路收费权转让合同》中约定的投资额为其评估值为 10. 60 亿元,其中应当界定为公路收费权的金额为 9. 10 亿元;应界定为一项固定资产的其他相关设施(包括收费设施、监控设施、通信设施、管理用房屋建筑物等)1.50亿元。需要移交的公路建设长期借款本息为3.68亿元,其中应计利息0.147亿元;借款本金3.533亿元,并且债务的账面价值与其公允价值一致,则项目公司取得公路收费权的账务处理为:

借:无形资产——泉魏高速收费权　　910000000.00
　固定资产　　150000000.00
　贷:实收资本　　692000000.00
　　长期借款——本金　　353300000.00
　　　　——应计利息　　14700000.00

本章小结

项目公司提供的PPP项目资产的建造服务,包括新建PPP项目资产和对现有PPP项目资产进行扩建与技术改造等的建造服务。由于PPP项目建成交付使用形成的相关资产,包括PPP项目资产和其他资产(PPP项目合同期限届满时无须移交的资产),故项目公司从事PPP项目工程建设,包括提供PPP项目资产的建造服务,以及其他相关资产的建设业务。

项目公司提供PPP项目资产建造服务发生的相关支出或费用,应通过“合同履约成本”科目核算;与PPP项目资产相关的借款费用,应通过“PPP借款支出”科目核算。项目公司从事其他资产的建设业务发生的相关支出或费用(包括借款费用),应通过“在建工程”科目核算。项目公司购置无须安装设备发生的支出,发生的取得土地使用权等其他投资支出,应将取得的资产直接计入相关资产类科目,不通过“在建工程”科目核算。

在建设期间的资产负债表日,项目公司应依据提供PPP项目资产建造服务的履约进度确认建造服务收入,并将实际发生的合同履约成本结转服务成本,计入当期损益。“在建工程”科目余额,应当直接在资产负债表中的“在建工程”项目列示。

对于项目公司采取TOT运作方式取得PPP项目资产的会计处理,本章侧重于结合高速公路PPP项目讨论通过收费权转让方式取得高速公路收费权的会计处理。按照《企业会计准则解释第14号》的相关解释,项目公司应当将投资购买取得的高速公路收费权确认为一项无形资产。

复习思考题

1.项目公司要取得用于提供公共产品和服务的PPP项目资产,可采取哪些有效途径?

2.项目公司为从事PPP项目工程建设发生的相关支出和费用,为什么要分别通过“合同履约成本”科目和“在建工程”科目核算?

3.项目公司为从事PPP项目工程建设发生的具备资本化条件的借款费用,为什么要分别通过“PPP借款支出”科目和“在建工程”科目核算?

4.《基本建设项目建设成本管理规定》中规范了基本建设项目的建设成本项目构成。你认为基本建设项目的建设成本项目构成与PPP项目资产的建设成本项目构成有何区别与联系?

5. 项目公司在PPP项目建设期间确认的具备资本化条件的借款费用,应计入"PPP借款支出"科目还是"在建工程——待摊支出"科目?为什么?

6. 如果项目公司提供的PPP项目资产的建造服务属于单项履约义务,PPP项目资产应当确认为一项无形资产,则在建设期间确认建造服务收入的时点应当如何选择?应当如何计量确认的建造服务收入?

7. 如果项目公司提供的PPP项目资产的建造服务不属于单项履约义务,你认为应当如何确认和计量符合无形资产确认条件的PPP项目资产?相关的账务处理有哪些?

8. 如果政府方将其自身拥有的现有资产无偿提供给项目公司,用于面向社会公众提供公共产品和服务,你认为项目公司应作出怎样的会计处理?

9. 如果某项目公司采取有偿转让方式取得某高速公路的收费权,应当作出怎样的会计处理?

10. 如果某项目公司采取有偿转让方式取得的是某污水处理设施的使用权,在采用使用者付费机制和政府付费机制的不同情况下,应当分别作出怎样的会计处理?

第七章

项目公司持有特许经营项目资产期间的会计处理

本章概要

项目公司持有特许经营项目资产期间的主要职责，是通过使用特许经营项目资产向社会公众提供公共产品和服务。一方面，项目公司可通过提供公共产品和服务来获取来自社会公众或政府方的对价，形成项目公司按照收入准则的规定确认的营业收入；另一方面，项目公司还承担着维护与管理特许经营项目资产职责，以保证提供的公共产品和服务达到有关法律法规的规定和特许经营项目合同约定的标准和水平。为维护与管理特许经营项目资产发生的相关资源消耗，形成了项目公司按照相关准则的规定确认的营业成本和相关费用。

由于项目公司有可能从事特许经营项目合同以外的其他经营业务，故有必要区别项目公司的营业收入和成本费用，与从事特许经营业务产生的营业收入和成本费用。本章主要以公路 PPP 项目为例，对与特许经营业务相关的营业成本和营业收入的会计处理进行讨论。

第一节　与 PPP 项目合同相关的成本费用会计处理

一、PPP 项目成本费用概述

（一）PPP 项目成本费用的概念

PPP 项目的成本费用是指项目公司按照 PPP 项目合同的约定为提供公共产品和服务发生的成本费用，包括营业成本和期间费用。根据现代企业成本费用管理的理论，可以认为，企业为取得资产所付出的经济代价，构成该项资产的成本；例如固定资产成本、无形资产成本、在产品成本、半产品成本、产成品成本、商品成本等。资产在耗费或者出售过程中，资产的成本转化为费用。

《企业会计准则——基本准则》（财政部令 2006 年第 33 号）规定，费用是指企业在日常活动中发生的、会导致所有者权益减少的、与向所有者分配利润无关的经济利益的总流出。企业为生产产品、提供劳务等发生的可归属于产品成本、劳务成本等的费用,应当在确认产品销售收入、劳务收入等时,将已销售产品、已提供劳务的成本等计入当期损益。企业发生的支出不产生经济利益的,或者即使能够产生经济利益但不符合或者不再符合资产确认条件的,应当在发生时确认为费用,计入当期损益。

在实务中,成本费用的概念划分为在利润表中列示及其附注中披露的营业成本和期间费用。

项目公司从事不同类型的 PPP 项目的经营业务,具有不同的营业成本项目构成;但期间费用基本是一致的,均由销售费用、行政管理费用、研发费用和财务费用构成。

2013 年 8 月 16 日,财政部印发了《企业产品成本核算制度(试行)》(财会〔2013〕17 号),自 2014 年 1 月 1 日起,在除了金融企业以外的大中型企业范围内施行。该制度适用于制造业、农业、批发零售业、建筑业、房地产业、采矿业、交通运输业、信息传输业、软件及信息技术服务业、文化业以及其他行业的企业。交通运输业主要涉及的是客货运输业务成本会计处理;对于公路特许经营成本会计处理对象、成本项目和范围、业务成本的归集与分配等会计处理行为的规范仍不够明确。随后,财政部还陆续印发了钢铁行业、煤炭行业、电网经营行业、油气管网行业的成本核算制度,但尚未印发与 PPP 项目合同经营业务有关的成本核算制度。

PPP 项目公司的会计师需要参照国家有关规章制度中对营业成本项目的分类原则,作出对特定 PPP 项目营业成本项目分类的职业判断,为营业成本的明细核算提供依据。

(二)PPP 项目公司成本费用和 PPP 项目营业成本

PPP 项目营业成本是指项目公司发生的与 PPP 项目合同有关的营业成本。项目公司从事不同类型的 PPP 业务,具有不同的营业成本构成。

PPP 项目公司成本费用是指 PPP 项目公司从事各种类型的经营业务发生的营业成本和期间费用。一家 PPP 项目公司有可能执行多个 PPP 项目合同。PPP 项目公司除了按照 PPP 项目合同的约定从事相关 PPP 业务以外,还有可能按照市场化的导向迈出多样化投资和多角化经营的步伐。

PPP 项目公司发生的期间费用,包括销售费用、行政管理费用、研发费用和财务费用,一般没有 PPP 业务特色。

故本节中侧重于讨论 PPP 项目营业成本的会计处理,一般不涉及期间费用会计处理的讨论。

二、高速公路 PPP 项目合同涉及的营业成本会计处理

(一)高速公路经营业务成本项目及其会计科目设置

项目公司使用高速公路 PPP 项目资产面向社会公众提供的是高速公路的通行服务。高

速公路经营业务成本应当如何进一步划分为成本项目，尚缺乏明确的制度规定。本书借鉴相关公路上市公司在年度财务报告中披露的有关高速公路经营业务成本项目构成的相关信息，主张将从事高速公路经营业务应确认的营业成本进一步划分为养护业务成本、收费权摊销成本、收费业务成本、运行业务成本和其他业务成本等成本项目。

项目公司可在“主营业务成本（公路经营成本）”科目下，设置“养护业务成本”“收费权摊销”“收费业务成本”“运行业务成本”“其他业务成本”等明细科目核算为从事高速公路经营业务确认的应当计入营业成本的各项费用。

1. 养护业务成本

“养护业务成本”科目主要核算项目公司为养护公路基础设施（PPP 项目资产）发生的全部养护支出，包括小修保养支出、大中修支出和改建支出。

项目公司发生的公路绿化支出以及公路灾害预防与抢修支出，计入养护业务成本。

2. 收费权摊销

“收费权摊销”科目核算项目公司计提的、确认为一项无形资产的公路基础设施收费权的摊销费用。

3. 收费业务成本

“收费业务成本”科目核算项目公司为收取与管理车辆通行费发生的全部业务支出，包括收费人员及其业务管理人员的工资和业务经费；与 ETC 和联网收费相关的业务经费；收费站设施（包括与收费相关的监控设施、通信设施、房屋建筑物等）的折旧与维修费用。

4. 运行业务成本

“运行业务成本”科目，核算经营一些大型桥梁、隧道需要发生照明、用水、救助、消防、安全保卫等支出，以及与正常运行有关的监控设施、通信设施等设施的折旧和维修费用。

5. 其他业务成本

“其他业务成本”科目，核算项目公司发生的除了计入以上成本项目以外的其他费用或支出，主要包括路政管理、交通安全管理、治理超限超载行为、对公路桥梁隧道安全检测等发生的费用或支出。

如果某项目公司通过其内设的分公司承担了多个高速公路 PPP 项目的建设与运营管理，还有必要分项目设置明细科目进行会计处理。

（二）养护业务成本的会计处理

1. 养护业务成本概述

养护业务成本是指项目公司从事高速公路养护业务发生的营业成本。高速公路养护作业可划分为日常养护和养护工程。2018 年 3 月 22 日，交通运输部修订后印发的《公路养护工程管理办法》（交公路发〔2018〕33 号）将公路养护工程划分为预防养护、修复养护、专项养护和应急养护。

站在会计处理的角度,公路养护可划分为日常养护和投资性养护工程,故养护业务成本也可进一步划分为日常养护业务成本和投资性养护工程成本。

(1)日常养护业务。日常养护属于经常性养护作业。项目公司可通过内设的养护机构承担日常养护的职责;也可委托专业机构从事日常养护业务。

(2)投资性养护工程。养护工程属于具有一定间隔期发生的非经常性养护作业。投资性养护工程一般需要由项目公司采取招投标或者其他政府采购方式选择具有资质的专业机构(一般属于工程施工企业)具体从事养护工程业务。

在此,有必要区别本章讨论的投资性养护工程和第八章中涉及的与PPP项目资产移交前所需安排进行的投资性养护工程(路面重铺工程)。前者属于项目公司投资决策的结果,并非一定需要发生;后者如果不属于单项履约义务,则是作为项目公司提供经营服务的组成部分。故前者只有在发生投资性养护工程时才需要进行账务处理;后者则应当在项目公司提供运营服务的期间执行CAS 13的规定进行会计处理。

2. 日常养护业务成本的账务处理

日常养护支出属于日常发生的养护支出,具有作业规模小、养护工期较短、涉及金额少的特点。这些养护支出可确认为一项收益性支出。在会计处理时,一般无须通过"合同履约成本"科目归集发生的支出,可在发生支出时直接将其计入当期损益。

【案例7-1】广济高速公路建设开发有限公司(简称"广济公司")执行《企业会计准则解释第14号》的规定,将通过投资建造取得的全长120km、采用使用者付费机制的广济高速公路收费权确认为一项无形资产。广济公司按照每公里每年12万元的价格委托当地公路养护中心对广济高速公路进行日常养护,年度养护费用1440万元;每月120万元。养护费用每季度支付一次。

每月月末,广济公司确认归属本月的日常养护费用的账务处理为:

借:主营业务成本(公路经营成本)——养护业务成本	1200000.00	
贷:应付账款——应付日常养护费用		1200000.00

广济公司签发转账支票支付季度养护费用360万元的账务处理为:

借:应付账款——应付日常养护费用	3600000.00	
贷:银行存款		3600000.00

如果项目公司通过内设养护机构承担公路日常养护的职责,则发生的高速公路日常养护成本项目,包括直接材料、直接人工、机械使用费、间接费用等。

【案例7-2】岳强公路实业发展有限公司作为承担岳强二级公路投资建设与养护管理的PPP项目公司,采取通过内设养护机构自行养护岳强公路的方式。某月末,公司会计师根据本月发生日常养护的相关账单,作出了确认125万元养护成本的以下账务处理:

借:主营业务成本(公路经营成本)——养护业务成本	1250000.00	
贷:库存商品——原材料		665600.00
应付职工薪酬		345000.00
银行存款		239400.00

3. 投资性养护工程业务成本的会计处理

投资性养护工程支出，属于间隔较长时间发生一次的支出，具有作业规模较大、养护工程较长、每次支出金额较大、支出效益一般会递延到以后会计年度的特点，包括高速公路大中修工程、专项养护工程等。为了有利于科学核算养护工程成本，有必要通过“合同履约成本”科目归集所发生的投资性养护工程支出。

由于高速公路养护的主要目的，是维护或者恢复高速公路现有的功能，即维护或者恢复提供既定数量和质量车辆通行服务的能力。养护工程的效果，既无法延长高速公路的特许经营年限，也无法提升通行服务的数量和质量，故养护工程支出一般不符合资本化的条件。

但如果将高速公路养护工程与改良工程相结合，其工程支出是否符合资本化的条件，取决于会计师的职业判断。

项目公司一般需要通过招标方式委托专业工程机构（包括公司集团内部从事养护工程的子公司）从事高速公路投资性养护工程业务。由于高速公路大型修缮和水毁抢修等专项工程具有投资额较大、工程期限较长的特点，按照财政部的说明，项目公司可通过设置“合同履约成本”科目归集发生的投资性养护工程支出，然后依据相关规定和会计师的职业判断进行予以费用化或资本化会计处理。

采取发包方式从事的高速公路投资性养护业务的会计处理一般涉及以下三项经济业务：

（1）支付工程价款。项目公司按照工程合同的约定按照完工进度向工程承包企业支付的工程价款，应当计入“合同履约成本”科目。

【案例7-1】中的广济公司打算对广济高速公路进行一次大型修缮，以恢复已出现较大程度损坏的路面。如果广济公司通过工程招标将该工程发包给新元高速公路机械化工程有限公司承担，工程总价款7.5亿元人民币，在按照完工进度支付第一笔工程价款2.5亿元的一般账务处理为：

借：合同履约成本（广济高速公路大修工程）	250000000.00	
贷：银行存款		250000000.00

（2）交工验收。广济高速公路大修工程完工通过交工验收后，需要结转工程成本。如果该项大修工程具有改善路面条件、延长使用寿命的作用，符合资产化的条件，则可作出予以资本化的以下账务处理：

借：无形资产——公路收费权	750000000.00	
贷：合同履约成本（广济高速公路大修工程）		750000000.00

这样，资本化的修缮工程费用是通过无形资产摊销的方式计入损益的。

如果认为该项大修理工程只是简单恢复了高速公路的使用功能，不具备资本化的条件，则应当在资产负债表日（而不是工程完工）将大修工程成本计入当期损益。

如果**【案例7-1】**中广济高速公路大修理支出不符合资本化的规定，并假设在2022年末资产负债表日大修理工程尚未完工，2022年累计发生了4.5亿元的大修费用，则需要将大修费用结转当期损益，并进行以下会计处理：

借:主营业务成本——养护业务成本　　450000000.00

　　贷:合同履约成本(广济高速大修工程)　　450000000.00

为了使“合同履约成本”科目能够完整反映大修理工程的全部工程成本,有必要在2023年初作以下调整分录:

借:合同履约成本(广济高速公路大修工程)　　450000000.00

　　贷:主营业务成本——养护业务成本　　450000000.00

2023年用银行存款支付3亿元大修费用,账务处理为:

借:合同履约成本(广济高速公路大修工程)　　300000000.00

　　贷:银行存款　　300000000.00

2023年8月31日大修工程完工交付使用后,办理结转大修工程成本的账务处理为:

借:主营业务成本——养护业务成本　　750000000.00

　　贷:合同履约成本(广济高速大修工程)　　750000000.00

这样,实际计入2023年损益的大修理费用为实际支付的3亿元(7.5亿元-4.5亿元)。

(三)收费权摊销成本的会计处理

1.收费权摊销成本概述

项目公司执行《企业会计准则解释第14号》的解释,需要将通过BOT方式和TOT方式以及使用者付费机制取得的高速公路PPP项目资产(或高速公路收费权)确认为一项无形资产。

由于项目公司取得高速公路收费权的主要目的是向社会公众提供高速公路通行服务,故收费权价值应当在运营期间采取合理方式进行摊销。高速公路收费权摊销应当符合CAS 6的规定。

高速公路收费权摊销涉及以下两个问题的讨论:

高速公路收费权价值的摊销方法。2001年1月18日财政部印发的《企业会计准则——无形资产》(财会〔2001〕7号)曾要求企业只能采取年限平均的方法摊销无形资产的价值,这对当时公路上市公司摊销确认为无形资产的公路收费权具有重要的影响。尽管如此,少数公路上市公司在当时仍根据会计职业判断采取了工作量法摊销公路收费权的价值。

2006年2月15日,CAS 6印发后,改变了以上规定,允许项目公司按照“与该项无形资产有关的经济利益的预期实现方式”选择无形资产摊销方法。这导致越来越多的项目公司开始采取车流量法摊销确认为无形资产的公路特许经营权的价值。

2017年6月12日,财政部印发的《企业会计准则解释第11号——关于以使用无形资产产生的收入为基础的摊销方法》(财会〔2017〕18号)中借鉴国际会计准则理事会的相关规定,提出企业在按照CAS 6的规定选择无形资产摊销方法时,应根据与无形资产有关的经济利益的预期消耗方式作出决定。由于收入可能受到投入、生产过程和销售等因素的影响,这些因素与无形资产有关经济利益的预期消耗方式无关,因此,企业通常不应以包括使用无形资产在内的经济活动所产生的收入为基础进行摊销,并认为企业采用车流量法对高速公路经营权进行摊销的,不属于以包括使用无形资产在内的经济活动产生的收入为基础的摊销方法。

2. 收费权摊销费用的确认与账务处理

项目公司应当在 PPP 项目合同期间的每月月末(资产负债表日)计算确认归属于本月的收费权摊销额。

2001 年 1 月 18 日财政部印发的《企业会计准则——无形资产》中曾规定企业只能将无形资产的价值摊销计入管理费用;2006 年 2 月 15 日 CAS 6 印发后,财政部开始允许将无形资产的摊销价值计入"管理费用"或"其他业务成本"。由于确认为无形资产的高速公路收费权属于项目公司的主要经营性资产,故其价值摊销应当计入主营业务成本。

项目公司应当在"主营业务成本(公路经营成本)"科目下设"收费权摊销"明细科目,核算确认并计入当期损益的高速公路收费权的摊销额。

如果**【案例 7-1】**中的广济公司执行《企业会计准则解释第 14 号》的解释,将通过建造取得的广济高速公路收费权确认为一项无形资产,原值为 76.60 亿元,同时该公司采取车流量法摊销广济高速公路收费权。如果根据 2023 年 1 月该路的车流量计算,应当计提的折旧额为 0.24 亿元,则广济公司在当月资产负债表日作出的计提摊销的账务处理为:

借:主营业务成本(公路经营成本)——收费权摊销　　24000000.00

　贷:累计摊销——公路收费权　　24000000.00

由于选择车流量法摊销收费权需要按照运营期间预计的总收费车流量测算单位车流量应当摊销的收费权,为了保证到 PPP 项目合同期限届满时全部收费权价值都能够被摊销完毕,就需要当实际收费车流量与预计收费车流量之间出现明显差异时及时作出会计估计变更的会计处理。

(四)收费业务成本的会计处理

1. 收费业务成本概述

收费业务成本是指项目公司发生的与收取车辆通行费相关的业务成本。按照有无对比法的理念,收费业务成本也可体现为如果不收取车辆通行费,本不会发生的业务成本。对此,收费业务成本可包括以下构成内容:

(1)项目公司的基层收费站点(包括收费站、收费所、收费管理处等业务机构)收费与管理人员的工资、福利费、办公经费。

(2)与收费相关的设施和房屋建筑物的使用费、折旧费、维修费等。与收费相关的设施和房屋建筑物通常包括 ETC 收费设施、联网收费设施和其他收费设施;收费亭和收费管理用房屋建筑物等。专门用于监控收费行为的监控设施,也可归属于与收费相关的设施。

取消货车计重收费后,货车计重设备不再属于收费设施,应当归类于与高速公路正常运行相关的设备。

2. 发生人员经费的会计处理

项目公司发生的人员经费,包括实际发生的人员经费支出和在资产负债表日确认的应计入本会计期间的与收费管理人员相关的费用。

在【**案例 7-2**】中,假设该公司基层收费站点的工作人员有 150 名,20 ×1 年发生并应当分配计入业务成本的工资费用 1250 万元,职工福利费 200 万元,缴纳医疗保险、退休保险等各种保险金 150 万元。资产负债表日的账务处理为:

借:主营业务成本(公路经营成本)——收费业务成本　　160000000.00

　贷:应付职工薪酬——工资　　12500000.00

　　　　　　　——职工福利费　　2000000.00

　　　　　　　——社会保险费　　1500000.00

3. 计提收费站房屋建筑物、收费设施等固定资产折旧的会计处理

(1)收费站建筑物折旧的会计处理。如果按照公路特许经营合同的约定,收费站建筑物(收费亭等)需要在经营期限届满时无偿拆除或者无偿移交给交通运输主管部门或其指定的企业或公路事业单位,则收费站建筑物的折旧年限应当与经营期限一致;特许经营期限发生的收费站建筑物的维护费和所需的改造支出计入当期损益。

计提收费站建筑物折旧的账务处理为:借记“主营业务成本(公路经营成本)——收费业务成本”科目,贷记“累计折旧”科目。

(2)计提收费设施折旧的会计处理。电子不停车收费(Electronic Toll Collection,ETC)收费设备、收费用计算机打印机等和其他收费设施具有不同于收费站建筑物的特点。首先,这些收费设施的经济寿命有可能短于高速公路的收费经营年限,这意味着存在着在收费经营期限内进行这些设施更新的可能性。其次,如果特许经营期限届满需要停止收费,则这些收费设施在经营期限届满时也许无须移交,这就构成了项目公司可用于清算的资产。对此,这些收费设施的折旧年限,取决于其经济寿命,而不是项目公司取得的高速公路特许经营年限。

计提收费设施折旧具有与计提收费站建筑物折旧相同的账务处理:借记“主营业务成本(公路经营成本)——收费业务成本”科目,贷记“累计折旧”科目。

(五)运行业务成本的会计处理

1. 运行业务成本概述

运行业务成本是指项目公司发生的与高速公路正常运行有关的业务成本。

(1)正常情况下,用于高速公路交通量管理的监控设施、通信设施等,属于与高速公路正常运行有关的设施;这些设施的折旧费、维护费等,应计入公路运行成本。

(2)与大型桥梁、隧道等正常使用有关的照明、用水等,以及为提升这些桥梁、隧道的安全性设置的救助、消防、安全保卫等机构,均与桥隧的正常使用有关。发生的照明费和水费,以及相关机构的运行经费支出,应计入运行业务成本。

(3)从 2020 年初开始,全国高速公路取消了货车的计重收费。货车计重成为防止货车超限运输的一种手段。对此,货车计重设施不再属于收费设施,而是与高速公路正常运行有关的设施。发生的与使用这些货车计重设施有关的支出,应计入运行业务成本。

2. 确认运行业务成本的账务处理

项目公司一般应当在发生了相关运行业务支出时，将其确认计入运行业务成本。

【案例 7-3】秦山隧道有限公司（简称“秦山公司”）按照 PPP 模式主要承担投资建设与经营秦山大型公路隧道的业务。在秦山隧道于 2022 年 12 月 31 日建成投入使用后，秦山公司为保证隧道正常使用，2023 年用银行存款支付了隧道照明、通风、供水以及安全保卫、消防、救护等相关机构的经费 800 万元。账务处理为：

借：主营业务成本（公路经营成本）——运行业务成本　　8000000.00

　贷：银行存款　　8000000.00

项目公司应当在资产负债表日，将计提的归属于本会计期间的相关设施的折旧费，计入公路运行成本。

如果秦山隧道有限公司在 2023 年 4 月底计算确认的相关设施的折旧费为 22.45 万元，账务处理为：

借：主营业务成本（公路经营成本）——运行业务成本　　224500.00

　贷：累计折旧　　224500.00

（六）其他业务成本的会计处理

1. 其他业务成本概述

其他业务成本是指高速公路 PPP 项目业务成本中，除了养护业务成本、收费权摊销成本、收费业务成本和运行业务成本以外的其他成本。

按照有关规定，项目公司经营管理高速公路需要承担的路政管理支出、交通安全管理支出等，计入其他业务成本。

2. 确认其他业务成本的账务处理

在**【案例 7-3】**中，秦山公司在资产负债表日确认本月应负担的交通安全管理费用 25 万元的账务处理为：

借：主营业务成本（公路经营成本）——其他业务成本　　250000.00

　贷：其他应付款　　250000.00

为简化起见，项目公司也可在实际支付路政管理费用、交通安全管理费用时计入当期损益。

三、其他基础设施 PPP 项目合同涉及的营业成本的会计处理

项目公司使用不同类型的 PPP 项目资产向社会公众提供城市轨道和城市道路通行服务、高速公路服务区运营服务、民用机场和汽车客运站运营服务、停车场停车服务、污水处理服务、自来水供应服务等，具有不同的营业成本构成项目和营业成本确认的要求。

由于项目公司提供的运营服务属于履行 PPP 项目合同中约定的履约义务，故项目公司发生的各类业务成本均可通过“合同履约成本”科目核算，借记“合同履约成本”科目，贷记

“银行存款”“库存商品”“应付职工薪酬”等科目。

可根据提供的不同产品和服务时营业成本项目的不同构成，设置相应的明细科目，组织明细核算。

对于可直接按照提供的公共服务归集的业务成本，也可在发生时直接计入当期损益，借记“主营业务成本”科目，贷记“银行存款”“库存商品”“应付职工薪酬”等科目。

第二节　与PPP项目合同相关的营业收入会计处理

一、PPP项目合同营业收入概述

（一）收入概述

规范与PPP项目合同相关的营业收入会计处理行为的具体准则是CAS 14收入准则。《企业会计准则——基本准则》和CAS 14中对收入的定义是一致的：“收入，是指企业在日常活动中形成的、会导致所有者权益增加的、与所有者投入资本无关的经济利益的总流入”。

符合CAS 14中收入定义和确认条件的经济利益流入，一般应在利润表中列示为营业收入；但利润表中的营业收入，包括CAS 14中定义的收入以及其他相关准则中定义的收入，例如CAS 21中界定的租赁收入、CAS 22中界定的利息收入等。

企业的营业收入可进一步划分为销售商品收入、提供劳务收入、让渡资产使用权收入等。营业收入划分为主营业务收入和其他业务收入。项目公司按照PPP项目合同的约定提供不同的公共产品和服务，具有不同的主营业务收入与其他业务收入的分类。

与PPP项目合同相关的营业收入，包括采取使用者付费机制下向使用公共产品和服务的社会公众收费形成的营业收入，以及采取政府付费机制下确认的应向政府方收取对价形成的营业收入。

（二）收入确认

1. 收入确认的基本要求

CAS 14规定，企业应在履行了合同中的履约义务，即在客户取得相关商品控制权时确认收入。项目公司确认提供PPP项目资产建造服务产生的收入，应当符合这一基本要求。

由于项目公司提供的PPP项目资产的建造服务属于时段履约义务，故按照财政部的解释，确认建造服务收入的前提条件是客户能够控制企业履约过程中在建的商品。

财政部提供的《PPP项目合同社会资本方会计处理应用案例——金融资产模式》中，项目公司是在建设期间确认建造服务收入的，这意味着，政府方能够控制项目公司履约过程中在建的PPP项目资产，故也有必要将其确认为一项政府资产。

2. 收入确认的条件

CAS 14 应用指南中将收入确认划分为以下五个步骤:①识别与顾客之间的合同;②识别合同中的履约义务;③确定交易价格;④将交易价格分配给合同中的履约义务;⑤在企业履约时确认收入。

项目公司确认收入涉及的相关事项有:

(1)提供的公共产品和服务是否可以区分为单项履约义务。项目公司的会计师需要判断的主要事项是,提供 PPP 项目资产的建造服务和与 PPP 项目资产移交相关的后续支出是否属于单项履约义务。如果属于单项履约义务,需要确认相应的服务收入和服务成本。

(2)确定各单项履约义务是在某一时段内履行,还是在某一时点履行。一般来说,项目公司提供 PPP 项目资产建造服务的履约义务,属于时段履约义务;提供的运营服务属于时点履约义务。

(3)将交易价格分配给合同中的履约义务。如果建造服务、运营服务和与 PPP 项目资产移交相关的后续支出均属于单项履约义务,则项目公司的会计师需要采取适当的方式将收取的对价分摊至各单项履约义务。

一般来说,采取政府付费机制涉及对与 PPP 项目资产移交相关的后续支出是否属于单项履约义务的职业判断。采取使用者付费机制,与 PPP 项目资产移交相关的后续支出应当不属于单项履约义务。

二、使用者付费机制下营业收入确认的会计处理

采取使用者付费机制,项目公司确认的与 PPP 项目合同相关的营业收入,主要来自向接受公司提供的公共产品和服务的社会公众收取的费用。

由于使用者付费机制下预期取得的现金对价具有金额不确定的特征,故与其相关的 PPP 会计处理属于无形资产模式下的会计处理。

项目公司按照 PPP 项目合同的约定提供不同类型的公共产品和服务,具有不同的营业收入确认的要求。

(一)高速公路 PPP 项目通行费收入确认的会计处理

项目公司使用高速公路 PPP 项目资产面向社会公众提供的是高速公路的通行服务。采取使用者付费机制确认的营业收入,来自向使用高速公路的社会公众收取的车辆通行费。

1. 车辆通行费收入的确认

由于车辆通行费收入基本表现为现金收入,所以项目公司一般可在实际收取车辆通行费时确认车辆通行费收入。

按照交通运输部的规定,从 2020 年 1 月 1 日起,全国高速公路实行联网收费。故车辆通行费收入的确认需要符合联网收费的要求。在联网收费方式下,收费站收取的车辆通行费,需要上交收费管理中心进行拆分。拆分返回的车辆通行费,才能确认为收入。在实务处

理中,各单位又采用了不同的处理方式。

【**案例 7-4**】深圳高速公路集团股份有限公司在 2022 年年报(A 股)中体现的收入确认会计政策是:本集团从事公路通行服务在服务已经提供、与服务相关的经济利益很有可能流入本集团时确认收入。

【**案例 7-5**】福建发展高速公路股份有限公司 2022 年度报告中披露了以下与通行费收入确认有关的信息:根据《福建省联网高速公路通行费结算分配办法(修订稿)》,福建省联网高速公路各路段公司应享有的高速公路车辆通行费收入,按路段里程、投资、费率三个分配因素对通行费收入进行结算分配。全月各通行车辆缴纳的通行费收入的 80% 按里程、费率[客车:元/(标准小型车·km)];[货车/专项作业车:元/(车·km)]两因素分配到各路段公司,参与分配的联网高速公路通行费总收入的 20% 按投资因素(各路段公司投资额占全省高速公路总投资额的比例)分配到各路段公司。

有实际车辆通行产生的通行费收入,包括电子收费收入、第三方支付收入、现金收入和补交款收入,采用“一车一拆”的方式进行分配。无实际车辆通行产生的其他收入,包括溢款收入和利息每月按比例进行分配。免费车无通行费收入,不参与分配。

本公司及子公司罗宁公司和福泉公司均按福建省高速公路资金结算管理委员会通行费收入清算中心的清算分配结果确认通行费收入。

【**案例 7-6**】中原高速公路股份有限公司 2020 年曾采取的车辆通行费收入确认政策是:本公司所辖郑漯路、漯驻路、郑尧路、郑民高速公路郑开段、济祁高速公路永城段一期、商登高速公路商丘至航空港区段、济祁高速公路永城段二期、商登高速公路航空港区至登封段、郑民高速公路开民段通行费收入确认原则如下:

(1)根据每月拆分主管单位提供的经各参与高速公路联网拆分业主单位认可的按照最短路径分配原则确认的拆账月统计表的收入分配数确认首次拆分收入。

(2)根据拆分主管单位提供的按照各参与高速公路联网拆分业主单位认可的多路径交通分配模型(该模型将随新通车路段参与联网拆分而改变)为基础重新计算的多路径拆分表对首次拆分确认收入进行调整。若在财务报告报出日之前无法获取拆分主管单位提供的多路径拆分数据,则按照上一期已提供的多路径拆分数据的月算术平均数预估调整当期通行费收入。预估金额与实际拆分金额的差异不进行追溯调整。

但中原高速公路股份有限公司 2021 年报表附注中将披露的车辆通行费收入确认政策简化为:通行费收入在劳务已经提供,且劳务收入和成本能够可靠地计量、与交易相关的经济利益能够流入本公司时,按照车辆通行时收取及应收的金额予以确认。2022 年报表附注中保持了与 2021 年一致的通行费收入确认政策。

2. 确认车辆通行费收入的账务处理

(1)会计科目设置。一般而言,项目公司可通过设置“主营业务收入——车辆通行费收入”科目,核算企业在经营期间收取的车辆通行费收入。

通行费的收取方式,包括 ETC 收费和人工收费。项目公司基层收费站采取人工收费方式收取的车辆通行费,需要上交管理中心进行拆分。故项目公司可通过设置“应交收费管理中心营业款”科目，核算基层收费站采取人工收费方式收取的应当上交拆分的车辆通行费。

(2)项目公司基层收费站收取和上交车辆通行费的账务处理。项目公司基层收费站将收取的车辆通行费，按照规定要求存入收入专户时的账务处理为：借记“银行存款——通行费专户存款”科目，贷记“应交收费管理中心营业款”科目。

基层收费站收到开户银行通知、按照协议要求定期将通行费专户存款汇解收费管理中心账户时应采取的账务处理为：借记“应交收费管理中心营业款”科目，贷记“银行存款——通行费专户存款”科目。

正常情况下，由于当月收取的车辆通行费均需要及时上交，故资产负债表日“应交收费管理中心营业款”科目和“银行存款——通行费专户存款”科目余额均为零，不涉及在资产负债表列报的要求。

(3)项目公司确认和收取车辆通行费的账务处理。联网收费模式下，项目公司总部财务机构确认通行费收入的依据，应当是收费管理中心提供的通行费拆分收入报表或通行费拆分结算单。项目公司确认收入和增值税纳税义务的账务处理为：借记“应收账款——应收通行费”科目，贷记“主营业务收入——车辆通行费收入”和“应交税费——应交增值税”科目。

项目公司总部财务机构接到开户银行收款通知、收到收费管理中心汇解的通行费拆分收入款项时的账务处理为：借记“银行存款”科目，贷记“应收账款——应收通行费”科目。

在实务中，也有可能采取的是由项目公司总部财务机构将本公司基层收费站收取的车辆通行费集中汇解收费管理中心的模式，这样，以上账务处理方式需要作出相应的调整。项目公司总部财务机构收到拆分的通行费价款的时间，有可能早于也有可能晚于收到通行费拆分报表的时间。

【案例 7-7】按照 PPP 项目合同的约定，从事青山高速公路运营管理的项目公司——青山高速公路有限公司下杜静收费站某日收取了车主支付的车辆通行费 12000 元。收费站出纳将款项存入开户银行收入专户的账务处理为：

借：银行存款——通行费专户存款　　12000.00

　　贷：应交收费管理中心营业款　　12000.00

杜静收费站收到开户银行通知，存入收入专户的通行费资金 15 万元已经按照协议的约定汇解省收费管理中心。账务处理为：

借：应交收费管理中心营业款　　150000.00

　　贷：银行存款——通行费专户存款　　150000.00

【案例 7-8】青山高速公路有限公司总部财务机构根据收到收费管理中心提供的通行费拆分结算单，确认收入实现。如果某月末拆分结算单中归属该公司的拆分金额为 675200 元，根据《关于全面推开营业税改增值税试点的通知》(财税〔2016〕36 号)，公路经营企业中的一般纳税人收取试点前(2016 年 4 月 30 日前)开工的高速公路的车辆通行费，可以选择适用简易计税方法，减按 3% 的征收率计算应纳税额，因此应确认的增值税款为 19666.02 元，则确认收入的账务处理如下：

借：应收账款——应收通行费　　675200.00

贷:主营业务收入——车辆通行费收入　　655533.98
　　应交税费——应交增值税　　19666.02

公司总部财务机构收到开户银行的收款通知,确认收费管理中心汇解的通行费款项67.52万元已经到账。其账务处理为:

借:银行存款　　675200.00
　贷:应收账款——应收通行费　　675200.00

项目公司总部财务还需要依据税法及其他规定按照增值税应纳税额的一定比例确认应缴纳的城市维护建设税、教育费附加和地方教育附加等。

(二)其他PPP项目营业收入确认的会计处理

项目公司使用不同类型的PPP项目资产向社会公众提供城市轨道通行服务、民用机场运营服务、停车场停车服务、污水处理服务、自来水供应、电力服务等,由于向使用者收取对价的方式不同,故具有不同的营业收入确认的要求。

1.提供公共产品和服务营业收入的确认

项目公司确认营业收入,应当符合CAS 14的相关规定。项目公司针对提供公共产品和服务的不同,可选择以下两种方式进行营业收入的确认:

(1)在提供公共产品和服务时予以确认。如果提供公共产品和服务的履约义务属于时点履约义务,可在提供公共产品和服务时予以确认。

(2)在资产负债表日予以确认。如果提供公共产品和服务的履约义务属于时段履约义务,一般应当在资产负债表日按照履约进度进行确认。

对于项目公司履行的时点履约义务,也可采取简化的处理方式,在资产负债表日依据在本会计期间提供公共产品和服务的数量确认营业收入。

在实务中,深圳高速公路集团股份有限公司在2021年度报告中体现的提供垃圾处理服务收入确认会计政策是:垃圾处置服务收入在垃圾处置服务完成时,按实际垃圾处理量及协议约定的单价计算确认。

2.提供公共产品和服务营业收入的计量

营业收入的计量,取决于提供公共产品和服务的数量和按照国家有关规定经听证、由政府或政府价格有关部门批准并在PPP项目合同中约定的公共产品的价格。

项目公司按照PPP项目合同的约定向社会公众提供的公共产品和服务,大多数具有可计量产品和服务的数量,例如乘坐城市轨道的乘客数量;进入民用机场的客机和货机的班次数;进入停车场的车辆次数;提供自来水供应的吨数;提供电力的千瓦时等。

如果由于公共利益所致,约定的价格低于提供公共产品的市场价格或公允价值,差额部分由政府方给予补助,则该项补助应当视为项目公司收取对价的组成部分确认为营业收入。

【案例7-9】某从事停车场经营业务的项目公司是通过向使用停车场车辆的车主收费的方式,来就提供的停车场服务获得补偿。某日该停车场收取了停车费2500元并存入开户银行,账务处理为:

借:银行存款　　2500.00

　　贷:应收账款　　2500.00

月末经统计,本月提供停车服务应收取的停车费为67500元。如果该项目公司可选择简易计税方式计算应缴纳的增值税,则应确认的营业收入为65533.98元。账务处理为:

借:应收账款　　67500.00

　　贷:主营业务收入　　65533.98

　　　　应交税费——简易计税　　1966.02

三、政府付费机制下营业收入确认的会计处理

采用政府付费机制,项目公司确认的与PPP项目合同相关的营业收入,来自政府方按照PPP项目合同的约定承诺支付的现金对价。

(一)项目公司履约义务的识别

项目公司从事BOT业务涉及政府方支付的对价,一般包括项目公司提供建造服务应支付的对价和项目公司提供运营服务应支付的对价。如果PPP项目合同中的约定是明确的,可直接按照约定进行会计处理;如果PPP项目合同中没有约定或者约定不够明确,则需要依赖于项目公司会计师的职业判断。如果项目公司提供的建造服务和运营服务属于两项单独的履约义务,则需要采取一定的方式将政府方承诺支付的对价在建造服务和运营服务之间进行分摊。

如果与PPP项目资产移交相关的后续支出也属于单项履约义务,则还需要将政府方承诺支付的对价分摊至该项履约义务。

由于政府方承诺支付的现金对价,基本具有确定的金额,故与其相关的PPP会计处理,属于金融资产模式下的会计处理。

按照财政部提供的《PPP项目合同社会资本方会计处理应用案例——金融资产模式》中的表述,项目公司将道路建造、运营和路面翻修均视为单项履约义务,并将政府方承诺的在运营期间每年支付的1600万元,按照道路建造、运营和路面翻修三项履约义务进行了分摊。

项目公司从事TOT业务一般不涉及政府付费机制。

(二)相关营业收入确认的会计处理

1.确认建造服务收入的会计处理

(1)如果项目公司提供的PPP项目资产的建造服务属于单项履约义务,则有必要确认提供PPP项目资产建造服务产生的收入。

(2)如果政府方能够控制项目公司在建的PPP项目资产,则可将建造服务视为时段履约义务,在建设期间的各资产负债表日按照履约进度确认收入。

(3)可按照实际发生的合同履约成本确认履约进度;按照合同履约成本或者一定比例的成本加成计量确认的建造服务收入。

如果项目公司提供PPP项目资产的建造服务不属于单项履约义务，项目公司不确认建造服务收入，则发生的建造服务成本应当如何进行会计处理，《企业会计准则解释第14号》中尚未明确。

2. 确认运营服务收入的会计处理

(1)项目公司提供的运营服务属于单项履约义务，应确认提供运营服务产生的收入。

(2)运营服务属于时点履约义务，应当在提供服务时确认服务收入。

(3)运营服务收入的计量取决于将政府方承诺支付的对价在各单项履约义务进行合理分摊的结果。

3. 确认与PPP项目资产移交有关后续支出服务收入的会计处理

(1)如果项目公司提供的与PPP项目资产移交相关的后续支出属于单项履约义务，则有必要确认提供该项履约义务产生的收入。

(2)可按照实际发生的合同履约成本或者一定比例的成本加成计量确认的后续支出服务收入。

【案例7-10】临川交通发展有限公司(简称"临川公司")是社会资本方投资设立、专门承担全长20km的临川二级公路投资建设和运营管理的PPP项目公司。按照临川公司与政府方签署的临川公路PPP项目合同中的约定，该项目合同期限为12年，其中建设期2年，运营期10年。此外，临川公司需要在PPP项目合同期限届满前，对临川公路进行一次路面翻修改造。由于临川公路属于不收费的普通公路，故政府方承诺在临川公路建成通过验收交付使用后的10年运营期内，每年末支付项目公司2000万元。

临川公司的会计师作出职业判断，临川公路建设、运营和移交前的翻修改造属于三项单独的履约义务，故需要将预期收取的总对价20000万元在三个单项履约义务之间进行分摊。

(1)临川公司预计，临川公路的建造成本为12000万元，平均每年发生建造成本6000万元，并选择按照预计的建造成本分摊建造服务收入的方式。由于政府方承诺在运营的10年期间各年末支付对价，故政府方支付的与建造服务相关的对价(假设为16000万元)中应当包含内含利息(假设为4000万元)。

在本例中，内含利率为5.08%。按此利率，分年度应确认的融资收益计算见表7-1。

分年度融资收益摊销确认计算表(单位:万元) 表7-1

期数	合同资产余额	其中		
		建造成本	融资收益	收取对价
1	6000.00	6000.00	—	—
2	12304.80	6000.00	304.80	—
3	11329.88	0	625.08	1600.00
4	10305.44	0	575.56	1600.00
5	9228.96	0	523.52	1600.00

续上表

期数	合同资产余额	其中		
		建造成本	融资收益	收取对价
6	8097.79	0	468.83	1600.00
7	6909.16	0	411.37	1600.00
8	5660.15	0	350.99	1600.00
9	4347.69	0	287.54	1600.00
10	2968.55	0	220.86	1600.00
11	1519.35	0	150.80	1600.00
12	0	0	80.65	1600.00
合计	—	12000.00	4000.00	16000.00

在临川公路建设的第一年,项目公司需要确认 6000 万元的建造服务收入,每月 500 万元。项目公司在月末确认建造服务收入的账务处理为:

借:合同资产　　5000000.00

　贷:主营业务收入——临川公路建造服务收入　　5000000.00

项目公司还需要按照实际发生的合同履约成本结转主营业务成本(建造服务成本)。

在临川公路建设的第二年,项目公司需要确认 6000 万元的建造服务收入,和 304.80 万元的融资收益(平均每月 25.4 万元)。

项目公司在月末确认建造服务收入和融资收益的账务处理为:

借:合同资产　　5254000.00

　贷:主营业务收入——临川公路建造服务收入　　5000000.00

　　财务费用　　254000.00

(2)项目公司会计师分摊给运营服务的交易价格为 3000 万元,平均每年 300 万元,每月 25 万元。项目公司在运营期间各月末确认运营服务收入的账务处理为:

借:合同资产　　250000.00

　贷:主营业务收入——临川公路运营服务收入　　250000.00

同时,还需要将发生的运营服务成本计入当期损益。

在项目公司在提供了运营服务,取得无条件收取现金对价权利时,应做的账务处理为:

借:应收账款　　20000000.00

　贷:合同资产　　20000000.00

项目公司收到政府方支付 2000 万元现金对价时的账务处理为:

借:银行存款　　20000000.00

　贷:应收账款　　20000000.00

(3)项目公司预计临川公路移交前的翻修改造成本为 1000 万元,并选择按照预计的建造成本分摊建造服务收入。项目公司在翻修改造工程完工通过验收后,确认工程服务收入的账务处理为：

借：合同资产　10000000.00

贷：主营业务收入——临川公路工程服务收入　10000000.00

同时，需要按照实际发生的翻修改造成本结转主营业务成本。收入与成本之间的差异计入当期损益。

本章小结

与PPP项目合同相关的成本费用，包括营业成本和期间费用。项目公司从事不同类型的PPP项目的经营业务，具有不同的营业成本项目构成，但期间费用基本是一致的，均由销售费用、行政管理费用、研发费用和财务费用构成。因此，有必要区别与PPP项目合同相关的营业成本和PPP项目公司的营业成本。

高速公路PPP项目的营业成本，可进一步划分为养护业务成本、收费权摊销成本、收费业务成本、运行业务成本和其他业务成本等成本项目，并据此设置明细科目组织明细核算。

确认与PPP项目合同相关的营业收入，应符合CAS 14的规定。采用使用者付费机制和政府付费机制的PPP项目合同，需要采取不同的方式确认的营业收入；项目公司按照PPP项目合同的约定提供不同类型的公共产品和服务，也具有不同的营业收入确认的要求。

项目公司提供高速公路通行服务所涉及的对车辆通行费收入的确认，应体现实行全国联网收费的管理要求。故确认通行费收入的依据，应当是收费管理中心提供的通行费拆分凭证。

采取政府付费机制，项目公司还需要通过会计师的职业判断，将政府方承诺支付的对价，合理分摊为提供建造服务确认的收入和提供运营服务确认的收入。如果项目公司提供的PPP项目资产维护服务也属于单项履约义务，还需要通过合理分摊确认的与维护服务相关的收入。

复习思考题

1. 什么是与PPP项目合同相关的营业成本？与PPP项目合同相关的营业成本与项目公司营业成本这两个概念之间有何区别与联系？

2. 计提高速公路收费设施确认的折旧费用，应当计入哪一成本项目，并采取怎样的账务处理？

3. 确认为一项无形资产的PPP项目资产一般采取何种方式进行摊销？在何种情况下需要计提PPP项目资产的减值准备？计提减值准备一般涉及哪些会计事项？

4. 应当如何确定确认为一项无形资产的高速公路收费权的摊销年限？影响因素有哪些？

5. 项目公司发生的高速公路大型修缮支出，如果具备和不具备资本化的条件，应当如何分别进行会计处理？

6. 如果项目公司从事的是某道路客运站 PPP 项目合同的建造与运营服务，应当如何确定相关营业成本的成本项目并组织相应的明细核算？

7. 针对实行全国联网收费的高速公路 PPP 项目，项目公司应当如何确认作为一项营业收入的通行费收入？

8. 从事垃圾焚烧特许经营业务的项目公司，应当如何结合其业务特点确认与垃圾焚烧业务相关的营业收入？

9. 在政府付费机制下，如果认为项目公司提供的 PPP 项目资产的建造服务属于单项履约义务，应当如何将政府方承诺支付的对价在建造服务和运营服务之间进行合理分摊？

10. 在政府付费机制下，如果认为项目公司提供的与 PPP 项目资产移交相关的维修服务属于单项履约义务，应当如何进行相关业务的会计处理？

第八章

项目公司终止确认特许经营项目资产的会计处理

本章概要

按照国家相关法律法规的规定和特许经营项目合同的约定,特许经营项目合同期限届满时,项目公司需要将符合规定或约定条件的特许经营项目资产移交给政府方或政府方指定的专门机构。特许经营项目资产的移交涉及以下两项重要的经济业务:①为了保证移交的特许经营项目资产达到规定约定的条件和水平,项目公司需要发生相关的后续支出;②项目公司将特许经营项目资产移交后,需要终止确认这些特许经营项目资产。本章主要以公路 PPP 项目为例,对上述经济业务需进行的会计处理进行讨论。

除了特许经营项目合同期限届满以外,项目公司还涉及由于公共利益以及其他原因提前终止特许经营项目合同并移交特许经营项目资产的会计处理事项。

第一节　项目公司发生相关后续支出的会计处理

一、与 PPP 项目资产移交相关后续支出分析

(一)与 PPP 项目资产相关的后续支出

《企业会计准则解释第 14 号》中提出,为使 PPP 项目资产保持一定的服务能力或在移交给政府方之前保持一定的使用状态,社会资本方根据 PPP 项目合同而提供的服务不构成单项履约义务的,应当将预计发生的支出,按照 CAS 13 或有事项准则的规定进行会计处理。

这意味着,与 PPP 项目资产相关的后续支出包括以下两个组成部分。

1. 与使 PPP 项目资产保持一定服务能力相关的后续支出

该后续支出一般体现为 PPP 项目资产的维护性支出和恢复性支出。

(1)维护性支出。发生维护性支出的主要目的,是保证 PPP 项目资产现有的服务能力能够得到维护。典型的维护性支出是指对 PPP 项目资产进行日常保养发生的支出。

(2)恢复性支出。在 PPP 项目资产出现服务能力下降的前提下,发生恢复支出的主要

目的,是使得 PPP 项目资产现有的服务能力能够得到恢复。恢复性支出包括对 PPP 项目资产的日常修理支出和大型修缮支出。

2. 与 PPP 项目资产移交相关的后续支出

PPP 项目合同中按照有关法律法规的规定往往会对 PPP 项目合同期限届满时移交的 PPP 项目资产的质量和水平作出约定。如果 PPP 项目资产在使用过程中导致了其质量和水平出现下降,则项目公司需要在移交前对 PPP 项目资产进行一次大型修缮,使得 PPP 项目资产达到 PPP 项目合同中约定的质量和水平。

根据《企业会计准则解释第 14 号》,与使 PPP 项目资产保持一定服务能力相关后续支出的会计处理,也可执行 CAS 13 的规定。但这些支出一般属于日常性养护支出,可在发生时直接计入当期损益。对于属于恢复性支出的大型修缮支出,是否发生取决于届时的维修投资决策,不属于 CAS 13 中规范的交易事项。故需要执行 CAS 13 的规定进行会计处理的与 PPP 项目资产相关的后续支出,主要体现为与 PPP 项目资产移交相关的后续支出。

由于在 PPP 项目资产移交前所需进行的大型修缮,属于 PPP 项目合同中约定的、很有可能发生的交易事项,符合 CAS 13 中界定的交易事项,因此,与该交易事项相关的后续支出,其会计处理应当执行 CAS 13 的规定。

(二)执行 CAS 13 的规定进行会计处理的后续支出分析

一般来说,与 PPP 项目合同相关的后续支出如果要执行 CAS 13 的规定进行会计处理,则需要同时具备以下三项条件。

1. 预期发生的后续支出属于项目公司应当履行的一项现实义务

这包括以下两点含义:

(1)该后续支出不属于已发生的后续支出,而是预期将在未来发生的后续支出。已发生的后续支出可直接执行相关准则的规定进行资本化或费用化的会计处理,无须执行 CAS 13 的规定。

(2)预期发生的后续支出是由已发生的交易或事项所导致的、需要由项目公司承担的现实义务。

2. 预期发生的后续支出不具备资本化的条件

如果预期发生的后续支出具备资本化的条件,可直接计入 PPP 项目资产或其他相关资产的成本,其会计处理无须执行 CAS 13 的规定。

3. 项目公司提供的与预期发生后续支出相关的服务不构成单项履约义务

如果项目公司提供的与预期发生后续支出相关的服务构成单项履约义务,则需要执行 CAS 14 和其他相关准则的规定分别确认收入和成本费用。

二、与 PPP 项目资产移交相关后续支出会计处理

(一)发生的后续支出不构成单项履约义务

按照《企业会计准则解释第 14 号》的解释,与 PPP 项目资产移交相关的后续支出,如果

不构成单项履约义务,其会计处理需要执行 CAS 13 的规定。

1. 执行 CAS 13 规定会计处理的基本要求

对预期发生的后续支出进行会计处理,通常包括以下要求:

(1)利率选择。按照 CAS 13 的有关规定,需要将预计发生的相关支出折现进行计量。这涉及对计算后续支出现值的折现率或者利率的选择。

(2)确认计入当期损益的与后续支出相关的费用。按照 CAS 13 的有关规定,应当将预期发生后续支出涉及的相关费用,按照项目公司确认的现实义务分别计入提供公共产品和服务的各会计期间。

确认计入各会计期间的费用,按照不同的会计处理方式,可包括年金费用或摊销费用和利息费用。

(3)利息费用的确定。计入当期损益的利息费用,取决于所选择的计算现值的利率和预计负债的期初余额。

(4)会计估计变更。由于对预期发生后续支出金额的确定和利率的选择均属于会计估计的范畴,如果影响会计估计的相关因素出现重大变化时,需要及时对后续支出和利率作出会计估计变更。对预期发生的后续支出和利率作出的会计估计变更,需要符合《企业会计准则第 28 号——会计政策、会计估计变更和差错更正》(CAS 28)的规定。

2. 第一种会计处理方式

针对后续支出的第一种会计处理方式,参照的是财政部印发的《PPP 项目合同社会资本方会计处理应用案例——无形资产模式》中的相关会计处理方式。

【案例 8-1】按照 PPP 项目合同的约定,凯丰高速公路发展有限公司(简称"凯丰公司")所经营的凯丰高速公路在收费期限届满移交给交通运输主管部门指定的专门机构养护与管理以前,需要安排一次路面重铺作业,以保证该路符合新路的技术状态。该高速公路 PPP 项目的合同期限为 15 年,预计该路未来的路面重铺费用为 10 亿元人民币。如果选择 6% 的利率,预计未来发生的后续支出应采取的第一种账务处理如下:

(1)按照 6% 的财务折现率计算,如果年金金额为 A,则:

$$A \times (F/A, 6\%, 15) = 100000$$

计算得出,$A = 100000 \div 23.276 = 4296.27$(万元)

分年度应计入损益的费用见表 8-1。

预计负债计算表(一)(单位:万元)　　表 8-1

期数	分摊费用	利息费用	合计	预计负债余额
1	4296.27	0	4296.27	4296.27
2	4296.27	257.78	4554.05	8850.32
3	4296.27	531.02	4827.29	13677.61
4	4296.27	820.66	5116.93	18794.54

续上表

期数	分摊费用	利息费用	合计	预计负债余额
5	4296.27	1127.67	5423.94	24218.48
6	4296.27	1453.11	5749.38	29967.86
7	4296.27	1798.07	6094.34	36062.20
8	4296.27	2163.73	6460.00	42522.20
9	4296.27	2551.33	6847.60	49369.80
10	4296.27	2962.19	7258.46	56628.26
11	4296.27	3397.70	7693.97	64322.23
12	4296.27	3859.33	8155.60	72477.83
13	4296.27	4348.67	8644.94	81122.77
14	4296.27	4867.37	9163.64	90286.41
15	4296.27	5417.32	9713.59	100000.00
合计	64444.05	35555.95	100000.00	—

第一年末所需账务处理为：

借：主营业务成本——公路经营成本　　42962700.00

　　贷：预计负债　　42962700.00

第二年末不仅要分摊计入损益的 4296.27 万元费用，还需要按照年初预计负债余额计算确认 257.78 万元财务费用（4296.27 ×6%）。其账务处理为：

借：主营业务成本——公路经营成本　　42962700.00

　　财务费用　　2577800.00

　　贷：预计负债　　45540500.00

第三年末计入当期损益的费用，包括分摊的 4296.27 万元费用和按照年初预计负债余额计算确认的 531.02 万元财务费用（8850.32 ×6%）。其账务处理为：

借：主营业务成本——公路经营成本　　42962700.00

　　财务费用　　5310200.00

　　贷：预计负债　　48272900.00

依此类推，到收费期限届满的第 15 年末，预计负债账户余额将达到 100000 万元人民币，为进行公路的大修理提供了资金保障。

如果经营期限届满发生大修理作业实际支出与预计负债之间存在差异，可直接调整当期损益。假设凯丰公司经营凯丰高速公路 15 年的经营期限届满时实际发生的大修理支出为 9.98 亿元，其大修理作业完成时的账务处理为：

借：预计负债　　1000000000.00

　　贷：合同履约成本　　998000000.00

主营业务成本——公路经营成本——养护成本　2000000.00

（2）按照 CAS 13 第 12 条的规定，企业应当在资产负债表日对预计负债的账面价值进行复核。有确凿证据表明该账面价值不能如实反映当前最佳估计数的，应当按照当前最佳估计数对该账面价值进行调整。

如果在第 7 年末，凯丰公司认为有确凿证据表明在第 15 年末进行大修理所需的支出会增加到 11.5 亿元。如果财务折现率不变，仍为 6%；以后年度的年金金额为 A，则：

$$A \times (F/A, 6\%, 8) + 36062.20 \times (F/P, 6\%, 8) = 115000$$

计算得出，$A = [115000 - (36062.20 \times 1.594)] \div 9.897 = 5811.54$（万元）

这样，需要对从第 8 年开始计入损益的费用按照表 8-2 进行调整。

预计负债计算表（二）（单位：万元）　表 8-2

期数	分摊费用	利息费用	合计	预计负债余额
7	0	0	36062.20	36062.20
8	5811.54	2163.73	7975.27	44037.47
9	5811.54	2642.25	8453.79	52491.26
10	5811.54	3149.48	8961.02	61452.28
11	5811.54	3687.14	9498.68	70950.96
12	5811.54	4257.06	10068.60	81019.56
13	5811.54	4861.17	10672.71	91692.27
14	5811.54	5501.54	11313.08	103005.34
15	5811.54	6183.12	11994.66	115000.00
合计	46492.32	32445.49	115000.00	—

分年度账务处理略。

这样，到收费期限届满的第 15 年末，预计负债账户余额将达到 115000 万元人民币，为进行公路的大修理提供了资金保障。

3. 第二种会计处理方式

第二种会计处理方式的思路是：

（1）按照预期未来发生的后续支出的现值确认一项预计负债，并在确认预计负债的同时确认一项长期待摊费用。

（2）长期待摊费用在运营期间平均分摊，计入各会计期间的损益。

（3）按照预计负债的账面价值和选择的利率计算和确认计入运营期各会计期间损益的财务费用。

（4）资产负债表日，按照“预计负债”科目余额减去“长期待摊费用”科目余额后的净额，加上当期确认的利息费用，在资产负债表中列示。

【案例 8-2】按照**【案例 8-1】**中的相关资料，采取第二种会计处理方式进行预计未来发生的后续支出的会计处理情况分析如下：

(1)按照6%的利率计算，凯丰公司在运营开始日预计15年后发生10亿元后续支出的现值为4.17亿元(10×0.417)。账务处理为：

借：长期待摊费用　　417000000.00

　贷：预计负债　　417000000.00

运营开始日在资产负债表列示的预计负债为零。

(2)选择年限平均法摊销长期待摊费用，平均每年摊销费用2780万元；每月231.67万元。

第一年各月月末摊销长期待摊费用的账务处理为：

借：主营业务成本(凯丰高速)——养护业务成本　　2316666.66

　贷：长期待摊费用　　2316666.66

(3)按照6%的利率，第一年应负担计入当期损益的利息费用为2502万元(41700×6%)，平均每月208.50万元。月末确认208.50万元利息费用的账务处理为：

借：财务费用　　2085000.00

　贷：预计负债　　2085000.00

(4)第一年末，资产负债表列示的预计负债金额为5282万元(即“长期待摊费用”科目摊销减少的金额，和第一年确认利息费用增加的预计负债金额)。

(5)第二年需要确认的利息费用计算如下：

利息费用＝(41700＋2502)×6%＝2652.12(万元)

平均每月确认利息费用221.01万元。

第二年末，资产负债表列示的预计负债金额为10714.12万元(即“长期待摊费用”科目余额二年摊销减少的金额，和二年确认利息费用增加的金额)。

(6)分年度应确认的利息费用计算见表8-3。

分年度应确认的利息费用(单位：万元)　　表8-3

期数	长期待摊费用	长期待摊费用摊销	预计负债科目余额	确认利息费用	预计负债项目余额
0	41700	0	41700.00	0	0
1	38920	2780	44202.00	2502.00	5282.00
2	36140	2780	46854.12	2652.12	10714.12
3	33360	2780	49665.37	2811.25	16305.37
4	30580	2780	52645.29	2979.92	22065.29
5	27800	2780	55804.01	3158.72	28004.01
6	25020	2780	59152.25	3348.24	34132.25
7	22240	2780	62701.39	3549.14	40461.39
8	19460	2780	66463.47	3762.08	47003.47
9	16680	2780	70451.28	3987.81	53771.28

续上表

期数	长期待摊费用	长期待摊费用摊销	预计负债科目余额	确认利息费用	预计负债项目余额
10	13900	2780	74678.36	4227.08	60778.36
11	11120	2780	79159.06	4480.70	68039.06
12	8340	2780	83908.60	4749.54	75568.60
13	5560	2780	88943.12	5034.52	83383.12
14	2780	2780	94279.71	5336.59	91499.71
15	0	2780	100000.00	5720.29	100000.00
合计	—	41700	—	58300.00	—

其他年度各月末摊销长期待摊费用和确认利息费用的账务处理从略。

(二)发生的后续支出构成单项履约义务

与PPP项目资产移交相关的后续支出,如果构成单项履约义务,应当单独确认与该项履约义务相关的收入和成本费用。

项目公司预期发生的与PPP项目资产移交相关的后续支出,是否构成单项履约义务,取决于会计师根据PPP项目合同中的约定所作出的职业判断。

一般来说,如果政府方承诺为项目公司提供的基础设施修缮服务单独支付对价,则意味着该项服务构成单项履约义务。

【案例8-3】如果按照某采取政府付费机制的高速公路PPP合同中的约定,政府方承诺为项目公司提供的移交前的高速公路路面重铺服务支付65000万元的现金对价,则该项服务构成单项履约义务。

(1)项目公司按照合同的约定可在完成路面重铺服务取得无条件收取对价的合同权利时确认服务收入。账务处理为:

借:应收账款　　　　650000000.00

　　贷:主营业务收入　　　　650000000.00

如果政府方承诺并确认的是分期付款的义务,则借记的科目应当为"长期应收款"。

(2)结转路面重铺服务成本。如果"合同履约成本"科目归集的服务成本为60000万元,则结转服务成本的账务处理为:

借:主营业务成本　　　　600000000.00

　　贷:合同履约成本　　　　600000000.00

第二节　特许经营项目资产移交的会计处理

本节中涉及的PPP项目资产移交,包括PPP项目合同期限届满时PPP项目资产的移交和由于各种原因所致提前终止 PPP 项目合同涉及的 PPP 项目资产移交事项。

一、PPP 项目合同终止需要移交的 PPP 项目资产分析

(一)PPP 项目合同终止

PPP 项目合同终止有两种含义。

1. 项目公司终止了继续使用 PPP 项目资产的权利

当 PPP 项目合同期限届满时,项目公司需要按照 PPP 项目合同的约定,终止继续使用 PPP 项目资产的权利,并将 PPP 项目资产移交给政府方或政府方指定的专门机构。

在一定的法律法规的规定下,也许存在以下可能性:

(1)政府方与项目公司签署新的 PPP 项目合同,特许项目公司在约定的期间内继续使用 PPP 项目资产向社会公众提供公共产品和服务。

在这种状况下,意味着同一家项目公司在拥有的一项 PPP 项目合同期限终止的同时,又开始承担了新的一项 PPP 项目合同约定的履约义务。

(2)政府方与其他项目公司签署新的 PPP 项目合同,特许另一家项目公司在约定的期间内使用原项目公司移交的 PPP 项目资产继续向社会公众提供公共产品和服务。

在这种状况下,原项目公司需要按照政府方的指定,将 PPP 项目资产移交给新的项目给公司。

2. 项目公司将 PPP 项目资产移交给政府方或政府方指定的专门机构

按照有关法律法规的规定,例如按照《收费公路管理条例》的规定,经营性高速公路具有最长不超过 30 年的收费年限。故按照最长收费年限约定的高速公路 PPP 项目合同期限届满后,项目公司需要终止收费,并按照 PPP 项目合同的约定将高速公路基础设施移交给政府方指定的专门机构作为普通公路继续养护与管理。

如果以后《中华人民共和国公路法》和《收费公路管理条例》作出相应修订,允许政府方指定的专门机构继续实行养护收费,则收费权终止的含义也就需要作出相应调整。

PPP 项目合同的终止包括正常情况下终止和非正常情况下终止两种情况。

(二)正常情况下 PPP 项目合同的终止

正常情况下,PPP 项目合同的终止反映了在 PPP 项目合同约定的期限届满时需要终止项目公司继续使用 PPP 项目资产的权利并将 PPP 项目资产移交给政府方的行为。

1. 终止使用 PPP 项目资产的权利

由于项目公司不再拥有使用 PPP 项目资产的权利,故需要终止确认 PPP 项目资产的账面价值。如果按照有关法律法规的规定和 PPP 项目合同的约定,项目公司需要无偿移交 PPP 项目资产,则 PPP 项目合同期限届满时 PPP 项目资产的价值应当全部摊销完毕,其账面价值为零。

2. 移交 PPP 项目资产

需要移交的 PPP 项目资产，取决于国家有关法律法规的规定和 PPP 项目合同的约定。

由于政府方有可能在 PPP 项目合同期限届满后继续委托项目公司维护与管理 PPP 项目资产，则项目公司可继续保留和使用 PPP 项目资产，但不得将 PPP 项目资产在资产负债表中确认为自身的一项资产。

在实务中，位于广东省的广佛高速公路由于 PPP 项目合同约定的收费期限届满，自 2022 年 3 月 3 日零时起停收车辆通行费。但停止收费后，按照政府方——广东省交通运输厅的安排，广佛高速公路有限公司继续承担管理和养护广佛高速公路的职责。

（三）非正常情况下的 PPP 项目合同的终止

非正常情况下收费权的终止反映了由于政府、授予方或者项目公司方面的主观与不可抗拒的原因终止收费权的行为。

1. 提前终止 PPP 项目合同的客观原因分析

需要提前终止 PPP 项目合同的不可抗拒的原因一般有：

（1）战争。当发生大规模战争时，国家重要的基础设施需要满足战争期间提供相关服务的需求，终止 PPP 项目合同在所难免。

（2）发生了地震、洪水、泥石流等自然灾害，对基础设施造成了较严重的破坏使得项目公司无法继续经营。

（3）其他原因。

因战争等原因导致政府必须终止 PPP 项目合同或因地震、水灾等原因项目公司无法继续经营而申请终止 PPP 项目合同的，政府方可无条件终止 PPP 项目合同；无条件收回 PPP 项目资产由政府方或政府方指定的专门机构承担继续维护与管理的职责。

发生以上情况需要提前终止 PPP 项目合同，但由于政府方也没有从中获取利益，所以没有必要给予项目公司经济补偿。项目公司一般可通过投保等方式来分散这方面的风险。

2. 来自项目公司自身的主观原因分析

来自项目公司的需要提前终止 PPP 项目合同的主观原因一般有：

（1）项目公司未按规定或者合同的约定履行好基础设施维护与管理的合同义务，造成基础设施严重破损，影响基础设施正常使用，情节严重的。

（2）项目公司私自转让 PPP 项目资产使用权。

（3）项目公司擅自关闭基础设施、停止服务、严重影响了国家和社会公众的利益。

（4）由于经营管理上的原因出现重大基础设施质量事故、安全事故或项目公司发生有严重违纪违规行为。

（5）因项目公司破产等原因无法继续履行 PPP 项目合同。

（6）PPP 项目合同中规定的其他事项。

出现以上违规会破产事项终止 PPP 项目合同是否需要给予社会资本方或项目公司一定

的经济补偿,应取决于国家有关法律法规的规定和 PPP 项目合同中的约定。

3. 来自政府部门的主观原因分析

来自政府方的需要提前终止 PPP 项目合同的主观原因一般有:

(1)因地区经济发展需要,需要取消基础设施面向社会公众的收费。

(2)因社会公众的要求,需要取消高速公路等基础设施的收费。

(3)因其他公共利益需要,需要取消高速公路等基础设施的收费。

(4)其他。

政府方由于以上原因需要终止 PPP 项目合同,本着公平、公正和维护投资者合法权益的原则,应给予项目公司必要的经济补偿。

二、PPP 项目合同期限届满时 PPP 项目资产移交的会计处理

根据不同法律法规的规定以及 PPP 项目合同的约定,在 PPP 项目合同期限届满时,项目公司需要移交的 PPP 项目资产包括无偿移交和有偿移交两种情形。

(一)PPP 项目资产无偿移交的会计处理

按照《中华人民共和国公路法》《收费公路管理条例》等法律法规的规定,高速公路 PPP 项目合同期限届满,项目公司需要将处于良好技术状态的高速公路基础设施无偿移交给政府方;项目公司需要作出终止确认高速公路基础设施的账务处理。

1. PPP 项目资产账面价值为零的账务处理

按照《企业会计准则解释第 14 号》的解释,项目公司应当将高速公路基础设施确认为一项无形资产;正常情况下高速公路的账面价值应当通过摊销的方式全部计提完毕,该项无形资产的账面价值为零。

【案例 8-4】凯丰高速公路发展有限公司所经营的凯丰高速公路在收费期限届满。按照特许经营合同的约定,应当将处于良好技术状态的高速公路基础设施无偿移交给交通运输主管部门指定的专门机构。由于该项目公司采取车流量法计提确认为无形资产的高速公路基础设施的摊销,且在 PPP 项目合同期限届满时全部应计提的摊销已计提完毕;对此假设该项无形资产的原值为 56.36 亿元,累计摊销 56.36 亿元。项目公司移交公路基础设施并终止确认这些移交资产账务处理为:

借:累计摊销　　5636000000.00

　　贷:无形资产——凯丰公路收费权　　5636000000.00

2. PPP 项目资产账面价值大于零的账务处理

如果由于各种原因,该项无形资产的账面价值尚未摊销完毕,则期末的账面价值应当计入当期损益或清算损益。如果某高速公路收费权原值为 12.5 亿元,由于各种原因收费期限届满时累计摊销了 12 亿元;该高速公路移交给交通运输主管部门后企业还在继续经营其他资产或从事其他业务,其账务处理为:

借：累计摊销　　1200000000.00

　资产处置损益　　50000000.00

　贷：无形资产——公路收费权　　1250000000.00

如果项目公司在移交资产后需要终止经营并进行清算，则应当按照国家有关清算的规定对纳入清算范围内的资产和负债进行清算，并进行相应的账务处理。

（二）PPP 项目资产有偿移交的会计处理

如果按照 PPP 项目合同的约定，PPP 项目合同期限届满时 PPP 项目资产的移交属于有偿移交，政府方会给予相应的补偿或用其他相关资产进行置换，则补偿金额或置换取得资产的公允价值与该项资产账面价值之间的差异，计入资产处置损益。

【案例 8-5】重庆路桥股份有限公司（简称“重庆路桥”）拥有的石板坡长江大桥收费权于 2016 年 12 月 31 日到期。根据《重庆市人民政府办公厅关于重庆路桥股份有限公司三桥收费年限有关问题的复函》的批复意见，重庆市政府同意收费权到期时，按其经评估确认后的净资产价值进行回购或置换。

根据重庆市人民政府办公厅文件《重庆市市政管理委员会、重庆市财政局、重庆市国有资产监督管理委员会关于石板坡长江大桥移交工作有关情况的请示》（渝市政委文〔2016〕54 号）和重庆市城市管理委员会（原重庆市市政管理委员会）、重庆市财政局、重庆市国有资产监督管理委员会《关于石板坡长江大桥移交工作有关问题的请示》（渝城管委文〔2018〕50 号）的批示，由重庆市城市建设投资（集团）有限公司（简称“重庆城投”）代表市政府作为置换主体具体负责石板坡长江大桥的资产置换工作，石板坡长江大桥移交前的日常维护工作由重庆路桥代为执行，维护期间的日常维护费由重庆市财政局委托第三方评估机构评估后向重庆路桥另行支付。

根据重庆市财政局委托的重庆华康资产评估土地房地产估价有限责任公司出具的《资产评估报告书》（重康评报字〔2017〕第 1 号），石板坡长江大桥评估净值为 11710.56 万元人民币（评估基准日为 2016 年 12 月 31 日）。2019 年 2 月 2 日，重庆路桥分别与重庆城投、重庆会展中心置业有限公司（简称“会展置业”）签订《重庆石板坡长江大桥及其相关资产回收协议书》《房屋买卖协议书》，同意重庆城投以参股的非国有控股企业会展置业所属位于重庆市南岸区江南大道 2 号的 17 套公寓楼房屋及 194 个经营性车位与石板坡长江大桥进行资产置换。

2018 年 9 月，重庆路桥与会展置业共同委托的北京天健兴业资产评估有限公司对上述置换房产进行了评估，根据北京天健兴业资产评估有限公司出具的《资产评估报告书》[天兴评报字(2019)第 0064 号]，该等房屋及车位的评估净值为 11707.31 万元人民币（评估基准日为 2018 年 8 月 31 日）。重庆路桥与重庆城投一致同意将该房屋及车位作价 11710.56 万元人民币以置换石板坡长江大桥其及相关资产，并将石板坡长江大桥及其相关资产移交给重庆城投下属子公司重庆市城投路桥管理有限公司（简称“城投路桥”），同时城投路桥接收石板坡长江大桥 10 名运营维护人员。

根据2019年2月26日重庆路桥与城投路桥《重庆石板坡长江大桥移交协议书》的约定，重庆路桥已于2019年2月28日将石板坡长江大桥相关资产、资料及人员全部移交给城投路桥，并于2019年3月办理完毕关于石板坡长江大桥置换相关资产的过户手续。石板坡长江大桥移交前由重庆路桥代为支付的日常维护费1166.75万元已于2019年12月由重庆市财政局支付给重庆路桥❶。

2016年底，石板坡长江大桥收费权的原值273212918.56元，累计折旧161102160.41元，账面价值112110758.15元，转入其他非流动资产。2018年底该项资产的账面价值保持不变。结转石板坡长江大桥收费权账面价值的账务处理为：

借：其他非流动资产——石板坡长江大桥收费权	112110758.15	
累计折旧	161102160.41	
贷：固定资产		273212918.56

2019年2月28日，按照确认的评估值用石板坡长江大桥置换相关资产的账务处理为：

借：固定资产	117073100.00	
贷：其他非流动资产——石板坡长江大桥收费权		112110758.15
资产处置损益		4962341.85

重庆路桥收到或者应收取重庆市财政局支付的受托维护费，可视为受托提供对石板坡长江大桥维护服务应收取的对价，计入营业收入。

三、提前终止PPP项目合同涉及的PPP项目资产移交的会计处理

【案例8-6】成都市城北出口大件路Ⅰ段全长8.65km，为城北出口大件路的成都起始段。该路段于2004年3月完成改建工程，2005年9月9日开始试行收取车辆通行费。2006年11月，为了促进成都市区域经济的发展，成都市人民政府作出决定，于2006年12月31日以前停止大件路的收费。四川成渝高速公路股份有限公司（简称“成渝高速”）的子公司——成都城北出口高速公路有限公司（简称“城北公司”）于2006年12月29日与成都市新城区财政局、成都市交通局以及成都市交通委员会签订了一份收费经营权补偿协议，城北公司同意于2006年12月30日停止收取大件路的通行费，同时新城区政府用人民币21180.21万元予以补偿。补偿支付安排如下：

2007—2022年，新城区政府于每年6月30日之前向城北公司支付1300万元；2023年6月30日以前，新城区政府向城北公司支付最后一批补偿款3802100元。

成渝高速分析如下：

大件路收费权原始价值	913620000元
大件路收费权累计摊销：	10886000元
大件路收费权账面价值：	80476000元
补偿款总额：	211802100元

❶ 重庆路桥股份有限公司，2019年度报告PDF版第149页。

内含利息：131325900 元

折现率：14.33%

成渝高速没有确认处置大件路的损益[1]。

在签订补偿协议并停止收费时，应当终止该项资产的确认：

借：长期应收款 211802100.00

　　累计摊销 10886000.00

　　贷：无形资产——公路收费权 91362000.00

　　　　未实现融资收益 131326100.00

根据成都市审计局2007年第16号审计报告确认的竣工决算，城北大件路截至2006年12月31日的摊余成本为82200631.81元。相应调整长期应收款后，实际利率为13.92%。

调整后的有关数据如下：

大件路收费权账面价值：82200631.81 元

补偿款总额：211802100.00 元

内含利息：129601368.19 元

折现率：13.92%

调整后未确认融资收益的金额为129601368.19元。

按照2006年新企业会计准则的规定，应当采取以下账务处理：

(1)每年6月30日以前收到补偿价款1300万元，其账务处理为：

借：银行存款 13000000.00

　　贷：长期应收款 13000000.00

在资产负债表日，公司需要采用实际利率法确认融资收益。确认的融资收益用于冲减财务费用。

2007年12月31日可确认的融资收益计算如下：

融资收益 = 长期应收款的账面价值 × 折现率 = 82200631.81 × 13.92% = 11442327.94(元)[2]

其账务处理为：

借：未实现融资收益 11442327.94

　　贷：财务费用 11442327.94

(2)按照当年相关税法的规定，转让无形资产还需要依法缴纳营业税和相应的城市维护建设税、教育费附加和地方教育附加。如果税务部门要求成渝高速在2007年6月30日收到1300万元补偿款时需要依法缴纳5%的营业税以及7%的城市维护建设税和3%的教育费附加，由于成渝高速没有确认损益，对此缴纳的税费可计入财务费用：

借：财务费用 715000.00

[1] 成渝高速公路股份有限公司，2006年度报告PDF版第74页。

[2] 在实务中，也许需要按月分摊确认融资收益，这与本案例中假设按年分摊确认融资收益有所不同。

贷:应交税费——应交营业税 650000.00
——应交城市维护建设税 45500.00
——应交教育费附加 19500.00

到2022年底,已经累计收到新都区政府大件路补偿费20800.00万元,其中本金为7885.00万元,利息收入为12915.00万元。

2022年12月31日,该事项形成的金融资产——长期应收款(新都区政府)的账面价值为3350612.44元,全部为应当在2023年收回的金额。故在资产负债表中,公司将这些金额全部重分类为一年内到期的非流动资产[1]。

【案例8-7】2000年12月,重庆路桥与重庆市南岸区交通局签订协议,南岸区交通局将南山旅游公路收费经营权以9500万元的价格转让给重庆路桥,期限为2001年1月1日至2023年7月31日。在此期间,该路的经营、维护、管理由重庆路桥负责。2002年7月,重庆市人民政府对全市收费制度进行改革,重庆路桥将南山公路收费业务委托给代表重庆市人民政府负责路桥收费的重庆市城市建设投资公司管理,每年收取南山旅游公路通行费1372.96万元。截至2010年12月31日,南山旅游公路将实现通行费收入总计13324.44万元。

2010年,重庆市南岸区交通局拟回购南山旅游公路收费权。受重庆路桥委托,中京民信(北京)资产评估有限公司以2010年9月30日为基准日,对南山旅游公路收费权进行了评估。2010年11月16日提供的《重庆路桥股份有限公司南山旅游公路收费经营权资产评估报告》(京信评报字〔2010〕第012-4号)评估结果表明,全长约34.1km的南山旅游公路(山岭重丘二级公路)在评估基准日的账面价值为5401.55万元;采用收益现值法评估的市场价值为7631.43万元。

经协商,南岸区交通局委托重庆南宜城乡建设发展有限公司与重庆路桥签订《关于回购重庆南山旅游公路的协议》,拟支付8200万元的价款,回购南山旅游公路从2011年1月1日起至收费期限届满的收费经营权。

2010年11月25日,重庆路桥董事会发布公告,同意重庆市南岸区交通局以8200元的价格,回购2011年1月1日至收费经营到期的南山旅游公路收费权,并提交股东大会审议。2010年12月13日公司2010年第二次临时股东大会通过了该议案。

按照协议的约定,在本协议生效5个工作日内,重庆南宜城乡建设发展有限公司向重庆路桥支付人民币5400万元;2011年11月30日之前,支付人民币2800万元。

重庆路桥2011年财务报告表明,到2011年底,公司已收到全部转让款。

该案例涉及的旅游公路收费权转让、经营与再次转让行为的账务处理为:

(1)2000年12月,重庆路桥支付9500万元的价款取得南山旅游公路的收费经营权:

借:无形资产——南山旅游公路收费权 95000000.00
贷:银行存款 95000000.00

---

[1] 成渝高速公路股份有限公司,2022年度报告PDF版第210页。

(2)重庆路桥按照平均年限法和22.6年的收费年限,在2001年摊销了420万元的南山旅游公路收费权的价值[1]:

借:管理费用——无形资产摊销	4203539.82	
贷:无形资产——南山旅游公路收费权		4203539.82

(3)2010年12月,重庆路桥通过签署转让协议,需要终止南山旅游公路的收费经营权:

借:银行存款	54000000.00	
其他应收款——应收转让款	28000000.00	
累计摊销	42035398.68	
贷:无形资产——南山旅游公路收费权		95000000.00
应交税费——应交营业税		4100000.00
——应交城市维护建设税		287000.00
——应交教育费附加		123000.00
营业外收入——非流动资产处置利得		24525398.68

有关数据说明如下:

(1)重庆路桥2010年度报告中披露的信息表明,2010年,南山旅游公路收费权价值摊销了4203539.88元;累计摊销额为42035398.68元。

(2)按照当年相关税法的规定,重庆路桥需要按照转让价款的5%缴纳营业税,按应交营业税的7%和3%缴纳城市维护建设税和教育费附加。这部分金额为451万元。

(3)对此,终止确认前该项资产的账面价值为52964601.32元。转让取得的资本利得为24525398.68元。

本章小结

项目公司需要在PPP项目合同期限届满向政府方指定的专门机构移交PPP项目资产前,对PPP项目资产进行必要的维护,以保证移交的PPP项目资产达到国家有关规定或PPP项目合同约定的条件和水平。

(1)如果发生的与PPP项目资产移交相关的后续支出不构成单项履约义务,则其会计处理需要执行CAS 13的规定,将预期发生的后续支出按照合理方式分摊计入使用PPP项目资产提供公共产品和服务的相关会计期间。

按照财政部的说明,项目公司执行CAS 13的规定,需要将预期发生的后续支出按照一定的利率(折现率)换算,分别计入提供公共产品和服务的各会计期间。

(2)如果构成单项履约义务,需要在履行该义务时,依据应收取的对价确认一项服务收

[1] 重庆路桥作为上市公司,从2001年开始执行《企业会计制度》。按其规定,计提的无形资产摊销计入管理费用,并直接冲减无形资产的账面价值。

入，并确认相应的服务成本。

项目公司在将PPP项目资产移交后，需要终止确认这些PPP项目资产。PPP项目资产移交可进一步划分为无偿移交和有偿移交两种方式。不同的移交方式具有不同的会计处理要求。

如果由于社会公共利益以及其他原因需要提前终止PPP项目合同，项目公司还需要对移交PPP项目资产的事项作出专门职业判断和相应的会计处理。

复习思考题

1.《企业会计准则解释第14号》涉及的需要按照CAS 13的规定进行会计处理的后续支出，都属于项目公司发生的哪些后续支出？

2. 为什么社会资本方根据PPP项目合同而提供的服务不构成单项履约义务，才需要将预计发生的支出按照CAS 13的规定进行会计处理？

3. 社会资本方根据PPP项目合同而提供的服务如果构成单项履约义务，应当如何核算预计发生的支出？

4. 执行CAS 13的规定，项目公司为什么需要将预期发生的后续支出按照合理方式分摊计入使用PPP项目资产提供公共产品和服务的相关会计期间？

5. 项目公司按照PPP项目合同的约定，在PPP项目合同期期间对PPP项目资产进行扩建改造发生的后续支出的会计处理，是否也需要执行CAS 13的规定？为什么？

6. 项目公司按照PPP项目合同的约定，在PPP项目合同期期间对PPP项目资产进行日常维护发生的后续支出的会计处理，是否也需要执行CAS 13的规定？为什么？

7. 执行CAS 13的规定，项目公司依据对预期发生的相关后续支出的现值，借记“长期待摊费用”科目、贷记“预计负债”科目的账务处理是否正确？为什么？

8. 如何界定在PPP项目合同期限届满时社会资本方需要向政府方指定的专门机构移交的PPP项目资产？如果涉及项目公司已确认为自身的一项固定资产的其他相关资产也需要移交，应当作出怎样的会计处理？

9. 如果按照PPP项目合同的约定，PPP项目合同期限届满社会资本方需要无偿移交PPP项目资产，社会资本方应当如何作出会计处理？

10. 如果按照PPP项目合同的约定，PPP项目合同期限届满社会资本方移交的PPP项目资产，可按照届时的评估获得适当的政府补偿，社会资本方应当如何作出会计处理？

第九章

项目公司特殊业务会计处理

本章概要

社会资本方及其投资设立的项目公司为执行特许经营项目合同还有可能从政府方获取相关的财政补助资金，需要执行政府补助准则的规定进行会计处理。在特许经营合同项目合同期限届满时可能涉及项目公司的终止清算，需要参照财政部的相关规定进行会计处理。有关这些会计处理内容的学习和讨论，构成了本章学习和讨论的主要内容。

第一节　项目公司取得政府补助涉及相关业务的会计处理

由于PPP项目提供的是公共产品和服务，故当出现实施或需要实施的PPP项目具有社会效益好但财务效益不理想的状况时，需要通过适当的政府补助举措实质产生对社会资本方的吸引力。项目公司取得政府补助的会计处理，需要执行《企业会计准则第16号——政府补助》（CAS 16）的规定。

一、政府补助概述

取得政府补助，是基础设施PPP项目涉及的一个重要事项。由于社会资本投资设立的项目公司以营利为目的，而一些基础设施PPP项目具有社会效益显著、财务效益不够理想的局限性。通过政府补助，有助于这些社会效益显著但财务效益不够理想的基础设施PPP项目具有对社会资本的吸引力。对此，财政部参照西方国家的一些做法，也在PPP模式中引用了“可行性缺口补助”的付费机制。

2006年2月15日，财政部印发的《企业会计准则第16号——政府补助》（财会〔2006〕3号）中首次对政府补助行为进行了界定。2017年5月10日，财政部对政府补助准则进行了修订（财会〔2017〕15号），并对政府补助会计处理涉及的相关问题进行了解读[1]。在《〈企业

[1] 财政部会计司，关于政府补助准则有关问题的解读，http://kjs.mof.gov.cn/zhengwuxinxi/zhengcejiedu/201802/t20180207_2810117.html。

会计准则第16号——政府补助〉应用指南(2018)》[1]一书中,财政部会计司对《企业会计准则第16号——政府补助》(CAS 16)涉及的会计处理事项作出了进一步详细的说明。在现行国际财务报告准则体系中,规范政府补助核算的准则是《国际会计准则第20号:政府补助与政府援助的披露》(*IAS 20:Government Grants and Disclosure of Government Assistance*)。

二、政府补助的定义和特征

(一)政府补助的定义

CAS 16(2006)中曾对政府补助有以下定义:政府补助是指企业从政府无偿取得货币性资产或非货币性资产,但不包括政府作为企业所有者投入的资本。

CAS 16(2017)将政府补助的定义调整为:政府补助是指企业从政府无偿取得货币性资产或非货币性资产。

(二)政府补助的特征

1. 来自政府的经济资源

政府补助应来自政府,一般属于货币性财政资金,例如用财政资金直接安排的补助资金、税收返还资金等;少数情况下也有可能采取非货币性资产的方式。

财政部认为,实务中存在政府无偿给予企业长期非货币性资产的情况,如无偿给予的土地使用权、天然起源的天然林等[2]。

对于企业收到的来自其他方的补助,有确凿证据表明政府是补助的实际拨付者,其他方只起到代收代付作用的,该项补助也属于来自政府的经济资源。

2. 无偿性

企业取得来自政府的经济资源,无须向政府交付商品或服务等对价。

按此理解,如果企业从政府取得的经济资源(包括货币资金和其他资产),属于政府对企业的投资,则应根据相关说明确认为一项国家资本或资本公积,不应确认为一项政府补助。

如果企业从政府取得的经济资源(包括货币资金和其他资产),属于政府为购买企业提供的公共产品或服务支付的对价,应执行 CAS 14 的规定确认为一项营业收入,也不应确认为一项政府补助。

如果企业从政府取得的经济资源,属于企业提供商品或服务应取得对价的一部分,虽然也属于政府补助,但需要执行 CAS 14 的规定进行会计确认。

(三)政府补助的分类

政府补助分为与资产相关的政府补助和与收益相关的政府补助。

---

[1][2] 财政部会计司编写组.《企业会计准则第16号——政府补助》应用指南 2018[M].北京:中国财经出版传媒集团,2018.

1. 与资产相关的政府补助

与资产相关的政府补助，是指企业取得的、用于购建或以其他方式形成长期资产的政府补助。

在市场经济条件下，与资产相关的政府补助，一般表现为对社会资本承担的基础设施特许经营(PPP)项目的投资补助。2022年底，法国全长119km的A9收费高速公路建设项目；希腊的Gefyra收费大桥建设项目；德国全长60km的A7高速公路扩建改造项目；俄罗斯莫斯科至圣彼得堡高速公路建设项目；美国俄亥俄河通道建设项目等获得的政府补助，都属于对基础设施建设与扩建改造项目的投资补助。

在中国境内，伴随着CAS 16(2017)的施行，开始出现与资产相关政府补助的案例。采用PPP模式由陕西葛洲坝延黄宁石高速公路有限公司作为项目公司承担投资建设与运营管理职责的陕西延长至黄龙高速公路，取得了与公路投资建设相关的车辆购置税资金补助50.23亿元。由陕西旬凤韩黄高速公路有限公司作为项目公司承担投资建设与运营管理职责的陕西旬邑至凤翔高速公路，也取得了与公路投资建设相关的车辆购置税资金补助39.31亿元。

2. 与收益相关的政府补助

与收益相关的政府补助，是指除与资产相关的政府补助以外的政府补助。

在市场经济条件下，政府给予企业收益性补助的主要目的，是按照一定的政策导向，补偿企业由于非市场因素所导致的经济损失。

在实务中，截至2023年4月底，我国高速公路PPP项目公司获得的政府补助大多数划分为与收益相关的补助。

三、政府补助的确认与计量

(一)政府补助的确认

1. 政府补助确认的条件

CAS 16第六条规定：政府补助同时满足下列条件的，才能予以确认：

(1)企业能够满足政府补助所附条件。这意味着，取得政府补助需要满足一定的条件；企业需要对是否能够满足所需条件作出判断。

(2)企业能够收到政府补助。这意味着，企业需要对是否能够收到政府承诺的补助作出判断。

有必要关注的是，CAS 16中对政府补助确认条件中的表述是指“能够满足”，而不是“已经满足”。能够满足，属于企业的一种主观判断。是否能够满足政府补助所需条件，以及是否能够收到政府补助，应当属于会计估计的范畴。但CAS 16中并未说明，是否需要在资产负债表日对这些会计估计作出审视，以及必要的会计变更处理。

2. 与资产相关的政府补助

CAS 16(2006)曾规定,企业取得的与资产相关的政府补助只能确认为递延收益,并在相关资产达到可使用状态起,递延收益按照该资产的使用寿命平均分配,计入损益(营业外收入)。CAS 16(2017)则提供了可冲减资产账面价值这一新的选择。

将政府对基础设施 PPP 项目的投资补助用于冲减形成的长期资产(无形资产)的账面价值,是基于这样的理念:基础设施建设项目属于政府特许经营性质的 PPP 项目;项目公司从事基础设施特许经营活动需要回收的投资,不是基础设施的实际建设成本,而是项目公司为投资建设基础设施实际发生的投资。在存在政府投资补助的状况下,项目公司实际发生的、需要通过经营活动予以回收的投资,应当是该项基础设施的建设成本减去政府对该项目的投资补助。

如果某城市轨道建设项目需要投资 40 亿元人民币,但是经测算经营该城市轨道预期能够通过收费收回的经营现金净流入的现值只有 30 亿元人民币,故如果政府对该项目给予 10 亿元人民币的投资补助,使得项目公司只需要为该项目建设发生投资 30 亿元人民币,而使这样财务效益不理想的城市轨道建设项目变得对社会资本具有吸引力。由于项目公司的实际投资以及需要回收的投资只有 30 亿元人民币,故该城市轨道收费经营权的公允价值(即入账价值)应当为 30 亿元人民币,而不是实际建设成本 40 亿元人民币。

如果相关资产提前报废,则应当将未分配的递延收益转入资产处置当期的损益(资产处置损益)。

3. 与收益以及企业日常活动相关的政府补助

与企业收益以及日常活动相关的政府补助,应当按照经济业务实质,计入其他收益或冲减相关成本费用。

CAS 16 中没有界定“日常活动”。通常情况下,若政府补助补偿的成本费用是营业利润之中的项目,或该补助与日常销售等经营行为密切相关(如增值税即征即退等),则认为该政府补助与日常活动相关。

与企业日常活动相关的政府补助可进一步划分为与当期日常活动相关以及与以后日常活动相关的政府补助:①与当期日常活动相关的政府补助,用于补偿企业已发生的相关成本费用或损失的,直接冲减相关成本费用或计入其他收益;②与以后日常活动相关的政府补助,用于补偿企业以后期间的相关成本费用或损失的,应确认为一项递延收益,并在确认相关成本费用或损失的期间,冲减相关成本费用或计入其他收益。

4. 与企业收益以及日常活动无关的政府补助

与企业收益以及日常活动无关的政府补助,应计入营业外收入。

CAS 16(2006)曾规定,企业取得的政府补助,无论与资产相关还是与收益相关,最终都需要计入营业外收入。CAS 16(2017)则改变了这一要求。按其规定,只有与企业日常活动无关的收益补助,才需要计入营业外收入。这就大大压缩了计入营业外收入的政府补助的空间范围。而企业取得的收益补助是否与日常活动有关,取决于会计师的职业判断。

在实务中，截至2017年底，重庆高速公路集团有限公司收到的对公司高速公路收费经营活动的政府补助款，一律计入了营业外收入。2017年底计入营业外收入的政府补助为14.85亿元。从2018年开始执行CAS 16(2017)后，开始将收到的大多数政府补助确认为与日常活动有关，计入营业利润。2018—2020年计入营业利润(其他收益)的政府补助分别为15.85亿元、13.21亿元和15.22亿元；计入营业外收入的政府补助分别为0.74亿元、0.03亿元和0.03亿元。

(二)政府补助的计量

政府补助计量的一般原则是：①政府补助为货币性资产的，应当按照收到或者应收的金额计量；②政府补助为非货币性资产的，应当按照公允价值计量；③公允价值不能可靠取得的，按照名义金额计量。名义金额为1元。

在实务中，政府用非货币性资产对企业进行补助的事项极少出现。

由于《企业会计准则——基本准则》明确了资产确认所需具备的条件中具有“该资源的成本或者价值能够可靠地计量”的表述，故按照名义价格确认收到的非货币性资产，可以认为是对收到非货币资产(存货、固定资产、无形资产等)确认和计量的一种例外处理。

四、项目公司取得政府补助的会计处理

(一)政府补助的会计处理方法

财政部提出，政府补助有两种会计处理方法：总额法和净额法。

1. 总额法

总额法是在确认政府补助时，将其全额一次或分次确认为其他收益，而不是作为相关资产账面价值或者成本费用等的扣减。对此，选择总额法的企业，应当通过设置“其他收益”一级科目核算取得的与日常活动相关的政府补助。

2. 净额法

净额法是将政府补助确认为对相关资产账面价值或者所补偿成本费用等的扣减。

3. 会计处理方法的选择

项目公司应当根据经济业务的实质，判断某一类政府补助业务应当采用总额法还是净额法。

通常情况下，对同类或类似政府补助业务只能选用一种方法，同时，项目公司对该业务应当一贯地运用该方法，不得随意变更。项目公司对某些补助只能采用一种方法，例如，对一般纳税人增值税即征即退只能采用总额法进行会计处理。

(二)与资产相关政府补助的会计处理

与资产相关的政府补助一般属于投资补助。投资补助包括对项目公司从事基础设施建设项目的投资补助，以及对购买相关资产的投资补助。一般可采取以下两种方式进行会计处理。

1. 计入递延收益

计入递延收益的原因有两个:①项目公司有可能在与政府补助相关的基础设施尚未进行建造之前就取得了政府补助,故这些政府补助还无法进入相关基础设施的价值,只能将提前取得的政府补助先计入递延收益,确认为项目公司的一项负债;②使用这些资产时将这些计入递延收益的政府补助采取合理方式计入各会计期间的损益。

CAS 16(2006)要求将递延收益分摊计入营业外收入,而 CAS 16(2017)中没有明确计入营业利润还是营业外收入。但考虑到冲减资产账面价值的思路,可参照计提资产折旧或者摊销的会计处理计入营业利润。

相关资产在使用寿命结束前被出售、转让、报废、毁损等,尚未摊销完毕的递延收益则应按照处置非流动资产的会计处理思路,将其转入营业利润中的资产处置损益。

2. 冲减相关资产账面价值

冲减资产账面价值可以认为是一种理想的与资产相关政府补助的会计处理方式,有必要根据以下两种不同情况分别进行会计处理:

(1)在确认资产前取得政府补助。项目公司在取得政府补助时如果尚未确认资产,则需要先将取得的政府补助计入递延收益;然后在相关资产达到预定可使用状态或预定用途时将递延收益冲减资产账面价值。

【案例 9-1】某高速公路 PPP 项目公司按照特许经营合同中的约定,在项目建设期间取得了 5800 万元项目投资补助。账务处理为:

借:银行存款　　58000000.00

　　贷:递延收益　　58000000.00

在该项目建成交付使用时,这笔项目投资补助应用于冲减该项资产的账面价值。由于项目公司需要将投资建设取得的高速公路基础设施确认为一项无形资产,故冲减资产账面价值的账务处理为:

借:递延收益　　58000000.00

　　贷:无形资产——公路特许经营权　　58000000.00

(2)在确认资产后取得政府补助。项目公司应当在取得补助时冲减相关资产的账面价值,并按照冲减后的账面价值和相关资产的剩余使用寿命计提折旧或进行摊销。

(三)与收益相关政府补助的账务处理

1. 计入其他收益的政府补助

计入其他收益的政府补助,是指与项目公司日常活动相关的政府补助中,不适合冲减相关成本费用的政府补助。项目公司需要通过设置“其他收益”一级科目,核算应收或者实际收到的、应计入其他收益的政府补助。

按照 CAS 16 的规定,项目公司应当在利润表中的“营业利润”项目之上单独列报“其他收益”项目,计入其他收益的政府补助在该项目中反映。这意味着,其他收益属于营业利润的组成部分。

2. 冲减成本费用的政府补助

(1)补偿以后期间成本费用的政府补助。项目公司收到的用于补偿以后期间成本费用的政府补助,应确认为一项递延收益,并在确认相关成本费用的期间计入相关成本费用。

(2)补偿已发生成本费用的政府补助。项目公司收到的用于补偿已发生成本费用的政府补助,计入当期成本费用。

从事基础设施 PPP 项目业务活动的项目公司收到的与收益相关的政府补助,应当计入其他收益,不应当用于冲减成本费用。项目公司从事其他业务活动取得的应当用于冲减成本费用的政府补助,不在这里讨论。

3. 计入营业外收入的政府补助

项目公司收到的与日常活动无关的政府补助,计入营业外收入。需要通过项目公司会计师的职业判断,来确定项目公司收到的政府补助,是否与日常活动无关。

【案例 9-2】某从事基础设施 PPP 项目业务活动的项目公司收到地方政府 500 万元的财政补助,用于偿还该公司为提供基础设施公共服务从银行取得的部分借款本金。会计师分析,由于偿还借款的行为与日常活动无关,故该项补助应计入营业外收入。账务处理为:

借:银行存款	5000000.00	
贷:营业外收入——政府补助		5000000.00

【案例 9-3】某项目公司收到所在地人民政府的通知,将向其提供 25 万元的政府补助,以鼓励该公司安排相关的残疾人员就业。公司会计师作出分析,由于该项补助与公司的日常收费经营活动无关,故应将收到的政府补助计入营业外收入。故该公司应在收到开户银行收款通知作出以下账务处理:

借:银行存款	250000.00	
贷:营业外收入——政府补助		250000.00

(四)财政贴息的账务处理

1. 财政将贴息资金拨付给贷款银行

贷款银行收到贴息资金后,将以政策性优惠利率向企业提供贷款。CAS 16 允许项目公司在以下两种会计处理方法中作出选择:

(1)以实际收到的借款金额作为借款的入账价值,按照借款本金和该政策性优惠利率计算相关借款费用。这是一种比较简化、实用但不够精确的会计处理方法。

(2)以借款的公允价值作为借款的入账价值,并按照实际利率法计算借款费用,实际收到的金额与借款公允价值之间的差额确认为一项递延收益。递延收益在借款存续期内采用实际利率法摊销,冲减相关借款费用。这是一种比较科学精确但相对繁杂的会计处理方法。

项目公司选择了上述两种方法之一后,应当一致地运用,不得随意变更。

【案例 9-4】2022 年 3 月 1 日,某从事城市污水处理 PPP 项目业务活动的项目公司为投资建设污水处理设施从国家开发银行借款10000万元。不考虑借款手续费,实际收到10000万元。贷款期限为3年,借款存续期每年2月28日支付当年的借款利息。由于财政将贴息资金拨付给银行,故借款的优惠利率为2%。同期限银行借款利率为4%。

如果选择第一种会计处理方法,则企业在取得借款时的账务处理为:

借:银行存款　　100000000.00

　　贷:长期借款——本金　　100000000.00

2023年2月28日,支付借款利息20万元的账务处理为:

借:财务费用——借款利息　　2000000.00

　　贷:银行存款　　2000000.00

到期偿还借款本金的账务处理省略。

如果选择第二种会计处理方法,应按照借款的公允价值作为入账价值,将借款本金与其公允价值之间的差额计入递延收益,并按照实际利率法进行分摊。

2. 财政将贴息资金直接拨付给项目公司

按照CAS 16的规定,项目公司收到财政拨付的贴息资金,应当用于冲减相关的借款费用。

【案例9-5】根据2020年10月29日,湖北楚天智能交通股份有限公司(简称"楚天智能")第七届董事会第八次会议决议,在枝江市政府同意给予经济补偿的前提下,楚天智能决定投资建设沪渝高速公路枝江互通新建项目。本项目估算总金额不超过2.5亿元,枝江市政府按项目竣工决算审计金额的80%以政府专项用途财政性资金的形式向公司予以补贴。报告期内,该项目通过交工验收,并于2022年10月正式开通运营。截至2022年底,按照协议约定,楚天智能累计收到枝江市政府补贴12545.31万元。

该项目的建设成本通过在建工程归集,2022年初8679.98万元;2022年发生5038.33万元;在2022年结转固定资产3320.69万元;其他结转10397.62万元(结转沪渝高速公路汉宜段公路经营权8255.59万元,其他为土地使用权)。

枝江市政府给予的政府补助,被界定为与资产相关的政府补助。按照楚天智能选择的会计政策,与资产相关的政府补助确认为递延收益,并在相关资产的使用寿命内按照合理、系统的方法分期计入当期损益。

2022年,楚天智能收到与枝江互通项目相关的政府补助2545.31万元,计入递延收益,2022年计入当期损益(其他收益)135.82万元[1]。

本书认为,楚天智能针对该项政府补助会计处理的规范性和合理性值得商榷。

五、政府补助的列报

CAS 16要求企业在利润表中的"营业利润"栏目上单独设置"其他收益"项目,列示计入

[1] 湖北楚天智能交通股份有限公司2022年度报告。

其他收益的政府补助。

企业需要在附注中单独披露与政府补助有关的下列信息:①政府补助的种类、金额和列报项目;②计入当期损益的政府补助金额;③本期退回的政府补助金额及其原因。

第二节 项目公司终止清算涉及相关业务的会计处理

一、项目公司终止经营的原因

(一)项目公司终止经营的一般原因

对一般企业而言,终止经营是指企业停止经营活动,清理财产,清偿债务,了结一切对内对外经济关系,注销企业法人资格的法律行为。对项目公司而言,终止经营的原因可概括为以下方面。

1. 项目公司的经营期限届满

如果项目公司在办理设立申请时在工商行政管理部门登记了营业期限,则在规定的营业期限届满时应当办理终止手续;营业期限届满之前项目公司可根据需要申请展期,经批准后项目公司可继续存在。如果某项目公司只承担单一 PPP 项目合同约定的提供公共产品和服务的履约义务,则当该 PPP 项目合同期限届满时,项目公司也需要按照合同的约定进行清算。

2. 公司章程规定的解散事由出现

如果公司章程规定了项目公司解散事由,当解散事由出现,项目公司并未修改章程规定,就需要予以终止。

3. 项目公司权力机构做出终止的特别决议

如果出现以下情况,项目公司的权力机构——股东会将作出特别决议,宣告企业终止:

(1)项目公司亏损严重,无力持续经营。

(2)项目公司某一方股东不履行合同、协议、章程规定的义务,致使项目公司无法持续经营。

(3)遇到严重的自然灾害、战争等不可抗拒的因素,致使项目公司遭受巨大损失,无法持续经营。

(4)没有达到预期的经营目的,又无发展前途,不得不停止经营。

4. 项目公司被依法撤销

项目公司出现以下情况严重违反国家有关法律、法规和规章,被法院或者政府行政机关通过发布命令或者决定,强制项目公司终止经营并解散:

(1)项目公司股东在规定期限内未缴足应当缴纳的资本。

(2)项目公司不按有关规定向有关部门报送财务报告,并且长期没有改进。

(3)项目公司采取欺诈手段牟取暴利。

(4)超越或者滥用法律授予的权力,并且不听从劝阻。

(5)拒绝缴纳税金。

(6)项目公司长期没有按照PPP项目合同的约定提供公共产品和服务,或者提供公共产品和服务的数量和质量不符合相关法律法规的规定或合同的约定,并且不听从劝阻。

(7)存在严重的刑事犯罪活动。

(8)项目公司的存在对公众安全造成威胁。

5. 项目公司合并或者分立

(1)项目公司合并。项目公司因各种原因被合并,法人资格丧失,应终止原项目公司的营业行为。例如,福建泉厦高速公路有限责任公司于1999年7月被并入福建省高速公路集团有限公司,成为该公司的下属分公司,则福建泉厦高速公路有限责任公司应当终止。2020年11月原山东齐鲁交通发展集团有限公司由于整体并入山东高速集团有限公司,则山东齐鲁交通发展集团有限公司需要进行清算,终止经营。

(2)项目公司分立。项目公司因各种原因被分立为多个项目公司,原项目公司的法人资格丧失,应终止原项目公司的营业行为。例如,2010年3月东北高速公路股份有限公司分立为黑龙江交通发展股份有限公司和吉林省高速公路集团有限公司两家上市公司,则东北高速公路股份有限公司需要进行清算,终止经营。

6. 项目公司破产

如果项目公司因经营管理不善造成严重亏损,丧失偿还到期债务的能力,根据2006年8月27日公布的《中华人民共和国企业破产法》(主席令第54号)的规定,法院将依法宣告项目公司破产,通过变卖项目公司财产偿还债务,以维护债权人的合法权益。

(二)项目公司终止经营的主要原因

项目公司终止经营的主要原因,应当是约定的PPP项目合同期限届满,项目公司需要将到期的PPP项目资产移交给政府方或者政府方指定的专门机构,并终止使用该项PPP项目资产从事的提供公共产品和服务的经营活动。

尽管项目公司也存在破产清算的可能性,但总体来看,破产清算的可能性微乎其微。

二、项目公司破产清算业务的会计处理

(一)项目公司破产清算会计处理的制度依据

项目公司破产清算的会计处理,应符合2016年12月20日财政部印发的《企业破产清算有关会计处理规定》(财会〔2016〕23号)的规定。

(二)清算资产的确认

《中华人民共和国公司法》没有具体规定清算资产的构成。一般情况下,除了国家有关

法律法规有明确规定不能作为清算资产的资产以外,清算组编制的被清算企业清算日资产负债表中的所有资产,都应当作为清算资产。

最高人民法院2008年5月12日公布的《最高人民法院关于适用〈中华人民共和国公司法〉若干问题的规定(二)》(法释〔2008〕6号)第二十二条规定:公司解散时,股东尚未缴纳的出资均应作为清算财产。股东尚未缴纳的出资,包括到期应缴未缴的出资,以及依照公司法第二十六条和第八十一条的规定分期缴纳尚未届满缴纳期限的出资。

按照《收费公路管理条例》及其有关法规、规章的规定,经营协议约定的经营期限届满,企业需要将公路基础设施无偿移交给交通运输主管部门管理,并无偿拆除收费设施,保证公路畅通无阻。这样,需要无偿移交的公路及构筑物、安全设施等实物资产和需要无偿拆除的收费设施,不应当构成清算资产。

如果由于其他原因需要提前终止收费权并向交通运输主管部门或者第三方移交公路基础设施,则终止收费协议约定的需要移交的实物资产和需要拆除的收费设施不应当构成清算资产;但按照协议约定可收取的经济补偿价款,应当构成企业的清算资产。

其他不应当纳入清算资产范围的资产有:

(1)担保资产。企业的资产一旦作为担保物取得债务资金后,只有特定的债权人才具有对所担保的财产索取权。但需要明确的是,作为担保物的财产相当于担保债务的部分,不属于清算财产;担保物的价款超过所担保债务数额的部分,则应当属于清算财产。

(2)费用性资产或者无经济价值的权利。费用性资产是指项目公司资产负债表中的长期待摊费用、递延所得税资产等费用性资产。无经济价值的权利是指无转让价值的无形资产的未摊销价值,例如未摊销完的商誉;已过保护期、但其价值尚未摊销完毕的专有技术等。很明显,这类资产的价值随项目公司清算已不复存在,所以不应当将这些资产作为清算资产。

(3)国家规定的不应当列作清算资产的其他资产。在不断深化改革的进程中,中央政府和地方政府在不同的时期根据不同的情况会出台一些特殊政策来规范清算资产的范围。例如,国有项目公司提供社会化服务所拥有的资产,包括幼儿园、学校、医院等机构的资产,在特定的时期也许不适合纳入清算的范围。这些政策也会对项目公司的清算产生影响。

(三)项目公司债务清偿与剩余资产的分配

清算财产的变现金额,扣除清算费用后,可用于偿还各种债务;偿债后的剩余资产,可向投资者分配。

1. 清算损益的确定

清算损益是指项目公司在清算过程中清算收益与清算费用、清算损失的差额。清算收益补偿清算费用和清算损失后的余额,叫作清算所得。

(1)清算收益及其构成。清算收益是指项目公司在清算过程中取得的收益。清算收益包括财产盘盈收益、财产变现收益、财产估价收益、清算过程中的经营收益、不用偿还的债务和其他收益。

(2)清算费用及其构成。清算费用是指清算人在执行清算过程中发生的各种费用支出。清算费用包括清算组人员的工资、差旅费、办公费、公告费、诉讼费、维护公共基础设施正常运行的费用及清算过程中所必需的其他支出。清算费用从项目公司现有财产中优先支付。

(3)清算损失及其构成。清算损失是指项目公司在清算过程中发生的财产损失。清算损失包括项目公司清算中发生的财产盘亏损失、财产变现损失、财产估价损失、清算过程中的经营损失、坏账损失、核销损失以及其他损失。

2. 债务的清偿

项目公司的财产拨付清算费用后,应当按照下列顺序清偿债务:

(1)支付应付未付的员工工资、劳动保险费等。

(2)缴纳应缴未缴国家的各种税费。

(3)偿还尚未偿付的债务。

3. 剩余资产的分配

项目公司清算终了,清算收益大于清算费用和清算损失的部分,应当依法缴纳企业所得税。清算完毕后的剩余资产,除了法律另有规定者外,按照下列原则处理:

(1)采取有限责任公司组织形式的项目公司,除公司章程另有规定者外,按照投资者出资比例分配。

(2)采取股份有限公司组织形式的项目公司,按照股东持有股份比例分配。

三、项目公司非破产清算的账务处理

目前 CAS 中没有规范企业清算的会计核算行为,有关书籍和文献中也很少讨论企业清算的会计核算事项。对此,以下有关项目公司非破产清算会计处理的表述,只是本书参照《财会〔2016〕23 号》的规定提出的一种供讨论的思路。

项目公司可通过设置“应付清算费用”“清算净值”等一级科目,组织非破产清算业务的账务处理。

1. 清算损益的会计处理

项目公司应当通过设置“清算费用”和“清算损益”科目,核算企业清算过程中确认的清算损益。

(1)“清算费用”用于专门核算项目公司清算期间的各项费用成本。其内容包括:清算机构成员的工资报酬、公告费用、咨询费用、办公费用、诉讼费用及清算过程中必须支付的其他的清算费用。这些费用从现有财产中优先支付。“清算费用”账户借方登记清算期间的各项清算费用;清算结束时,将其全部发生额从该账户的贷方转入清算损益的借方,本账户无余额。

(2)“清算损益”属损益类账户,专门核算项目公司清算期间所实现的各项收益和损失。该账户的贷方反映项目公司的清算收益,其内容包括清算中发生的财产盘盈、财产重估收益、财产变现的收益和因债权人原因确实无法归还的债务等;该账户的借方反映企业的清算损失，其内容包括清算发生的财产盘亏，包括损失财产、变现损失和无法收回的债权；期末余额可能在贷方也可能在借方。

2. 清算过程中发生相关业务的账务处理

（1）项目公司将不需要移交的有关办公设备进行变现处理。依据《中华人民共和国增值税暂行条例》及其实施细则和其他有关规定，企业出售货物（包括原材料、固定资产等）需要依法缴纳增值税。如果项目公司一般不从事货物销售业务，则可选择简易计税方法缴纳增值税。

【案例 9-6】通家山公路隧道有限公司在通家山隧道经营期限届满终止收费后进行清算。需要清理变现的固定资产原值为 456.25 万元，累计折旧 325.11 万元。对外出售获得价款 150 万元，发生清理费用 5 万元。按照相关税法的规定，该公司可选择简易计税方法按照收取价款的 3% 缴纳增值税，并按照增值税的 7% 和 3% 缴纳城市维护建设税和教育费附加。有关计算如下：

应交增值税 = 150 × 3% = 4.50（万元）

应交城市维护建设税 = 4.5 × 7% = 0.315（万元）

应交教育费附加 = 4.5 × 3% = 0.135（万元）

清算收益 = 150 − (456.25 − 325.11) − 5 − 4.50 − 0.315 − 0.135 = 8.91（万元）

清理固定资产的账务处理为：

借：银行存款	1500000.00	
贷：固定资产清理		1500000.00
借：累计折旧	3251100.00	
固定资产清理	1311400.00	
贷：固定资产		4562500.00
借：固定资产清理	188600.00	
贷：银行存款		50000.00
应交税费——应交增值税		45000.00
——应交城市维护建设税		3150.00
——应交教育费附加		1350.00
清算损益		89100.00

（2）企业将库存的、用于公路养护的原材料进行变现处理。一般来说，变现意味着将原材料转变为现金，对此应借记"银行存款"科目，贷记"原材料"科目。如果原材料的变现价值低于其账面价值，其差额还需要借记"清算损益"科目。

按照规定，企业同样需要依法缴纳增值税等税收。确认应缴税费的账务处理为借记"清算损益"科目，贷记"应交税费"科目。

【案例 9-7】某项目公司变现的原材料账面价值为 65000 元，实际变现了 50000 元；按照规定，还需要按照取得的 50000 元的变现收入缴纳 3% 的增值税（选择简易计税方法），不考虑需要相应缴纳的城市维护建设税和教育费附加等，这样变现处理的损益为损失 16500 元

（65000－50000＋50000×3%）。账务处理如下：

借：银行存款　　50000.00
　清算损益　　16500.00
　贷：原材料　　65000.00
　　应交税费　　1500.00

（3）清理回收各类债权。无法回收的债权计入清算损益。一般账务处理为：借记“银行存款”科目，贷记“应收账款”和“其他应收款”科目。无法收回的金额，借记“清算损益”科目，贷记“应收账款”和“其他应收款”科目。

（4）终止确认采用权责发生制发生的尚未摊销完毕的费用性资产，例如长期待摊费用等，将其净损失计入清算损益，借记“清算损益”科目，贷记“长期待摊费用”科目。

（5）收到政府部门或者授予方给予的经济补偿款项，计入清算损益，借记“银行存款”科目，贷记“清算损益”科目。

（6）清算期间发生的应付利息，计入清算损益。借记“清算损益”科目，贷记“应付利息”科目。

（7）偿还赊欠银行借款本金和利息、应当支付的员工工资、其他应付款项等各种债务，借记“短期借款”“长期借款”“应付利息”“应付职工薪酬”“应付账款”“其他应付款”等科目，贷记“银行存款”科目。

如果企业清算时无力偿还全部债务，出现的差额计入清算损益。

（8）企业支付清算机构成员的工资报酬、公告费用、咨询费用和办公费用、诉讼费用等清算费用时，借记“清算费用”科目，贷记“银行存款”科目。

（9）将发生的全部清算费用结转清算损益，借记“清算损益”科目，贷记“清算费用”科目。

（10）依法缴纳企业所得税。2009 年 4 月 30 日财政部、国家税务总局印发的《关于企业清算业务企业所得税处理若干问题的通知》（财税〔2009〕60 号）中明确规定：企业在不再持续经营，发生结束自身业务、处置资产、偿还债务以及向所有者分配剩余财产等经济行为时，企业清算的所得税处理内容包括：确定清算所得，计算并缴纳清算所得税。

需要注意的是：税法规定的应当缴纳所得税的清算所得，与企业会计核算的清算所得，可能存在着一定的差异。

依据财税〔2009〕60 号文件的规定，应纳税清算所得的计算公式如下：

清算所得＝∑资产的可变现价值或者交易价格－∑资产的计税基础－清算费用－相关税费±债务清偿损益

如果企业清算取得了所得税法规定的应当缴纳所得税的清算所得，则需要依法缴纳所得税。确认应交所得税的账务处理为：借记“清算损益”科目，贷记“应交税费——应交所得税”科目。

在此基础上，清算损益科目如果出现贷方余额，意味着实现了清算利得，应当向投资者分配。

3. 企业清算分配的核算

项目公司可考虑通过设置“清算分配”和“应付资本”科目，核算企业向投资者分配的业务。

通过“清算分配”科目核算的向投资者分配的金额包括：项目公司应当返还投资者的所有者权益和项目公司资产及债务清算取得的清算所得。

项目公司向投资者分配的一般账务为：

(1)将项目公司需要返还的所有者权益转入“清算分配”科目：借记“清算分配”科目，贷记“已归还投资”科目。

(2)向投资者分配剩余资产时，借记“实收资本”“资本公积”“盈余公积”“未分配利润”科目，贷记“清算分配”科目。

(3)将取得的清算所得转入“清算分配”科目，借记“清算损益”科目，贷记“清算分配”科目。

(4)如果发生了清算损失，也需要转入“清算分配”科目，借记“清算分配”科目，贷记“清算损益”科目。

(5)在此基础上确认的应当向投资者分配的金额可计算如下：

应分配资金总额 = 实收资本 + 资本公积 + 盈余公积 + 未分配利润 - 已归还资本 + 清算所得 - 清算损失

应当按照投资比例向投资者进行分配，借记“清算分配”科目，贷记“应付资本——××投资者”科目。

(6)将所有者权益资金和清算所得返还给投资者，借记“应付资本——××投资者”科目，贷记“银行存款”科目。

至此，项目公司会计账簿的所有科目应当全部结清完毕；终止经营的账务处理全部完成。

本章小结

在政府特许经营框架下，项目公司按照 PPP 项目合同的约定向社会公众提供社会效益好但财务效益不够理想的公共产品和服务，有可能也有必要按照 PPP 项目合同约定获取一定的政府补助。政府补助划分为对 PPP 项目资产建设投资的补助和对从事经营业务的补助。项目公司的会计师有必要依据 CAS 16 的规定并结合使用 PPP 项目资产提供不同社会产品和服务的特点对取得的政府补助作出适当的职业判断和会计处理。

政府补助划分为与日常活动相关的政府补助和与非日常活动相关的政府补助。项目公司取得的与日常活动相关的政府补助，包括与资产相关、需要冲减相关资产价值的政府补助，以及与经营活动相关、需要计入其他收益的政府补助。PPP 项目公司取得的与日常活动相关的政府补助，大多数属于与所投资建设的 PPP 项目资产相关的政府补助，应当在确认政府补助时冲减 PPP 项目资产的账面价值。项目公司取得的与非日常活动相关的政府补助，应计入营业外收入。

有关 PPP 项目合同期间届满时项目公司需要终止经营进行清算等特殊业务引发的会计处理,也属于项目公司从事 PPP 业务涉及的特色会计处理内容。本书参照有关规定对这些特殊业务的会计处理事项也进行了适当的理论探索。

复习思考题

1. 何谓政府补助？项目公司向政府方提供 PPP 项目资产的建造服务从政府方取得的现金对价,是否属于政府补助的范畴？为什么？

2. 项目公司从政府方取得的对 PPP 项目资产投资建造的补助,为什么要用于冲减 PPP 项目资产的账面价值？理论依据是什么？

3. 应当如何判别从政府方取得的财政资金,是属于政府投入的资本,还是政府给予项目公司的财政补助？

4. PPP 项目公司在何种情况下,可以从政府方取得与经营活动相关的政府补助？这些政府补助应当如何进行会计处理？

5. 除了货币资金以外,项目公司是否有可能从政府方取得非货币性资产形式的政府补助？如果取得了,应当如何进行会计处理？

6. 某高速公路项目公司按照 PPP 项目合同的约定投资建造高速公路所需征用的土地,由地方政府负责解决。这是否属于一种政府补助形式？应当如何进行会计处理？

7. 项目公司从政府方取得财政贴息补助一般有哪些方式？应当如何进行会计处理？

8. 项目公司取得的政府补助,哪些属于与非日常活动相关？为什么与非日常活动相关的政府补助需要计入营业外收入？

9. 与一般工商企业相比,从事 PPP 项目经营业务的项目公司清算资产的构成有何特点？这对项目公司偿债能力分析有何影响？

10. 你认为有否必要通过制定涉及清算会计处理的具体准则或者办法来规范其确认、计量和报告行为？

第三篇

政府方特许经营项目会计

本篇概要

政府方是特许经营项目合同的重要参与方。在特许经营项目合同中，政府方承担的是委托社会资本方投资建设特许经营项目资产，通过使用特许经营项目资产向社会公众提供公共产品和服务，并对其投资建设与运营管理行为进行监管的重要职责。按照国家有关法律法规的规定和特许经营项目合同的约定，社会资本方投资建设的特许经营项目资产属于政府资产，故政府方需要将其确认为自身的一项资产，并在特许经营项目合同期限届满时接受社会资本方移交的符合规定和约定条件的项目资产。

由于该部分业务的会计处理主要依据《政府会计准则第10号——政府和社会资本合作项目合同》及其应用指南，对此，在本篇中学习和讨论的主要内容有：政府确认PPP项目资产的会计处理；在社会资本方持有并使用PPP项目资产提供公共产品和服务的期间对其后续计量的会计处理；PPP项目合同期限届满时接受移交的PPP项目资产的会计处理。

政府方确认PPP项目资产的会计处理规定趋同的是国际公共部门会计准则理事会的相关规定。美国、英国、澳大利亚、加拿大、新西兰等国家PPP项目资产会计处理的相关规定及实务可为我们的学习和讨论提供有益的借鉴。

第十章 政府方特许经营项目会计处理概论

本章概要

明确PPP项目资产属于政府资产，以及科学规范政府方对于PPP项目合同相关业务的会计处理行为是PPP项目发展对政府会计提出的要求。我国规范政府方会计处理行为的是《政府会计准则第10号——政府和社会资本合作项目合同》(GAS 10)及其应用指南。在界定政府方概念的基础上进一步对GAS 10及其应用指南的规范进行介绍与解读，是本章的重要组成部分。由于GAS 10及其应用指南的制定主要参考的是国际公共部门会计准则理事会出台的相关准则，并适当参考了相关国家公共部门会计准则或政府会计准则中的相关规定，故在本章中也涉及对国际公共部门会计准则以及美国、英国、澳大利亚、加拿大等国家公共部门会计准则或政府会计准则相关规定的讨论，以便为进一步学习和研究政府方PPP项目会计处理提供必要的国际借鉴。

第一节 特许经营对政府方会计处理的要求

一、政府方概述

政府方是PPP项目合同的重要参与方。在PPP项目合同中，政府方承担的是委托社会资本方投资建设PPP项目资产，通过使用PPP项目资产向社会公众提供公共产品和服务，并对其投资建设与运营管理行为进行监管的重要职责。科学界定政府方对有效规范政府方PPP项目合同的会计处理行为具有重要的影响。

(一)对政府方的界定

政府方是指代表政府通过与社会资本方合作来发展基础设施与公用事业的一方。与社会资本方合作的政府，可以是中央人民政府，也可以是地方人民政府。目前我国政府倡导并实施的“政府和社会资本合作”中的政府，主要是指地方人民政府，包括省、市、县三级人民政府。

(二)不同政府方概念之间的区别与联系

PPP 项目合同中涉及的政府方,包括以下不同的概念:

1. 与社会资本方签约的政府方

政府方需要通过与社会资本方签署 PPP 项目合同,来具体明确 PPP 项目合同的实施,以及在 PPP 项目合同实施过程中签约双方各自享有的合同权利、承担的合同义务和违约责任。

2018 年 4 月 24 日印发的《关于进一步加强政府和社会资本合作(PPP)示范项目规范管理的通知》(财金〔2018〕54 号)提出:要加强 PPP 项目合同签约主体合规性审查,国有企业或地方政府融资平台公司不得代表政府方签署 PPP 项目合同。按照财金〔2019〕10 号文的说明,政府方签约主体应为县级及县级以上人民政府或其授权的机关或事业单位。

2. 确认 PPP 项目资产的政府方

政府方需要执行 GAS 10 及其应用指南的规定,将 PPP 项目合同形成的 PPP 项目资产,确认为一项政府资产。

确认 PPP 项目资产的政府方,可以是 PPP 项目合同的签约方,或者是地方人民政府及其主管部门指定的签约方以外的其他政府会计主体。

3. 接受移交 PPP 项目资产的政府方

接受移交 PPP 项目资产的政府方,应当具备承担 PPP 项目资产后续维护与管理的业务能力。这意味着,行政单位和主要承担行业业务指导职责的事业单位,由于不具备承担 PPP 项目资产后续维护与管理的业务能力,因而无法作为接受移交 PPP 项目资产的政府方。

接受移交 PPP 项目资产的政府方,一般应当是确认 PPP 项目资产的政府方。如果确认 PPP 项目资产的政府方不具备承担 PPP 项目资产后续维护与管理的业务能力,则需要由政府指定的其他政府会计主体作为接受移交 PPP 项目资产的政府方。

二、国际特许经营业务发展对授予方会计处理的要求

早在 20 世纪初,西方国家就开始了利用政府特许经营发展基础设施事业的有益尝试,逐步将政府特许经营延伸至高速公路、港口、城市轨道交通、电厂、自来水供给、城市污水处理等基础设施和公用事业领域,并从法律角度明确了政府拥有这些特许经营资产的控制权和特许经营期限届满需要将这些特许经营资产移交给政府部门的基本要求。这意味着,这些特许经营资产应当属于国有资产或政府资产;各级政府在编制的政府财务报告中应当将这些特许经营资产确认为一项政府资产。

从 20 世纪 80 年代开始,各国开始关注政府会计或者公共部门会计的发展,陆续通过设立专门机构承担建设公共部门会计准则体系(或政府会计准则体系,下同)的职责。国际公共部门会计准则理事会(International Public Sector Accounting Standards Board,IPSASB)及其前身国际会计师联合会(International Federation of Accountants)下设的公共部门委员会(Public Sector Committee)一直致力于建立与发展国际公共部门会计准则体系(International Public

Sector Accounting Standards,IPSAS)。截至2022年底,共发布了公共部门主体通用财务报告概念框架(Conceptual Framework for General Purpose Financial Reporting by Public Sector Entities)、42项应计基础会计准则(accrual standards)和其他相关文件。

在美国,适用于公共部门的会计准则,包括联邦政府会计准则,以及州政府和地方政府会计准则。1990年10月10日设立的美国联邦会计准则咨询委员会(Federal Accounting Standards Advisory Board,FASAB)是联邦政府会计准则的制定机构。截至2023年2月底,共发布了60项联邦财务会计准则公告(*Statement of Federal Financial Accounting Standards*)和其他相关文件。成立于1984年的美国政府会计准则理事会(Governmental Accounting Standards Board,GASB)是一个独立的私营部门组织(private-sector organization)。GASB为执行通用会计原则(GAAP)的美国州政府和地方政府提供会计与财务报告准则。截至2023年2月底,共发布了98项政府会计准则理事会公告(含已被废止的公告)和其他相关文件。

在加拿大,1981年由加拿大注册会计师协会(the Canadian Institute of Chartered Accountants,CICA)发起设立的公共部门会计理事会(PSAB)是加拿大公共部门会计准则的制定机构。

在英国和澳大利亚,财务报告理事会(RFC)和澳大利亚会计准则理事会(AASB)发布的财务报告准则体系和澳大利亚会计准则体系,分别适应了规范公共部门和营利部门(企业)会计处理行为的不同需求。

2004年以前,新西兰会计准则属于适用于国内营利部门、公共部门和非营利部门等不同主体的单一会计准则体系。2004年以后,新西兰会计准则制定机构开始进行改革,逐步建立了两套会计准则体系,分别适应营利主体和公共利益主体的需要。2011年通过对财务报告法案进行修订,设立了新西兰对外报告理事会(External Reporting Board, XRB),其下设的新西兰会计准则理事会(New Zealand Accounting Standards Board,NZASB)承担了制定与发布新西兰会计准则的职责。

尽管国际公共部门会计准则体系和相关国家的公共部门会计准则体系发展较快,但涉及特许权资产的准则却姗姗来迟。究其原因,可能是源于相关国家的政府机构缺乏对将与特许服务权资产和相关负债在政府财务报告中列示重要性的理解和认识。

GASB于2010年11月发布的《准则公告第60号:特许服务权安排会计处理与财务报告》(*Statement No. 60 Accounting and Financial Reporting for Service Concession Arrangements*),可认为是国际上较早规范特许服务权安排中授予方会计处理的政府会计准则。IPSASB于2011年10月发布的《公共部门会计准则第32号——特许服务权安排:授予方》(*IPSAS 32—Service Concession Arrangements: Grantor*),使得打算规范特许服务权安排中授予方会计处理行为的国家和地区,有了权威的参考依据。随后,NZASB于2013年5月发布了《公共部门准则第32号——特许服务权安排:授予方》(*PBE IPSAS 32—Service Concession Arrangements: Grantor*);AASB于2017年7月发布了《澳大利亚会计准则第1059号——特许服务权安排:授予方》(*AASB 1059—Service Concession Arrangements: Grantors*);加拿大会计准则理事会于2021年12月发布了《公共部门会计准则第3160号——公私合作》(*PS 3160—Public Private*

Partnerships)，从 2023 年 4 月 1 日开始的年度生效。

三、我国 PPP 发展对政府方会计处理的要求

在国务院以及相关政府部门通过出台相关政策正式明确了“政府和社会资本合作(PPP)”的概念之前，我国早在 20 世纪 80 年代中期，就开始进行利用 BOT 模式(在明确了 PPP 模式的概念后，财政部将 BOT 界定为 PPP 模式的一种运作方式)发展基础设施建设与运营事业的改革试点。

针对我国 BOT 业务的较快发展，2008 年《企业会计准则解释第 2 号》对企业从事 BOT 业务涉及的相关会计处理作出了解释。

截至 2018 年底，我国的会计准则制度体系中，除了《企业会计准则解释第 2 号》从企业方的角度对 BOT 业务的会计处理进行规定外，在国家层面缺乏统一的关于 PPP 业务政府方会计处理的规范。从实务情况来看，绝大多数政府方未对 PPP 项目形成的政府控制的资产登记入账，造成政府资产核算的缺失，同时一些企业也未依据《企业会计准则解释第 2 号》将 PPP 项目中有关权利作为无形资产或金融资产，而是作为固定资产核算，造成 PPP 业务核算的混乱。此外，PPP 不仅涉及基础设施的设计、融资、建设、拥有、运营等多个环节，还涉及有关风险、收益在公共部门与私人部门之间的分担及共享等问题，这些环节和问题的叠加使得 PPP 业务的会计处理更为复杂。因此，社会各方迫切期待国家层面对 PPP 业务政府方的会计处理作出规范。

按照中共中央、国务院关于建立政府财务报告制度的要求，我国从 2015 年开始，通过公布《政府会计准则——基本准则》(财政部令第 78 号)拉开了建立政府会计准则制度体系的序幕。9 项政府会计具体准则和《政府会计制度》的陆续出台，标志着政府会计准则制度建设取得了突破性的进展。

为了积极贯彻落实国务院批转财政部的《权责发生制政府综合财务报告制度改革方案》，建立健全政府会计准则体系，规范政府方对政府和社会资本合作(PPP)项目合同的确认、计量和相关信息的列报，财政部于 2019 年 12 月 17 日印发了 GAS 10，并于 2020 年 12 月 17 日印发了《政府会计准则第 10 号——政府和社会资本合作项目合同》应用指南，在科学规范政府方 PPP 项目合同业务会计处理方面取得了可喜的成效。随着 PPP 业务的实施，财政部会计司于 2022 年 7 月 7 日发布 2022 年第一批政府会计准则制度应用案例，其中包含 2 个政府和社会资本合作项目合同应用案例，分别是《关于某轨道交通 PPP 项目合同的会计处理》和《关于某厨余垃圾处理 PPP 项目合同的会计处理》，对 PPP 项目合同政府方的会计处理进行了示例。

在公共服务领域推广运用 PPP 模式，引入社会力量参与公共服务供给，提升供给质量和效率，是党中央、国务院作出的一项重大决策部署。为了大力推广 PPP 模式，《国务院办公厅转发财政部　国家发展改革委　人民银行关于在公共服务领域推广政府和社会资本合作模式指导意见的通知》(国办发〔2015〕42 号)中提出了“构建保障政府和社会资本合作模式持续健康发展的制度体系”的要求，并明确提出“要建立完善公共服务成本财政管理和会计制

度,创新资源组合开发模式,针对政府付费、使用者付费、可行性缺口补助等不同支付机制,将项目涉及的运营补贴、经营收费权和其他支付对价等,按照国家统一的会计制度进行核算,纳入年度预算、中期财政规划,在政府财务报告中进行反映和管理,并向本级人民代表大会或其常务委员会报告。项目资产移交时,要对移交资产进行性能测试、资产评估和登记入账,并按照国家统一的会计制度进行核算,在政府财务报告中进行反映和管理”。可见,通过出台 PPP 项目准则科学规范政府方与 PPP 项目合同相关事项的会计处理,是贯彻落实党中央国务院指示精神的基本要求。

财政部出台的 GAS 10 及其应用指南,在一定程度上借鉴了 IPSAS 32 中的相关会计处理原则。由于我国尚未明确政府方会计处理是否也需要国际趋同,故 GAS 10 及其应用指南中的相关规定,更多体现的是我国开展 PPP 业务对政府方会计处理的要求。

第二节 政府方特许经营项目会计处理要求

一、GAS 10 及其应用指南概述

(一)GAS 10 准则

2019 年 12 月 17 日,财政部印发了 GAS 10,自 2021 年 1 月 1 日起施行。该准则立足于政府方,规范政府和社会资本合作(PPP)产生的 PPP 项目资产及其相关事项的会计处理行为。

GAS 10 的主要规范内容有:①对 PPP 项目合同“双特征”和“双控制”的规范;②对 PPP 项目合同、政府方、社会资本方和 PPP 项目资产概念的规范;③对 PPP 项目资产确认的规范;④对 PPP 项目资产初始计量的规范;⑤对 PPP 项目资产后续计量的规范;⑥对 PPP 项目净资产确认和计量的规范;⑦对 PPP 项目资产和 PPP 项目净资产列报的规范。

(二)GAS 10 应用指南

2020 年 12 月 17 日,财政部印发了 GAS 10 应用指南,要求自 2021 年 1 月 1 日起施行。该应用指南主要包括:关于 GAS 10 适用范围的判断、关于“双特征”和“双控制”标准的说明、关于“政府方承担向社会资本方支付款项的义务”的说明,以及相关会计科目的设置和主要账务处理。

二、准则中的相关概念

(一)PPP 项目合同及其“双特征”和“双控制”要求

1. PPP 项目合同

PPP 项目合同(或协议,下同)是指政府方与社会资本方依法依规就 PPP 项目合作所订

立的合同。

2019年11月27日公布的《最高人民法院关于审理行政协议案件若干问题的规定》(法释〔2019〕17号)提出,政府特许经营协议和政府与社会资本合作协议,属于《中华人民共和国行政诉讼法》第十二条第一款第十一项规定的行政协议。

2. PPP项目的"双特征"

GAS 10提出,PPP项目合同应当同时具有以下特征(即"双特征"):

(1)社会资本方在合同约定的运营期间内代表政府方使用PPP项目资产提供公共产品和服务。

可以认为,社会资本方是按照委托代理的原则,受政府方的委托,代表政府方履行向社会公众提供公共产品和服务的职责。社会资本方是PPP项目资产的使用方;通过PPP项目合同,社会资本方取得的是代表政府方使用PPP项目资产提供公共产品和服务的权利。该项权利一般应界定为社会资本方的一项无形资产。

(2)社会资本方在合同约定的期间内就其提供的公共产品和服务获得补偿。

社会资本方可通过经授权向接受公共产品和服务的社会公众收费的方式获得补偿(使用者付费机制),或从政府方获得补偿(政府付费机制),或两者的结合(可行性缺口补助机制)。

GAS 10应用指南中对"双特征"有以下说明:

(1)关于"合同约定的运营期间",指的是社会资本方对PPP项目资产的使用期或运营期,通常在PPP项目合同中有明确约定。

(2)关于"社会资本方代表政府方使用PPP项目资产提供公共产品和服务",指的是根据合同约定或政府方授权,社会资本方享有建设、运营、管理、维护本项目设施等权利,同时承担代表政府方提供公共产品和服务的义务。

(3)关于"社会资本方就其提供的公共产品和服务获得补偿",指的是社会资本方就其在运营期内运营或维护项目资产等按照合同约定获得回报。

GAS 10应用指南中提出了以下两方面不满足"双特征"的情形:

(1)政府方作为出租人的租赁合同,因承租方虽然可能使用项目资产提供公共产品和服务,但并非代表政府方来提供,不满足特征(1)的规定。

(2)政府方作为接受捐赠方的无偿捐赠合同,因捐赠方未获得补偿,不满足特征(2)的规定。

不能同时满足"双特征"条件的租赁合同和接受捐赠取得的资产,不适用于GAS 10。政府方应当按照其他政府会计准则制度的规定进行会计处理。

3. PPP项目的"双控制"

GAS 10规定,PPP项目合同应同时满足以下条件(即"双控制"):

(1)政府方控制或管制社会资本方使用PPP项目资产必须提供的公共产品和服务的类型、对象和价格。

(2)PPP 项目合同终止时,政府方通过所有权、收益权或其他形式控制 PPP 项目资产的重大剩余权益。

GAS 10 应用指南中对“双控制”标准有以下说明:

(1)关于“控制”,指的是政府方通过具有法律效力的合同条款等方式,有权决定社会资本方提供的公共产品和服务的类型、对象和价格。通常情况下,政府方和社会资本方在 PPP 项目合同中应当明确规定社会资本方提供的公共产品和服务的类型、对象和价格。

(2)关于“管制”,是指社会资本方提供的公共产品和服务的类型、对象和价格,虽未在 PPP 项目合同中进行明确规定,但受有关法律法规或监管部门规章制度的约束。

(3)如果定价的基础或框架受到监管约束,政府方对价格的“控制或管制”不需要完全控制价格,这种情况仍然符合控制标准。如设定政府调价机制,进行调价前应当经过政府方审核同意,即满足控制标准(1)的价格控制要求。如果项目合同条款给予社会资本方自主定价权,但约定政府方有权参与分享 PPP 项目资产的超额收益部分,则仍然满足控制标准(1)中的价格控制要求。

(4)关于“重大剩余权益”,指的是 PPP 项目合同终止时,在项目资产剩余使用寿命内使用、处置该项目资产所能获得的权益。政府方对“重大剩余权益”的控制具体表现为以下两种情形:

①PPP 项目合同终止时,社会资本方应当将项目资产移交给政府方,且移交的项目资产预期仍能为政府方带来经济利益流入或者产生服务潜力。

②政府方能够通过合同条款限制社会资本方处置或抵押项目资产,保障重大剩余权益不受损害。

4. 满足 PPP 项目的 PPP 项目的“双特征”标准但不满足“双控制”标准的情形分析

GAS 10 应用指南中提出了以下两方面满足“双特征”,但不满足“双控制”标准的情形:

(1)采用建设-拥有-运营(BOO)方式的项目合同,社会资本方拥有项目资产所有权,且政府方未控制项目资产的重大剩余权益,不满足“双控制”标准。

(2)采用转让-拥有-运营(TOO)方式的项目合同,政府方将项目资产所有权有偿转让给社会资本方,并由社会资本方负责运营和维护,政府方未控制项目资产的重大剩余权益,不满足“双控制”标准。

对此,PPP 模式中的 BOT、TOT 和 ROT 三种运作方式,同时满足“双特征”和“双控制”的条件,应当在会计处理时执行 GAS 10 的规定;BOO 和 TOO 等运作方式虽然满足“双特征”的条件,但未满足“双控制”的条件,其会计处理不适用于 GAS 10,应执行其他相关政府会计准则制度的规定。

(二)政府方

相对于 IPSAS 32 中采取的“授予方”(Grantor)的表述,GAS 10 采取的是“政府方”的概念。GAS 10 中对政府方的界定是:“政府方是指政府授权或指定的 PPP 项目实施机构,通常为政府有关职能部门或事业单位。”

需要关注的是:《企业会计准则解释第2号》中曾将提出授予方(政府方)也可以是政府授权的企业。故在PPP项目实务中,授予方也有可能不是政府有关职能部门或事业单位,而是政府授权的国有独资性质的公司制企业。

有必要区别签订PPP项目合同的政府方,与PPP项目合同期限届满时接受移交的PPP项目资产的政府方。

另外,GAS 10应用指南中进一步提出,对于由多级政府跨区域或本级政府跨部门共同实施的PPP项目合同,应当根据合同约定确定具体的政府会计主体。

【案例10-1】新源市人民政府与新桐高速公路有限公司正式签署了采取BOT运作方式建设新桐高速公路的PPP项目合同。按照该合同的约定,特许经营期为新桐高速公路交付使用开始的25年。新桐高速公路有限公司应当在合同期限届满后将符合约定条件的新桐高速公路无偿移交给新源市公路事业发展中心进行养护管理。

(三)社会资本方

相对于IPSAS 32中采取的"经营方"(Operator)的表述,GAS 10采取的是"社会资本方"的概念。GAS 10中对社会资本方的界定是:"社会资本方,是指与政府方签署PPP项目合同的社会资本或项目公司。"

有必要区别与政府方签订PPP项目意向书的社会资本方和与政府方签订正式PPP项目合同的社会资本方(或社会资本方投资设立的PPP项目公司,下同)。作为签约方的社会资本方,有可能是一家企业,也有可能是多家组成的联合体。项目公司则一般属于作为签约方的社会资本方投资设立的公司制企业。

(四)PPP项目资产

PPP项目资产是指PPP项目合同中确定的用来提供公共产品和服务的资产。

按照"镜像互补"原则,PPP项目资产需要由政府方和社会资本方双向确认。政府方确认的是具有控制权的PPP项目有形资产,社会资本方确认的则是使用PPP项目资产的权利——PPP项目无形资产。

既然政府方对PPP项目资产具有控制权,意味着PPP项目资产需要在PPP项目合同届满时移交给政府方或政府方指定的专门机构。

社会资本方用于提供公共产品和服务的资产,包括一般可直接提供给社会公众使用的PPP项目资产,例如公路基础设施、航道、城市道路等,以及由社会资本方控制、为提供公共产品和服务而使用、无须在PPP项目合同期限届满时移交的资产,例如为提供高速公路通行公共服务而由社会资本方使用的收费设施、监控设施、管理用房屋建筑物等。

PPP项目资产包括以下两种。

1. 由社会资本方提供的PPP项目资产

(1)由社会资本方投资建造。由社会资本方投资建造PPP项目资产属于PPP项目合同中的BOT运作方式。

(2)社会资本方从第三方购买。社会资本方从第三方购买取得 PPP 项目资产和通过投资建造取得 PPP 项目资产在性质是一致的。

(3)社会资本方现有的资产。PPP 项目合同中有可能约定由社会资本方通过使用自身现有的资产来提供公共产品和服务。现有资产有可能包括对现有的资产进行更新改造的行为。

财政部尚未明确规范社会资本方从第三方购买 PPP 项目资产以及使用现有资产的 PPP 项目运作方式。

作为 PPP 项目合同中约定的 PPP 项目资产,社会资本方有义务在 PPP 项目期限届满时,将符合约定条件的 PPP 项目资产移交给指定的政府方。

2. 由政府方提供的 PPP 项目资产

(1)政府方现有的资产。使用政府方现有资产属于 PPP 项目合同中的 TOT 运作方式。

(2)对政府方现有资产进行改建、扩建。对政府方现有资产进行扩建改造属于 PPP 项目合同中的 ROT 运作方式。

用于提供公共产品和服务的资产,一般可直接提供给社会公众使用,例如公路基础设施、航道、城市道路等;也有可能属于社会资本方为提供公共产品和服务而使用的资产,例如为提供公路通行公共服务而由社会资本方使用的收费设施、监控设施、管理用房屋建筑物等。

PPP 项目资产是由政府控制、供社会资本方使用、PPP 项目合同期限届满后需要移交给政府方的实体资产,不包括由社会资本方控制、PPP 项目合同期限届满后无须移交给政府方、被政府方确认为一项固定资产的实体资产。

三、PPP 项目资产的确认

PPP 项目资产确认涉及确认条件、确认主体、分类确认、确认时间、后续支出确认、终止确认等确认事项。

(一)PPP 项目资产的确认条件

PPP 项目资产的确认条件,与其他政府资产的确认条件是一致的。按照 GAS 10 的规定,符合定义的 PPP 项目资产,在同时满足以下条件时,应当由政府方予以确认:

(1)与该资产相关的服务潜力很可能实现或者经济利益很可能流入。

(2)该资产的成本或者价值能够可靠地计量。

符合定义但不符合确认条件的 PPP 项目资产,不应当予以确认。

【案例 10-2】政府方通过与某社会资本方签署 PPP 项目意向书,将某政府收费高速公路 20 年的收费权以 8 亿元的价格有偿转让给该社会资本方投资设立的项目公司。如果该高速公路占用土地使用权没有作为交易的标的物单独计价,意味着其成本或者价值无法可靠计量,则不符合单独确认为一项资产的条件。

（二）确认主体

GAS 10 中没有专门规范确认主体。按照 GAS 10 中的相关表述可以认为，应当由政府方确认 PPP 项目资产。需要进一步明确以下事项。

1. 签约的政府方和取得 PPP 项目资产的政府方

与社会资本方签署正式 PPP 项目合同的政府方，也许与在 PPP 项目合同约定的期限届满时取得 PPP 项目资产的政府方并非同一政府会计主体。在**【案例 10-1】**中，新桐高速公路 PPP 项目合同的政府签约方是新源市人民政府；特许经营期限届满时接受移交的新桐高速公路资产的政府方则是新源市公路事业发展中心。

确认 PPP 项目资产的政府方，应当具备提供接受移交后 PPP 项目资产的维护与管理的能力。故确认 PPP 项目资产的政府方一般应当是事业单位，而非政府职能部门。

2. 确认主体应当是承担该项资产管理维护与相关后续支出责任的政府方

有必要区别履行行业管理或行业指导职责的政府方和直接履行与 PPP 项目资产相关的公共基础设施管理维护与后续支出责任的政府方。确认主体应当属于政府预算单位中的基层预算单位。

在**【案例 10-1】**中，如果新源市公路事业发展中心属于基层预算单位，则应当由新源市公路事业发展中心作为新桐高速公路 PPP 项目资产的确认主体；如果新源市公路事业发展中心下设了具有法人资格的县级公路养护中心并具体承担接受移交的新桐高速公路的管理养护职责，则该县级公路养护中心应当作为新桐高速公路 PPP 项目资产的确认主体。

（三）分类确认

GAS 10 要求，PPP 项目资产的各组成部分具有不同使用年限或者以不同方式提供公共产品和服务的，应当分别将各组成部分确认为一个单项 PPP 项目资产。而是否需要单独确认为一项 PPP 项目资产，取决于该 PPP 项目资产是否能够单独提供公共服务。

以公路公共基础设施形成的 PPP 项目资产为例，如果某大型公路桥梁是单独立项建设，并能够单独提供公路公共通行服务，则有必要将其单独确认为一单项 PPP 项目资产；如果某公路桥梁（隧道）是某公路线路密切不可分割的组成部分，无法单独提供公路公共通行服务，则没有必要单独确认，而是与相关的公路线路一起确认为一项 PPP 项目资产。而作为公路基础设施不可缺少组成部分，并且无法单独提供公路公共通行服务的路面、路基、构筑物（包括安全保护工程）、安全设施、绿化工程等，尽管具有不同的使用年限，也没有必要单独确认为一项 PPP 项目资产。

（四）PPP 项目资产的确认时间

1. 投资建设取得的 PPP 项目资产

由社会资本方投资建造或从第三方购买形成的 PPP 项目资产，政府方应当在 PPP 项目资产验收合格交付使用时予以确认。

值得商榷的是:按照《企业会计准则解释第 14 号》的规定,社会资本方应当将处于建造工程中的 PPP 项目资产,在资产负债表中也确认为一项无形资产。这意味着,如果政府方仅仅在 PPP 项目资产验收合格交付使用时予以确认,处于建造阶段的 PPP 项目资产仍属于"孤儿资产"。按照"镜像互补"原则,政府是否也有必要将处于建造阶段的 PPP 项目资产予以确认尚需讨论。

2. 使用社会资本方现有的资产

使用社会资本方现有资产形成的 PPP 项目资产,政府方应当在 PPP 项目开始运营日予以确认。

3. 政府方现有的资产

使用政府方现有资产形成的 PPP 项目资产,应当在 PPP 项目开始运营日将其现有资产重分类为 PPP 项目资产。

4. 对政府方现有资产进行扩建改造

社会资本方对政府方现有资产进行改建、扩建形成的 PPP 项目资产,政府方应当在 PPP 项目资产验收合格交付使用时予以确认,同时终止确认现有资产。

(五)PPP 项目资产后续支出的确认

在 PPP 项目资产运营过程中发生的后续支出,满足确认条件的,政府方应当计入 PPP 项目资产成本。PPP 项目资产后续支出的确认应当区分以下两种情况:

(1)为增加 PPP 项目资产的使用效能或延长其使用年限而发生的改建、扩建等后续支出,政府方应当计入 PPP 项目资产的成本。

(2)为维护 PPP 项目资产的正常使用而发生的日常维修、养护等后续支出,不计入 PPP 项目资产的成本。

GAS 10 以及财政部印发的相关实施问答中没有进一步说明后续支出资本化处理是否也需要遵循"镜像互补"的原则。某项后续支出对于政府方来说也许能够发挥延长使用年限的作用,需要予以资本化;但按照 PPP 项目合同的约定也许不能延长特许经营年限(PPP 项目合同期限),则社会资本方不应当将其资本化处理。

(六)PPP 项目合同终止时的终止确认

GAS 10 规定,PPP 项目合同终止时,PPP 项目资产按规定移交至政府方的,政府方应当根据 PPP 项目资产的性质和用途,将其重分类为公共基础设施等资产。

正常情况下,PPP 项目合同终止的主要原因,是 PPP 项目合同约定的期限届满。除此以外,还有可能在 PPP 项目合同中约定,如果出现了社会资本方因破产、资金短缺或其他方面的原因无力继续履行 PPP 项目合同,需要终止 PPP 项目合同。

一般来说,如果 PPP 项目资产属于社会资本方(移交后由政府方,下同)直接提供给社会公众使用的资产,则应当将其重新分类为一项公共基础设施;如果 PPP 项目资产是社会资本方为提供公共产品和服务而使用的有形资产,则有必要将其重新分类为一项固定资产。

如果由社会资本方通过投资建造提供 PPP 项目资产,并且政府方需要在 PPP 项目资产建成交付使用时予以确认,则 PPP 项目资产处于建造过程中时终止 PPP 项目合同政府方应当如何进行会计处理,GAS 10 中尚未明确。

四、PPP 项目资产的计量

(一)PPP 项目资产的初始计量

1. PPP 项目资产初始计量的一般要求

政府方在取得 PPP 项目资产时一般应当按照成本进行初始计量;按规定需要进行资产评估的,应当按照评估价值进行初始计量。

2. PPP 项目资产成本的构成

(1)PPP 项目资产的建设成本。社会资本方投资建造形成的 PPP 项目资产,其成本包括该项资产至验收合格交付使用前所发生的全部必要支出,主要由建筑安装工程投资支出、设备投资支出和分摊的待摊投资支出构成。

已交付使用但尚未办理竣工财务决算手续的 PPP 项目资产,应当按照估计价值入账,待办理竣工财务决算后再按照实际成本调整原来的暂估价值。《政府会计准则制度解释第 4 号》对在建工程按照估计价值结转固定资产、公共基础设施相关会计处理作出了解释,也可适用于 PPP 项目资产估计价值的确定及其会计处理。

(2)PPP 项目资产的购买成本。社会资本方从第三方购买形成的 PPP 项目资产,其成本包括购买价款、相关税费以及验收合格交付使用前发生的可归属于该项资产的运输费、装卸费、安装费和专业人员服务费等。

(3)使用社会资本方现有资产形成的 PPP 项目资产,其成本按规定以该项资产的评估价值确定。

(4)政府方使用其现有资产形成的 PPP 项目资产,其成本按照 PPP 项目开始运营日该资产的账面价值确定;按照相关规定对现有资产进行资产评估的,其成本按照评估价值确定,资产评估价值与评估前资产账面价值的差额计入当期收入或当期费用。

对政府方现有资产进行评估的主要理由,是政府方将其现有资产的使用权有偿转让给社会资本方。转让价格需要以评估价值为基准,但区别不同情况,有可能高于或者低于其评估值。由于社会资本方应当按照实际支付的价格进行账务处理,按照“镜像互补”的原则,政府方也应当按照交易价格进行初始计量。如果将政府现有资产无偿提供给社会资本方使用,一般可按照现有资产的账面价值进行初始计量。

(5)社会资本方对政府方现有资产进行改建、扩建形成的 PPP 项目资产,其成本按照该资产改建、扩建前的账面价值加上改建、扩建发生的支出,再扣除该资产被替换部分账面价值后的金额确定。

（二）PPP 项目资产的后续计量

后续计量一般涉及以下两方面的会计处理事项：①计提 PPP 项目资产折旧（摊销）；② PPP 项目资产的处置。

1. PPP 项目资产折旧（摊销）

根据 GAS 10，PPP 项目资产折旧（摊销）的计提应当参照《政府会计准则第 3 号——固定资产》（GAS 3）、《政府会计准则第 5 号——公共基础设施》（GAS 5）等的规定执行。

但如果政府方按照 GAS 10 的规定，在确认 PPP 项目资产的同时确认 PPP 项目净资产的，在 PPP 项目运营期间内，按月对该 PPP 项目资产计提折旧（摊销）的，应当于计提折旧（摊销）时冲减 PPP 项目净资产的账面余额。

GAS 10 应用指南提出，在国务院财政部门对 PPP 项目资产折旧（摊销）年限作出规定之前，政府方在 PPP 项目资产首次入账时暂不考虑补提折旧（摊销），初始入账后也暂不计提折旧（摊销）。

2. PPP 项目资产处置

根据 GAS 10，PPP 项目资产的处置一般应当参照 GAS 3 和 GAS 5 等规定执行。

PPP 项目合同终止时，PPP 项目资产按规定移交至政府方并进行资产评估的，政府方应当以评估价值作为重分类后资产的入账价值，评估价值与 PPP 项目资产账面价值的差额计入当期收入或当期费用；政府方按规定无须对移交的 PPP 项目资产进行资产评估的，应当以 PPP 项目资产的账面价值作为重分类后资产的入账价值。

五、PPP 项目负债和净资产确认和计量

（一）PPP 项目负债

GAS 10 中没有对 PPP 项目负债进行界定，仅要求如果按照 PPP 项目合同约定，政府方承担了向社会资本方支付款项的义务，则相关义务应当按照《政府会计准则第 8 号——负债》（GAS 8）有关规定确认一项 PPP 项目负债。

PPP 项目负债与政府方承诺向社会资本方支付款项有关。如果由于已发生的交易或事项使得政府方承诺的向社会资本方支付款项的义务成为现实义务，则需要执行 GAS 8 的规定在资产负债表中确认一项 PPP 项目负债。

在实务中，如果政府方承诺因社会资本方投资建造基础设施向其支付用于补偿建造成本的现金，在该基础设施建造完毕通过验收交付使用时，政府方承诺的支付义务将转变为现实义务，需要在资产负债表中确认一项应付款性质的 PPP 项目负债。如果按照 PPP 项目合同的约定该义务需要在一年内履行，则确认的 PPP 项目负债为一项应付账款；如果该项义务履行的时间在一年以上，则确认的 PPP 项目负债为一项长期应付款。

GAS 10 规定，政府方按照 GAS 8 有关规定确认负债的，应当同时确认当期费用；在以后

期间支付款项时，相应冲减负债的账面余额。但财政部似乎不太主张政府方确认 PPP 项目负债，而是希望在支付款项时直接计入当期费用。故 GAS 10 应用指南中也没有要求设置与 PPP 项目负债相关的负债类科目。

（二）PPP 项目净资产

GAS 10 引入了“PPP 项目净资产”的概念，体现的是政府方通过社会资本方投资建造取得的 PPP 项目资产相应增加的净资产。

GAS 10 规定，除了政府方使用其现有资产形成的 PPP 项目资产以外，政府方在确认 PPP 项目资产时，应当同时确认一项 PPP 项目净资产，PPP 项目净资产的初始入账金额与 PPP 项目资产的初始入账金额相等。

政府方使用其现有资产形成 PPP 项目资产的，在初始确认 PPP 项目资产时，应当同时终止确认现有资产，不确认 PPP 项目净资产。

社会资本方对政府方现有资产进行改建、扩建形成 PPP 项目资产的，政府方应当仅按照 PPP 项目资产初始入账金额与政府方现有资产账面价值的差额确认 PPP 项目净资产。

（三）PPP 项目负债与 PPP 项目净资产

政府方应当将确认的 PPP 项目负债直接计入费用，与 PPP 项目资产和 PPP 项目净资产无关。故 GAS 10 应用指南提出，确认 PPP 项目负债不影响 PPP 项目资产及净资产的账面价值。

（四）PPP 项目运营中形成 PPP 项目净资产及其折旧（摊销）

1. PPP 项目净资产的增加

在 PPP 项目运营过程中，政府方因 PPP 项目资产改建、扩建等后续支出增加 PPP 项目资产成本的，应当同时增加 PPP 项目净资产的账面余额。

2. PPP 项目资产折旧（摊销）对 PPP 项目净资产的影响

政府方在确认 PPP 项目资产的同时确认 PPP 项目净资产的，在 PPP 项目运营期间内，按月对该 PPP 项目资产计提折旧（摊销）的，应当于计提折旧（摊销）时冲减 PPP 项目净资产的账面余额。

政府方初始确认的 PPP 项目净资产金额等于 PPP 项目资产初始入账金额的，应当按照计提的 PPP 项目资产折旧（摊销）金额，等额冲减 PPP 项目净资产的账面余额。

政府方初始确认的 PPP 项目净资产金额小于 PPP 项目资产初始入账金额的，应当按照计提的 PPP 项目资产折旧（摊销）金额的相应比例（即 PPP 项目净资产初始入账金额占 PPP 项目资产初始入账金额的比例）冲减 PPP 项目净资产的账面余额；当期计提的折旧（摊销）金额与所冲减的 PPP 项目净资产金额的差额，应当计入当期费用。

PPP 项目合同终止时，政府方应当将尚未冲减完的 PPP 项目净资产账面余额转入累计盈余。

六、PPP 项目合同的账务处理

PPP 业务涉及的账务处理，主要包括：取得 PPP 项目资产的账务处理，持有 PPP 项目资产期间涉及相关业务的账务处理，以及 PPP 项目合同终止时涉及的账务处理。

（一）会计科目设置

GAS 10 应用指南要求设置的一级会计科目有三个。

1. PPP 项目资产

政府方应当设置“1841 PPP 项目资产”一级科目，核算按照 GAS 10 的规定确认的 PPP 项目资产，并按照资产类别、项目等进行明细核算。本科目的期末借方余额，反映 PPP 项目资产的账面余额。

2. PPP 项目资产累计折旧（摊销）

政府方应当设置“1842 PPP 项目资产累计折旧（摊销）”一级科目，核算按照 GAS 10 的规定计提的 PPP 项目资产累计折旧（摊销），并按照资产类别、项目等进行明细核算。本科目期末贷方余额，反映政府方计提的 PPP 项目资产折旧（摊销）的累计数。

3. PPP 项目净资产

政府方应当设置“3601PPP 项目净资产”一级科目，核算按照 GAS 10 的规定确认的 PPP 项目净资产。本科目的期末贷方余额，反映 PPP 项目净资产的账面余额。

（二）取得 PPP 项目资产的账务处理

采取不同方式取得 PPP 项目资产，具有不同的账务处理要求。

1. 社会资本方投资建造形成的 PPP 项目资产

采取这种方式取得 PPP 项目资产，政府方应当在 PPP 项目资产验收合格交付使用时，按照确定的成本借记“PPP 项目资产”科目，贷记“PPP 项目净资产”科目。

对于已交付使用但尚未办理竣工财务决算手续的 PPP 项目资产，政府方应当按暂估价值，借记“PPP 项目资产”科目，贷记“PPP 项目净资产”科目；待办理竣工财务决算后，政府方应当按照实际成本与暂估价值的差额，借记或贷记“PPP 项目资产”科目，贷记或借记“PPP 项目净资产”科目。

2. 社会资本方从第三方购买形成的 PPP 项目资产

采取这种方式取得 PPP 项目资产，政府方应当在资产验收合格交付使用时，按照确定的成本借记“PPP 项目资产”科目，贷记“PPP 项目净资产”科目。

3. 使用社会资本方现有资产形成的 PPP 项目资产

采取这种方式取得 PPP 项目资产，政府方应当在 PPP 项目开始运营日，按照该项资产的评估价值，借记“PPP 项目资产”科目，贷记“PPP 项目净资产”科目。

4.使用政府方现有资产形成的PPP项目资产

需要进一步区别以下两种情况进行账务处理：

(1)无须资产评估。如果无须进行资产评估，政府方应当在PPP项目开始运营日，按照该资产的账面价值，借记“PPP项目资产”科目；按照资产已计提的累计折旧或摊销，借记“公共基础设施累计折旧(摊销)”等科目；按照资产的账面余额，贷记“公共基础设施”等科目。

(2)需要进行资产评估。如果按照相关规定需要进行资产评估，政府方应当按照资产评估价值，借记“PPP项目资产”科目；按照资产已计提的累计折旧或摊销，借记“公共基础设施累计折旧(摊销)”等科目；按照资产的账面余额，贷记“公共基础设施”等科目；按照资产评估价值与账面价值的差额贷记“其他收入”科目或借记“其他费用”科目。

5.社会资本方对政府方原有资产进行改建、扩建形成的PPP项目资产

采取这种方式取得PPP项目资产，政府方应当在资产验收合格交付使用时，按照资产改建、扩建前的账面价值加上改建、扩建发生的支出，再扣除资产被替换部分账面价值后的金额，借记“PPP项目资产”科目；按照资产改建、扩建前已计提的累计折旧或摊销，借记“公共基础设施累计折旧(摊销)”等科目；按照资产的账面余额，贷记“公共基础设施”等科目；按照PPP项目资产初始入账金额与原有资产账面价值的差额，贷记“PPP项目净资产”科目。

(三)持有PPP项目资产期间的账务处理

政府方持有PPP项目资产期间，即PPP项目资产的运营期间发生的主要业务包括PPP项目资产的后续支出和计提PPP项目资产折旧(摊销)等。

1.PPP项目资产的后续支出

由于发生PPP项目资产后续支出的责任主体是项目公司而不是政府方，故政府方关注的事项主要是发生的后续支出是否具备资本化的条件。

按照GAS 10的规定，如果发生的后续支出具备资本化的条件，需要相应地增加PPP项目资产的成本。GAS 10应用指南也提出：

(1)对于为维护PPP项目资产的正常使用而发生的日常维修、养护等后续支出，不计入PPP项目资产的成本。这说明政府方无须核算发生的这些后续支出。

(2)对于为增加PPP项目资产的使用效能或延长其使用年限而发生的大修、改建、扩建等后续支出，政府方应当在资产验收合格交付使用时，按照相关支出扣除资产被替换部分账面价值的差额，借记“PPP项目资产”科目，贷记“PPP项目净资产”科目。

2.PPP项目资产折旧(摊销)

GAS 10应用指南要求，在PPP项目运营期间，政府方应当按月对PPP项目资产计提折旧(摊销)，但社会资本方持续进行良好维护使得其性能得到永久维护的PPP项目资产除外。对于作为PPP项目资产单独计价入账的土地使用权，政府方应当按照其他政府会计准则制度的规定进行摊销。

计提PPP项目资产折旧(摊销)，应区分取得时的不同情况，分别计入当期费用或冲减

PPP 项目净资产。

(1)政府方初始确认的 PPP 项目净资产金额等于 PPP 项目资产初始入账金额的,按月计提 PPP 项目资产折旧(摊销)时,应当按照计提的 PPP 项目资产折旧(摊销)金额,借记“PPP 项目净资产”科目,贷记“PPP 项目资产累计折旧(摊销)”科目。

(2)政府方初始确认的 PPP 项目净资产金额小于 PPP 项目资产初始入账金额的,按月计提 PPP 项目资产折旧(摊销)时,应当按照计提的 PPP 项目资产折旧(摊销)金额的相应比例(即 PPP 项目净资产初始入账金额占 PPP 项目资产初始入账金额的比例),借记“PPP 项目净资产”科目,按照计提的 PPP 项目资产折旧(摊销)金额,贷记“PPP 项目资产累计折旧(摊销)”科目,按照当期计提的折旧(摊销)金额与所冲减的 PPP 项目净资产金额的差额,借记“业务活动费用”等科目。

(四)PPP 项目合同终止时的账务处理

1. PPP 项目资产终止确认的账务处理

PPP 项目合同终止时,PPP 项目资产按规定移交至政府方的,政府方应当根据 PPP 项目资产的性质和用途,将其重分类为公共基础设施等资产。

(1)无须资产评估。无须对所移交的 PPP 项目资产进行资产评估的,政府方应当按移交日 PPP 项目资产的账面价值,借记“公共基础设施”等科目;按照已计提的累计折旧(摊销),借记“PPP 项目资产累计折旧(摊销)”科目;按照 PPP 项目资产的账面余额,贷记“PPP 项目资产”科目。

(2)需要进行资产评估。按规定需要对所移交的 PPP 项目资产进行资产评估的,政府方应当按照资产评估价值,借记“公共基础设施”等科目;按照已计提的累计折旧(摊销),借记“PPP 项目资产累计折旧(摊销)”科目;按照 PPP 项目资产的账面余额,贷记“PPP 项目资产”科目;按照资产评估价值与 PPP 项目资产账面价值的差额,贷记“其他收入”科目或借记“其他费用”科目。

2. PPP 项目净资产终止确认的账务处理

PPP 项目合同终止时,政府方应当将尚未冲减完的 PPP 项目净资产账面余额转入累计盈余,即按 PPP 项目净资产的账面余额,借记“PPP 项目净资产”科目,贷记“累计盈余”科目。

(五)其他相关业务的账务处理

GAS 10 应用指南提出,对于上述规定中未明确的其他相关经济业务或事项,政府方应当按照其他政府会计准则制度的规定进行账务处理。

七、PPP 项目资产和 PPP 项目净资产列报

(一)PPP 项目资产和 PPP 项目净资产列示

GAS 10 规定,政府方应当在资产负债表中单独列示 PPP 项目资产及相应的 PPP 项目净

资产。如果涉及与 PPP 项目合同相关的负债,也需要按照规定要求进行列示。GAS 10 应用指南进一步明确规定了以下列示要求。

1. 在资产负债表中的列示

(1)政府方应当在“保障性住房净值”和“长期待摊费用”项目之间依次增加“PPP 项目资产”“减:PPP 项目资产累计折旧(摊销)”“PPP 项目资产净值”项目。

(2)政府方应当在“权益法调整”项目和“无偿调拨净资产”项目之间增加“PPP 项目净资产”项目。

2. 在净资产变动表中的列示

(1)政府方应当在“本年数”“上年数”两栏中的“权益法调整”和“净资产合计”项目之间增加“PPP 项目净资产”列项目。

(2)政府方应当在“(六)权益法调整”和“五、本年年末余额”项目之间增加“PPP 项目净资产”行项目。

(二)PPP 项目资产和 PPP 项目净资产的信息披露

GAS 10 规定,政府方应当在附注中披露与 PPP 项目合同有关的下列信息:

(1)对 PPP 项目合同的总体描述。

(2)PPP 项目合同中的重要条款。

GAS 10 中明确的需要披露的重要条款包括:

①PPP 项目合同主要参与方。

②合同生效日、建设完工日、运营开始日、合同终止日等关键时点。

③PPP 项目资产的来源;按照 GAS 10 的规定,PPP 项目资产可能来源于社会资本方,也可能由政府方提供。

④PPP 项目的付费方式。PPP 项目的付费方式,包括使用者付费、政府付费和可行性缺口补助三种。采用政府付费和可行性缺口补助有可能产生与 PPP 项目合同相关的政府债务。

⑤合同终止时资产移交的权利和义务。如果某 PPP 项目合同中约定了政府方需要为取得移交的 PPP 项目资产支付一定的价款,这就构成了政府方在合同终止资产移交时需要履行的一项义务。

⑥政府方和社会资本方其他重要权利和义务。

(3)报告期间所发生的 PPP 项目合同变更情况。

(4)相关会计信息。

需要披露的相关会计信息包括:

①政府方确认的 PPP 项目资产及其类别。

②PPP 项目资产、PPP 项目净资产初始入账金额及其确定依据。

③政府方确认的与 PPP 项目合同有关的负债金额及其确定依据。

④报告期内 PPP 项目资产折旧(摊销)冲减 PPP 项目净资产的金额。

⑤报告期内政府方向社会资本方支付的款项金额，或者从社会资本方收到的款项金额；如果采取政府付费机制或可行性缺口补助机制，则需要确定政府方向社会资本方支付的款项。如果 PPP 项目资产由政府方提供，则有可能涉及向社会资本方收款的事项（有偿转让）。

⑥其他需要披露的会计信息。

除此以外，政府方还应遵循其他政府会计准则制度关于 PPP 项目合同的披露要求。按照 GAS 10 的规定，对于不属于 GAS 10 适用范围的 PPP 项目合同，例如采取 BOO、TOO 等运作方式的 PPP 项目合同，虽然不应当执行 GAS 10 的规定进行确认、计量并在财务报表中列示，但也需要按照 GAS 10 的有关规定予以相关信息披露。

第三节　国际授予方特许经营项目会计处理规定

关于政府方 PPP 项目合同的会计处理，可以借鉴国际公共部门会计准则理事会（IPSASB）出台的相关国际公共部门会计准则、美国政府会计准则理事会（GASB）出台的政府会计准则以及英国财务报告理事会（FRC）和澳大利亚会计准则理事会（AASB）等出台的相关会计准则中的有关规定。这些参考文件包括：IPSASB 出台的《国际公共部门会计准则第 32 号：特许服务权安排——授予方》（IPSAS 32）；GASB 出台的《政府会计准则理事会公告第 60 号：特许服务权安排会计处理与财务报告》（SGAS 60）；FRC 出台的《财务报告准则第 102 号：应用于英国和爱尔兰共和国的财务报告准则》（FRS 102）；AASB 出台的《澳大利亚会计准则理事会准则第 1051 号：公路用地》（AASB 1051）和《澳大利亚会计准则理事会准则第 1059 号：特许服务权安排——授予方》（AASB 1059）等。

一、国际公共部门会计准则的相关规定

（一）概述

2011 年 10 月，国际公共部门会计准则理事会发布了 IPSAS 32，明确了特许服务权安排（Service Concession Arrangement，SCA）中授予方的会计处理规定。随后，IPSASB 根据其他相关准则的发布对 IPSAS 32 作出了相应的修订。

IPSAS 32 中包括三个示例，说明针对一个公路 PPP 项目，分别采用政府付费机制、使用者付费机制和可行性缺口政府补助机制涉及的相关会计处理。

（二）有关 SCA 会计处理的规范内容

1. 对特许服务权安排的界定

IPSASB 认为，一项特许服务权安排涉及的是经营方代表授予方提供与特许服务权资产相关公共服务的行为。

与特许服务权安排无关的是不提供公共服务的安排,以及在资产不受授予方控制的情况下涉及服务和管理组成部分的安排(例如外包合同、服务合同以及私有化)。

一项特许服务权安排中的授予方,是指将使用特许服务权资产的权利授予经营方的主体;经营方是指通过使用受授予方控制的特许服务权资产来提供公共服务的主体。

经营者为提供公共服务使用的特许服务权资产,可以是授予方现有的资产或经营方现有的资产,可以是经营方建造、开发或从第三方购入的资产,也可以是经营方通过对授予方享有资产进行升级改良的资产。经营者可因提供公共服务而获取补偿。

2. 特许服务权资产的确认与计量

有关特许服务权资产确认和计量的一般要求是:如果授予方能够控制经营方使用该项资产提供的服务以及服务价格,并且授予方拥有该项安排期限届满时该项资产的所有权,则授予方应当将经营方提供的资产或者对授予方现有资产进行的升级改造确认为一项特许服务权资产,并按其公允价值进行初始计量。如果经营方使用的是授予方现有的资产,则需要将该项资产重新分类为一项特许服务权资产。

授予方确认的特许服务权资产应按照 IPSAS 17 或《国际公共部门会计准则第 31 号:无形资产》的规定进行会计处理。

3. 负债的确认与计量

授予方在确认一项特许服务权资产的同时,确认一项负债。如果特许服务权安排中使用的是授予方将现有资产重新分类的特许服务权资产,则无须确认负债。

负债应当按照与确认的相关特许服务权资产相同的金额进行初始计量,并按照授予方与经营方之间相互支付的其他对价予以调整。负债的性质取决于授予方与经营方之间对价交换的性质。

(1)金融负债模式(Financial Liability Model)。如果授予方因经营方建造、开发、购买或升级改造一项特许服务权资产而承担了无条件向经营方支付现金或其他金融资产的义务,则需要将该项负债确认为一项金融负债。

授予方应当对支付给经营方的款项予以分配,并依据其实质分别作为负债的减项、一项融资费用以及因经营方提供服务支付的费用。财务费用以及因经营方提供服务支付的费用应计入金融负债。

如果资产和一项特许服务权安排的服务部分可单独辨认,为服务部分支付的价款应当按照特许服务权资产和服务的公允价值进行分配;如果无法辨认,则需要采用估值技术进行确定。

(2)授权模式(Grant of a Right to the Operator Model)。如果授予方并未因经营方建造、开发、购买或升级改造一项特许服务权资产而承担无条件向经营方支付现金或其他金融资产的义务,而是授权经营方从第三方使用者获取收益或其他能够产生的收益的资产,授予方应当将确认的负债视为由于资产交换所产生的未确认收益。授予方应当根据特许服务权的经济性质,在确认收入的同时减少确认的负债。

授予方是通过授予经营方向使用特许经营权资产或其他创收资产(Revenue generating asset)的用户收费的权利对经营者提供特许经营权资产和公共服务予以补偿的。当授予在整个特许服务权安排期间有效的权利时,授予方不能依据该项交易立即确认收入,而是应将尚未赚取收入的部分确认为一项负债。收入的确认应取决于特许服务权安排的经济性质,并且在确认收入的同时减少负债。

4. 特许服务权安排的分解

如果授予方补偿经营方为建造、开发、购买或升级改造一项特许服务权资产部分采取金融负债的方式,部分采取授权的方式,则需要将按照相关规定确认负债的各部分分别进行会计处理。全部负债初始确认的金额应当符合相关规定。授予方应当依据相关规定对负债的各个部分进行会计处理。

授予方应当分别执行《国际公共部门会计准则第19号:准备、或有负债和或有资产》《国际公共部门会计准则第28号:金融工具——列报》《国际公共部门会计准则第29号:金融工具——确认和计量》《国际公共部门会计准则第30号:金融工具——披露》的规定,核算SCA产生的其他负债、或有负债和或有资产。

二、美国政府会计准则的相关规定

由于联邦财务会计准则公告中没有涉及SCA的规范内容,故本书主要借鉴的是美国政府会计准则中的相关规定。

(一)概述

2010年10月,美国政府会计准则理事会(Governmental Accounting Standards Board, GASB)发布了SGAS 60,对SCA中的授予方的会计处理作出了规范。

GASB将SCA视为PPP模式的一种运作方式,PPP模式包括SCA和其他运作方式。SCA的内容也许包括经营方为取得建造、经营和向基础设施以及其他公共资产使用者收费的权利向政府的付款,以及在该项安排的期间在政府与经营方之间分享收入。

与对PPP模式的一般理解不同,GASB认为PPP模式包括公私合作(Public-Private Partnership)和公公合作(Public-Public Partnership)。这是因为,作为一项SCA中的经营方,有可能是政府主体或非政府主体。对此,SGAS 60还规范了政府会计主体作为经营方的会计处理行为。

在SGAS 60的附录D中,提供了涉及与现有收费公路、采取DBO(Design-Build-Operate,设计-建造-运营)方式建设一座新隧道、现有桥梁、郡高尔夫球场相关的SCA的四个示例。

(二)有关SCA会计处理的规范内容

1. 对SCA的界定

GASB认为,作为一项政府(转让方)与经营方之间的SCA,应当满足以下所有条件:

(1)转让方将通过使用和经营一项设施来提供公共服务的权利和相应的义务转让给经

营方，并以经营方预先或分期支付的款项、提供新的公共设施或对现有公共设施进行改良作为对价。

(2)经营方可向第三方收费或从第三方获取补偿。

(3)转让方能够决定或有能力修改或批准经营方应当提供的服务以及为提供服务收取的价款。

(4)SCA 期限届满时，该公共设施的所有权归属转让方。

在一项 SCA 中，经营方既可通过设计与建造设施来获取向第三方收费的权利，也可通过提供对价来取得现有的公共设施并向使用该公共设施的第三方收费的权利。这意味着，GASB 界定的 SCA 包括 BOT、ROT、TOT 等运作方式。

2. 会计处理

SGAS 60 中有关转让方会计处理的条款内容概括如下：

如果 SCA 涉及的是一项现有的资产，则转让方应当继续将该项资产确认并报告为一项资本资产。

如果 SCA 涉及的是由经营方购买或建造的新的公共设施，或者是由经营方对现有设施进行的改良，转让方应当：

(1)将该项资产或改良工程报告为一项资本资产并在其运行时按公允价值计量。

(2)将承担的合同义务确认为一项负债。

(3)将资产和负债之间的差异确认为一项递延的资源流入。

转让方应当按照安排条款牺牲财务资源的相关义务确认一项负债。如果合同义务是重要的并且满足以下条件，与 SCA 相关的负债应当按其现值进行计量：

(1)合同义务与设施直接相关(例如与设施相关的资本改良、保险或维护)。该义务能够与该设施的所有权相关，或者能够产生转让方的相关责任，保证该设施能够保持适应安排的专门要求。

(2)合同义务与转让方作出的保持与设施经营相关的最低或者专门水平服务的承诺相关。

在初始计量后，该项资本资产应按规定进行折旧、减值和披露。然而，如果该项安排要求在经营方归还给转让方时保持原始或改进的状态，则该项资本资产不应当折旧。从该设施投入运营开始，应在安排期限内按照系统、合理的方式减少递延的资源流入并相应地确认收入。如果负债是按照体现牺牲财务资源的合同义务来记录的，则负债应当在转让方履行义务时予以减少。当义务予以履行，递延的资源流入应当予以报告；相关的收入应当在安排剩余期限内按照系统、合理的方式予以确认。在 SCA 期间由经营方对该设施实施的改良工程应当予以资本化，并按照规定进行折旧、减值和披露。

如果某项 SCA 需要经营方预付一笔款项或者分期支付款项，转让方应当报告：

(1)将预付的款项或者分期支付款项的现值报告为一项资产。

(2)将承担的合同义务报告为负债。

(3)将两者之间的差异报告为一项相关的递延资源流入。

应当在减少递延资源流入时确认收入。收入应当在安排整个期限内按照系统、合理的方式予以确认。如果转让方具有满足规定条件的合同义务,应当确认为一项负债。

三、其他国家政府(公共部门)会计准则的相关规定

(一)英国针对授予方 PPP 项目会计处理的相关规定

1. 概述

2018 年 3 月,英国财务报告理事会(FRC)修订后发布的 FRS 102 中的 34.12 部分,规范了特许服务权安排的定义以及授予方与经营方各自的会计处理行为。

2. FRS 102 中的相关规范内容

FRS 102 中的 34.12 部分,规范了对 SCA 的定义以及授予方与经营方各自的会计处理行为。

FRS 102 中具有与 IPSAS 32 类似的对 SCA 的定义和解释:SCA 是一项公共部门主体或公共利益主体(授予方)与私营部门主体(经营方)签署的在特定期限内(特许经营期)建造(或升级改造)、运营和维护基本设施资产的合同安排。经营方可为在特许经营期限内提供的服务获得补偿。

SCA 的基本特征,是经营方承担的是提供公共服务,或者代表授予方为了公共利益提供公共服务的合同义务。

FRS 102 认为,一项 SCA 应当具备以下条件:①授予方控制或者规范着经营方使用基础设施资产必须提供、为谁提供以及以什么价格提供的服务;②授予方通过所有权以及其他方面控制着该项安排期限届满时该资产的重要剩余利益。

与 IPSAS 32 和 SGAS 60 中的规定不同,FRS 102 要求授予方采用融资租赁负债模式进行会计处理。对此,FRS 102 要求 SCA 形成的基础设施资产应当被确认为授予方的资产,并按照承担的义务确认一项负债。如果授予方并未确认一项向经营方付款的负债,也就不应当确认基础设施资产。

FRS 102 要求将负债确认为一项金融租赁负债,并按照 FRS 102 中对租赁的规定进行后续会计处理。

与 IPSAS 32 相类似,FRS 102 也要求基础设施资产应当适当地被确认为一项不动产、厂房和设备或无形资产,并按照 FRS 102 中有关规定进行后续会计处理。

(二)澳大利亚针对授予方 PPP 项目会计处理的相关规定

1. 概述

2017 年 7 月 17 日,澳大利亚会计准则理事会 AASB 发布了《澳大利亚会计准则理事会准则第 1059 号:特许服务权安排——授予方》(AASB 1059)和附录 D,从 2019 年 1 月 1 日开始的报告年度生效。鉴于一些股东的建议,2018 年 10 月 AASB 发布 2018 年第 5 号公告

(AASB 2018-5),将 AASB 1059 的生效时间推迟到 2020 年 1 月 1 日开始的会计年度。

2. AASB 1059 对 SCA 会计处理的特点

AASB 提出,AASB 1059 采取了与 IPSAS 32 趋同的方式,但在以下方面存在差异:

(1) AASB 1059 同时适用于以营利为目的和不以营利为目的的公共部门主体,而 IPSAS 32 只适用于非营利公共部门主体。

(2) AASB 1059 要求授予方采用现行重置成本对经营方提供的特许服务权资产进行初始计量,而 IPSAS 32 则要求一般采用公允价值进行计量。

(3) AASB 1059 要求授予方的现有资产,包括尚未确认的可辨认无形资产或公路用地,需要重新分类为一项特许服务权资产并按照重新分类日的公允价值进行计量,而 IPSAS 32 则不允许进行这样的会计处理。

(4) AASB 1059 要求当授予方承担了由于第三方使用特许服务权资产向经营方支付现金的合同义务时应确认一项金融负债。IPSAS 32 则倾向于将此视为一项"影子付费"(Shadow toll)安排,要求授予方在支付时将其确认为一项费用,而不是在安排开始日将其确认为一项负债。

(5) 与 IPSAS 32 相比,AASB 1059 提供了更多的有关"公共服务"术语的指导。

(6) IPSAS 32 提供了针对其他收入的应用指导。其他收入体现的是经营方通过向授予方提供一系列预选设定的资源流入的方式(例如预付款项、类似于租金支付的系列支付以及收入分享条款)向授予方提供的补偿。

(三)加拿大针对授予方 PPP 项目会计处理的相关规定

加拿大于 2021 年 12 月发布的《公共部门会计准则第 3160 号——公私合作》(PS 3160—Public Private Partnerships),从 2023 年 4 月 1 日开始的年度生效。

与 IPSAS 32、SGAS 60、FRS 102、AASB 1059 中采取的"特许服务权安排"的称谓不同,PS 3160 中采取的是"公私合作"的称谓。PS 3160 中的主要规范内容如下。

1. 基础设施资产和基础设施负债的确认

(1) 基础设施资产的确认。依据 PS 3160 的规定,需要在财务状况表中将基础设施确认为一项资产——有形资本资产。

(2) 基础设施负债的确认。当公共部门主体确认一项与公私合作安排有关的基础设施资产,并承担了向私营部门的合作伙伴支付对价的义务时,需要确认一项负债。

应当在确认基础设施资产的同时确认负债。

向私营部门合伙人支付对价的类型决定着主体是确认一项金融负债(金融负债模式),还是业绩义务(使用者付费模式)。

2. 基础设施资产和基础设施负债的初始计量

(1) 基础设施资产的初始计量。基础设施资产应当按其成本进行初始计量,基础设施资产的成本反映了确认时的公允价值。

(2)基础设施负债的初始计量。基础设施负债应当按照相关基础设施资产的初始计量金额,减去已支付给私营部门合作伙伴的对价后的金额进行初始计量。

3. 基础设施资产和基础设施负债的初始计量

(1)基础设施资产的后续计量。具有有限使用寿命的基础设施资产的成本减去余值后在使用寿命期内进行摊销。

摊销金额应当在经营表(Statement of Operations)中确认为一项费用。

(2)基础设施负债的后续计量。公共部门主体用于交换基础设施支付给私营部门合作伙伴的对价包括:

①现金或其他金融资产(金融负债模式);

②授予私营部门合作伙伴其他权利(使用者付费模式)。

采用金融负债模式,金融负债应当按照使用实际利率法的摊余成本进行后续计量。

采用使用者付费模式,应当在按照 PS 3400:收入的规定,在确认收入的同时,相应减少金融负债。

四、针对国际 PPP 项目会计处理的有关思考

(一)PPP 项目会计处理的特点

1. 单独确认 PPP 项目资产

国外相关准则中均要求授予方将用于 PPP 项目的资产确认为一项政府资产——PPP 项目资产。

如果 PPP 项目资产是由经营方建造提供的,参照 IPSAS 32 中提供的三个示例,应当在经营方提供建造服务的同时予以确认。

如果 PPP 项目资产属于授予方现有的资产,则授予方需要将该项资产变更确认为一项 PPP 项目资产。

如果 PPP 项目资产属于经营方在授予方现有资产的基础上通过升级改造投资形成的,则授予方需要在经营方进行升级改造投资时确认一项 PPP 项目资产。

2. 确认与 PPP 相关资产相关的负债

按照 IPSAS 32、SGAS 60、AASB 1059 等中的比较一致的规定,授予方在确认一项 PPP 项目资产的同时需要相应地确认一项金融负债或其他负债。

针对金融负债,如果授予方由于经营方提供了基础设施的建造或升级改造服务而承担了支付确定金额对价的合同义务,则需要将该项义务确认为一项金融负债。

针对其他负债,如果授予方由于经营方提供了基础设施的建造或升级改造服务而授予了经营方向第三方收取对价的权利,则应当将让渡的权利确认为一项其他负债。

相比较之下,FRS 102 只明确了采用融资租赁负债模式进行资产和负债确认的规定。本书认为,FRS 102 中之所以要求授予方采用融资租赁负债模式进行会计处理,是目前英国的

PPP 项目,除了个别项目(例如六号高速公路特许经营项目)采取了使用者付费机制以外,其他 PPP 项目基本采取的是政府付费机制。英国曾经是世界上最早在 PPP 项目中采取影子付费(Shadow Toll)和采用影子付费的 PPP 项目最多的国家。但鉴于影子付费方式的一些局限性,使得这种政府付费方式正在淡出英国和一些曾经采取影子付费的国家,例如葡萄牙、美国、澳大利亚、西班牙等。当前,英国、美国、澳大利亚、西班牙等西方国家和哥伦比亚、玻利维亚、俄罗斯等国家实行的政府付费机制基本采取的是有效性支付(Availability Payment)的称谓,类似于我国按照确定金额付费的政府付费机制。对此,本书认为,FRS 102 的规定,与 IPSAS 32、SGAS 60 等的规定并没有本质上的不同。

(二)国际 PPP 项目会计处理的借鉴

1. 应当科学界定 PPP 项目的运作方式

按照财政部有关推进 PPP 项目的最新政策导向以及 GAS 10 及其应用指南中的表述,PPP 项目的运作方式可包括 BOT、TOT、ROT 和 BOO;委托经营与管理合同不再作为 PPP 项目的运作方式。与政府会计主体资产确认相关的 PPP 项目运作方式应当包括 BOT、TOT 和 ROT。其中,BOT 运作方式体现的是经营方通过投资建造形成的 PPP 项目资产;TOT 运作方式体现的是经营方使用授予方现有资产形成的 PPP 项目资产;ROT 运作方式体现的是经营方对授予方现有资产进行升级改造投资形成的 PPP 项目资产。

毋庸置疑,BOO 属于 PPP 项目的运作方式之一。但 BT(Build-Transfer,建造-移交)是否属于 PPP 项目的运作方式之一,值得商榷。无可置疑,BT 缺少经营环节,故不属于特许经营范畴;如果将 PPP 项目界定为特许经营项目,则不应当包括 BT。但 BT 属于政府通过付费购买社会资本提供基础设施建造服务的行为。如果必要,政府会计主体也可参照 PPP 项目会计处理的相关规定进行会计处理。

2. 应当将 PPP 项目产生的公共基础设施确认为一项政府资产

PPP 项目涉及授予方与经营方。授予方的会计处理与经营方的会计处理之间形成"镜像"关系。由于《国际财务报告准则解释第 12 号——特许服务权安排》和财政部出台的《企业会计准则解释第 14 号》中涉及的针对 PPP 业务的会计处理均要求经营方(或项目公司,下同)将投资建造取得的基础设施区分不同情况分别确认为一项金融资产或无形资产,但不得确认为经营方的固定资产(或不动产、厂房与设备,下同)。为了避免出现"孤儿"资产现象,则作为授予方的政府会计主体应当将 PPP 项目产生的公共基础设施确认为自身的一项资产——公共基础设施(或特许服务权资产,下同)。

3. 应当在确认政府资产的同时确认一项政府债务

确认的政府债务可根据不同情况划分为以下两种类型:

(1)金融负债。如果授予方承诺了由于经营方提供基础设施建造或升级改造服务而支付确定金额对价的合同义务,则需要在确认政府资产的同时,确认一项金融负债。

(2)其他负债。如果授予方由于经营方提供基础设施建造或升级改造服务而赋予其向第三方收取对价的权利,则需要在确认政府资产的同时,确认一项负债——递延收益。

4. 应当区别不同情况确认政府资产与负债

本书认为,应当考虑区别以下三种不同的情况进行资产与负债的确认:

(1)通过经营方的投资建造取得的PPP项目公共基础设施。这种状况下,所需确认的政府资产,应当是经营方投资建造的资产。授予方应当根据经营方建造基础设施的相关资料,按照履约进度确认政府资产和相应的负债。

(2)经营方使用授予方现有资产提供公共服务。这种状况下授予方需要将原确认为一项公共基础设施的政府资产变更确认为一项PPP项目资产,但无须确认负债;如果授予方收取了经营方支付的对价,则应将其确认为一项负债——递延收益。

(3)通过经营方的投资升级改造取得的PPP项目公共基础设施。这种状况下,授予方所需确认的PPP项目资产,包括进行升级改造的公共基础设施以及经营方升级改造投资形成的政府资产。授予方应当根据经营方建造基础设施的相关资料,按照履约进度增加确认PPP项目资产和相应的负债。

5. 可按照一般公共基础设施的规范要求进行后续计量

一旦将PPP项目形成的公共基础设施被政府会计主体进行了确认和初始计量,则该项公共基础设施与其他公共基础设施之间不再存在本质性的差异,故可按照GAS 5中的规范要求对PPP项目形成的公共基础设施进行后续计量。

本章小结

政府方是PPP项目合同重要的参与方,包括签署PPP项目合同的政府方、确认PPP项目资产的政府方和在PPP项目合同期限届满时接受移交的PPP项目资产的政府方。在PPP项目合同中履行不同职责的政府方,具有不同的会计处理要求。

目前规范政府方PPP项目合同会计处理行为的主要规章制度是GAS 10及其应用指南。政府确认PPP项目资产、计提PPP项目资产折旧(摊销)、接受社会资本方移交的PPP项目资产等会计处理行为,需要符合GAS 10及其应用指南的规定。

GAS 10及其应用指南主要趋同的是IPSAS 32中的相关会计处理原则,它也结合中国的实际情况,体现了明显的中国特色。本章中有关IPSAS 32以及美国、英国、澳大利亚、加拿大等国家公共部门会计准则或政府会计准则中对PPP项目合同会计处理规范内容的借鉴,可为较好地学习和掌握GAS 10及其应用指南的规范内容提供有益的借鉴。

复习思考题

1. 何谓政府方?你认为与社会资本方或项目公司签署PPP项目合同的政府方、确认PPP项目资产的政府方和接受社会资本方移交的PPP项目资产的政府方是否应当为同一政府方？为什么？

2. 大型国有企业集团能否代表政府与社会资本方签署PPP项目合同？相关的制度依据有哪些？

3. 按照GAS 10及其应用指南中有关“双特征”和“双控制”标准的规范要求，哪些PPP模式运作方式涉及的会计处理需要执行GAS 10及其应用指南的规定？

4. 什么是PPP项目资产？政府方确认的由社会资本方提供的PPP项目资产一般都包括哪些取得的方式？

5. 按照“镜像互补”的原则和社会资本方的相关会计处理，社会资本方投资建设的PPP项目资产，政府方应当在何时登记入账？为什么？

6. 如何将政府方提供给社会资本方使用的现有资产确认为一项PPP项目资产？应当如何计量该PPP项目资产？

7. 依据GAS 10及其应用指南的规定，政府方在PPP项目合同约定的期限届满时接受社会资本方移交的PPP项目资产，应当如何进行会计处理？

8. 社会资本方发生的与PPP项目资产相关的后续支出中，政府方需要关注并进行会计处理的有哪些？

9. 为什么GAS 10应用指南中没有设置“PPP项目负债”科目？如果政府方承担了因社会资本方提供PPP项目资产的建造服务而支付对价的现时义务，是否需要在资产负债表中确认一项PPP项目负债？

10. 你认为GAS 10及其应用指南与IPSAS 32以及相关国家的公共部门会计准则或政府会计准则中涉及的对PPP项目合同会计处理的相关规定之间有何不同之处？如果存在一些差异，应当如何理解这些差异？

第十一章

政府方特许经营项目会计处理

本章概要

政府方 PPP 项目合同涉及相关业务的会计处理，需要执行 GAS 10 及其应用指南的规定。可按照“镜像互补”的原理来理解和认识政府方的会计处理事项。政府方的会计处理，主要包括取得 PPP 项目资产、持有 PPP 项目资产和 PPP 项目合同期限届满时终止确认 PPP 项目资产涉及的相关会计处理事项。

本章内容借鉴了财政部发布的 2022 年第一批政府会计准则制度应用案例中包含的 2 个政府和社会资本合作项目合同应用案例，也借鉴了部分国际案例。书中提供的境内外政府方 PPP 项目会计处理案例可为进一步深入学习和研究政府方 PPP 项目会计处理提供帮助。

第一节　政府方 PPP 项目会计处理的基本内容

一、PPP 项目合同会计处理中的镜像互补关系

应当按照政府方与社会资本方“镜像互补”的原则(理念)规范 PPP 项目合同中政府方与社会资本方各自的会计处理。

(一)镜像互补

所谓“镜像互补”，是指政府方的会计处理与社会资本方或社会资本方投资设立的项目公司的会计处理具有对应关系，即在 PPP 项目资产控制权与使用权分离的前提下，政府方需要确认体现 PPP 项目资产控制权的 PPP 项目有形资产，则项目公司需要相应地确认体现该 PPP 项目资产使用权的 PPP 项目无形资产；政府方确认一项体现支付款项现时义务的金融负债，则项目公司需要相应地确认一项体现无条件收取款项权利的金融资产等。

按照“镜像互补”的理念安排政府方的会计处理，有利于避免 PPP 项目资产被重复确认和成为“孤儿资产”的现象发生。

按照“镜像互补”的原则，只有当政府方确认了一项无条件支付对价的金融负债——

PPP 项目负债时,社会资本方才具备确认一项无条件收取对价的金融资产——应收款的条件。如果政府方拒绝确认 PPP 项目负债,则社会资本方尽管提供了建造服务,但不具备确认一项无条件收取对价权利(应收款)的条件。

(二)重复确认

如果政府方确认了 PPP 项目资产,但社会资本方也将该 PPP 项目资产确认为一项固定资产,则该项资产被重复确认。

为了避免重复确认现象的发生,对于某 PPP 项目合同形成的 PPP 项目资产,如果社会资本方尚未执行《企业会计准则解释第 14 号》的规定将其确认为一项无形资产,而是将其确认为一项固定资产,则政府方不应当在资产负债表中确认该项 PPP 项目资产。

(三)孤儿资产

如果社会资本方将某 PPP 项目资产确认为一项无形资产,但政府方尚未将该资产确认为一项政府资产——PPP 项目资产,则该项资产成为了“孤儿资产”。

这方面的典型事例是:按照财政部的规定,社会资本方执行《企业会计准则解释第 14 号》的规定将处于建设期间的 PPP 项目资产在资产负债表中列示为一项无形资产,政府方则执行 GAS 10 的规定在该项 PPP 项目资产建成交付使用时才予以确认,则意味着处于建设工程中的该项资产成了“孤儿资产”。

为了避免发生“孤儿资产”的现象,政府方有必要在 PPP 项目资产处于建设期间时就予以确认。

对此,GAS 10 及其应用指南中的相关规定有必要与《企业会计准则解释第 14 号》中的相关规定形成“镜像互补”关系;政府方的会计处理有必要与相关社会资本方的会计处理形成“镜像互补”关系。

二、取得 PPP 项目资产的会计处理

政府方采取不同方式取得 PPP 项目资产,具有不同的会计处理要求。

(一)社会资本方投资建造形成的 PPP 项目资产

社会资本方采取 BOT 运作方式投资建造形成的 PPP 项目资产,按照 GAS 10 的规定,在完工验收合格交付使用时由政府方予以确认,并按照实际建设成本予以初始计量。实际建设成本的数据,政府方可依据项目合同的约定从社会资本方获取。

有必要区别社会资本方通过投资建造形成的 PPP 项目资产以及由社会资本方控制、无须在 PPP 合同期限届满时移交给政府方的其他资产。例如,按照某高速公路 PPP 项目合同的约定,社会政府方通过投资建造取得的、需要在该 PPP 项目合同期限届满时移交的 PPP 项目资产,是公路基础设施(包括公路及构筑物和安全设施)。该高速公路建设工程形成的其他交付使用资产,包括收费设施、监控设施、通信设施、车辆、管理用房屋建筑物等,无须在合同期限届满予以移交,应分别确认为社会资本方的一项固定资产。

1. PPP 项目资产的入账价值

社会资本方投资建造形成的 PPP 项目资产的入账价值,取决于 PPP 项目资产的建造成本。社会资本方为建造 PPP 项目资产发生的基本建设支出,包括建筑安装工程投资支出和设备投资支出和分摊的待摊投资支出。

(1)投资建造的基础设施的建造成本。构成一项 PPP 项目资产的基础设施的建造成本,由建筑工程投资支出和分摊的待摊投资支出构成。

(2)需要安装设备的成本。构成一项 PPP 项目资产的需要安装设备的成本,由相关的安装工程投资支出、设备投资支出和分摊的待摊投资支出构成。

2. 取得 PPP 项目资产的账务处理

政府方取得由社会资本方通过投资建造形成的 PPP 项目资产,借记"PPP 项目资产"科目,贷记"PPP 项目净资产"科目。

【案例 11-1】钟山市交通运输局与社会资本方投资设立的项目公司——庆华高速公路开发有限公司(简称"庆华公司")签署了庆华高速公路 PPP 项目合同,约定由庆华公司采取 BOT 运作方式投资建造与运营管理全长 45km 的庆华高速公路。按照合同的约定,经营期限为公路交付使用开始的 30 年。PPP 合同期限届满后,庆华公司应当符合条件的庆华高速公路基础设施移交给钟山市交通运输部指定的机构——钟山市公路事业发展中心。

假设庆华高速公路的实际建设成本为 50 亿元,其中构成 PPP 项目资产的公路基础设施建设成本为 47.25 亿元;交付使用的其他资产(收费设施、监控设施、通信设施、收费管理用房屋建筑物等)的建设成本为 2.75 亿元。不考虑确认建造服务收入的会计处理,则庆华公司按照《企业会计准则解释第 14 号》及其相关规定,在该项目建成交付使用时的账务处理为:

借:无形资产——庆华高速公路收费权	4725000000.00	
固定资产	275000000.00	
贷:合同履约成本——庆华高速公路		5000000000.00

依据庆华公司提供的资料,钟山市公路事业发展中心应当采取的账务处理为:

借:PPP 项目资产——庆华高速公路	4725000000.00	
贷:PPP 项目净资产——庆华高速公路		4725000000.00

(二)社会资本方从第三方购买形成的 PPP 项目资产

1. 概述

按照 PPP 项目合同的约定,社会资本方从第三方购买用于提供公共产品和服务的 PPP 项目资产,如果属于不动产,则可认为属于投资建造取得该 PPP 项目资产的一种替代方式。

社会资本方能够从第三方购买的 PPP 项目资产,一般不属于按照有关法律法规的规定具有公共基础设施性质的基础设施,例如高速公路、城市道路等,有可能是房屋建筑物等不动产和需要安装或不需要安装的设备。

在实务中,河北省秦皇岛市污水污泥处理 TOT 项目的实施机构,是秦皇岛市城市管理综合执法局,代表政府方授予社会资本方该项目 30 年的特许经营权。中标的社会资本方为北控水务(中国)投资有限公司。按照该项目合同的约定,社会资本方(出资 90%)和政府方的出资代表——秦皇岛排水有限责任公司(出资 10%)共同投资设立项目公司——北控(秦皇岛)水务有限责任公司,是通过出资 36.80 亿元,从北戴河新区污水处理厂、卢龙污水处理厂、北戴河新区污泥处理厂等企业取得相关污水污泥处理设施的。

社会资本方还有可能通过从第三方购买用于建设 PPP 项目资产所需的土地使用权。在这种状况下,社会资本方取得的土地使用权,将构成投资建造 PPP 项目资产的一部分,也需要在 PPP 项目期限届满时移交给政府方或政府方指定的专门机构。

2. 社会资本方从第三方购买取得 PPP 项目资产的账务处理

按照 GAS 10 的规定,社会资本方从第三方购买形成的 PPP 项目资产,政府方应当在 PPP 项目资产验收合格交付使用时予以确认,其入账金额包括购买价款、相关税费以及验收合格交付使用前发生的可归属于该项资产的运输费、装卸费、安装费和专业人员服务费等。

【案例 11-2】按照灵川市交通运输局与某社会资本方签署的高速公路 TOT 项目合同,该社会资本方投资设立的项目公司——黄灵高速公路有限公司,通过付款 75 亿元,从该市的融资平台公司——灵川交通投资集团有限公司取得已建成政府收费性质的黄灵高速公路 20 年的收费经营权。按照 TOT 项目合同的约定,20 年的经营期限届满,黄灵高速公路有限公司需要将符合约定条件的黄灵高速公路基础设施移交给灵川市交通运输局指定的专门机构——灵川市公路事业发展中心负责养护与管理。如果需要移交的黄灵高速公路基础设施的公允价值为 72.45 亿元(不考虑无须移交相关设施的公允价值),则灵川市公路事业发展中心需要在灵川交通投资集团有限公司将黄灵高速公路移交给黄灵高速公路有限公司的当日作以下账务处理:

借:PPP 项目资产——黄灵高速公路	7245000000.00	
贷:PPP 项目净资产		7245000000.00

灵川交通投资集团有限公司需要依据企业会计准则及其相关规定对移交出的黄灵高速公路资产作终止确认的相应会计处理。

(三)使用社会资本方现有资产形成的 PPP 项目资产

1. 概述

社会资本方将自己现有的不动产用于提供公共产品和服务,也可认为属于投资建造取得该 PPP 项目资产的一种替代方式。

使用社会资本方自己的资产提供公共产品和服务需要具备以下两个条件:

(1)社会资本方现有的资产可专门用于提供公共产品和服务。这意味着,一旦将自身的资产用于提供公共产品和服务,则一般不能再使用该项资产从事与提供公共产品和服务无关的经营业务。

(2)社会资本方不再具备对该项资产的控制权。由于政府方拥有对 PPP 项目资产的控制权,这意味着社会资本方只拥有使用 PPP 项目资产的权利,并需要在 PPP 项目合同期限届满时,将该项资产移交给政府方指定的专门机构。

在实务中,社会资本方有可能在自身拥有土地使用权的土地上采取 BOT 运作方式投资建造 PPP 项目资产。在 PPP 项目合同期限届满时,随同建造的 PPP 项目资产一并移交给政府方或政府方指定的专门机构。

2. 使用社会资本方现有资产形成 PPP 项目资产的账务处理

按照 GAS 10 的规定,使用社会资本方现有资产形成的 PPP 项目资产,政府方应当在 PPP 项目开始运营日予以确认,并按照该项资产的评估价值进行计量。

【案例 11-3】某项目公司按照 PPP 项目合同的约定需要在自身持有使用权的土地上投资建造污水处理设施来提供污水处理服务。如果在污水处理设施建成交付使用日经专业评估机构评估认定的该项土地使用权的公允价值为 2200 万元,则应当将其作为 PPP 项目资产入账价值的一部分登记入账。如果包括污水处理设施在内的全部 PPP 项目资产的入账价值为 5675 万元,政府方的账务处理为:

借:PPP 项目资产——污水处理设施　　　　57650000.00

　贷:PPP 项目净资产　　　　57650000.00

2022 年 12 月 30 日,财政部等六部联合印发的《关于进一步加强市政基础设施政府会计核算的通知》(财会〔2022〕38 号)将污水处理设施纳入市政基础设施中的供排水设施中,政府方可据此组织相关明细核算。

(四)使用政府方现有资产形成的 PPP 项目资产

1. 概述

使用政府方现有资产形成的 PPP 项目资产,一般属于 PPP 项目中的 TOT 项目。社会资本方使用政府方现有资产形成的 PPP 项目资产,政府方应当在 PPP 项目开始运营日将其现有资产重分类为 PPP 项目资产。

PPP 项目资产的初始入账金额需要区分以下两种不同情况分别确定:

(1)无须资产评估。如果将政府现有资产无偿提供(或转让)给社会资本方使用,一般无须进行评估,可按照现有资产的账面价值进行初始计量。

(2)需要进行资产评估。对政府方现有资产进行评估的主要理由,是政府方将其现有资产的使用权有偿转让给社会资本方。转让价格需要以评估价值为基准,但区别不同情况,有可能高于或者低于其评估值。由于社会资本方应当按照实际支付的价格进行账务处理,按照"镜像互补"的原则,政府方也应当按照交易价格进行初始计量。

2. TOT 项目形成 PPP 项目资产的账务处理

按照 GAS 10 的规定,使用政府方现有资产形成的 PPP 项目资产,应当在 PPP 项目开始运营日将其现有资产重分类为 PPP 项目资产。

在实务中有必要区分以下两种不同情况:

(1)使用现有资产的政府方和 PPP 项目合同期限届满后接受移交 PPP 项目资产的专门机构为同一单位。在这种情况下,政府方应当在 PPP 项目开始运营日将其现有资产重分类为 PPP 项目资产。

在现实中有可能存在这样的情况:按照国家相关法律法规的规定以及 PPP 项目合同的约定,政府方移交给社会资本方的现有资产中,有部分资产在 PPP 项目合同期限届满时无须社会资本方再移交给政府方,即这部分资产不属于 PPP 项目资产。对于这部分资产应当如何作出会计处理,GAS 10 中没有明确。本书主张,在这种状况下,无须移交的资产政府方应作出终止确认的会计处理。

【案例 11-4】某高速公路 PPP 项目合同中约定的是 TOT 的运作方式。按其约定,政府方将其持有的一条四车道政府收费高速公路 20 年的收费权有偿转让给了社会资本方。

情况一:如果该高速公路(含相关附属设施)被政府方确认为一项公共基础设施,并且不计提折旧,其账面价值为 12.36 亿元,则政府方在 PPP 项目开始运营日的账务处理为:

借:PPP 项目资产　　1236000000.00

　贷:公共基础设施(公路基础设施)　　1236000000.00

情况二:接上,如果依据会计师的职业判断,在 20 年的 PPP 项目合同期限届满后,由于社会资本方需要执行《收费公路管理条例》的规定无偿拆除收费站,保障公路畅通无阻,则相关收费设施无须移交,这部分资产的账面价值为 0.12 亿元,则政府方在 PPP 项目开始运营日的账务处理需要调整为:

借:PPP 项目资产　　1224000000.00

　累计盈余　　12000000.00

　贷:公共基础设施(公路基础设施)　　1236000000.00

情况三:假设转让价格为 20 亿元,按照合同约定,社会资本方应当分四期支付,每次支付 5 亿元。由于转让政府收费高速公路取得的收入需要上缴同级财政,故政府方在收到第一笔 5 亿元转让款项时的账务处理为:

借:银行存款　　500000000.00

　贷:应缴财政款　　500000000.00

(2)使用现有资产的政府方和 PPP 项目合同期限届满后接受移交 PPP 项目资产的专门机构为不同的两家法人单位。在这种情况下,转出 PPP 项目资产的政府方,应当在 PPP 项目开始运营日按照无偿调拨方式终止确认现有资产;合同约定接受移交 PPP 项目资产的政府方,应当确认一项 PPP 项目资产。

【案例 11-5】按照某市政基础设施 PPP 项目合同的约定,某市政基础设施管理部门将其确认为一项公共基础设施的城市道路无偿移交给社会资本方投资设立的项目公司进行养护管理,并向社会公众提供城市道路通行服务。由于按照 PPP 项目合同的约定,PPP 项目合同期限届满后,项目公司需要将该项 PPP 项目资产无偿移交给该市政府指定的城市道路专业养护机构负责养护与管理,故该市政基础设施管理部门需要将账面价值为 4.5 亿元的城市道路予以终止确认,账务处理为:

借:无偿调拨净资产　　450000000.00

　贷:公共基础设施(公路基础设施)　　450000000.00

按照约定,需要在PPP项目合同期限届满时接受移交该城市道路的专业养护机构(属于政府主体)的账务处理为:

借:PPP项目资产　　450000000.00

　贷:无偿调拨净资产　　450000000.00

(五)社会资本方对政府方现有资产进行改建、扩建形成的PPP项目资产

社会资本方对政府方现有资产进行改建、扩建形成的PPP项目资产,政府方应当在PPP项目资产验收合格交付使用时予以确认,并同时终止确认现有资产。

【案例11-6】按照某公路PPP项目合同的约定,社会资本方需要通过对政府方现有的二级公路进行扩建改造为高速公路,来取得25年的收费经营权(ROT)。如果政府方现有二级公路(确认为一项不计提折旧的公共基础设施)的账面价值为8亿元,扩建改造过程中需要替换部分(二级公路的路面等)的账面价值为2亿元,扩建改造投资为14亿元,则该项PPP项目资产的入账价值为20亿元(8+14-2)。

政府方账务处理为:

借:PPP项目资产　　2000000000.00

　　累计盈余　　200000000.00

　贷:PPP项目净资产　　1400000000.00

　　　公共基础设施(公路基础设施)　　800000000.00

三、持有PPP项目资产的会计处理

(一)发生后续支出的会计处理

【案例11-7】在**【案例11-1】**中取得高速公路30年收费权的项目公司,按照PPP项目合同的约定,需要根据交通量增长的需要,将该高速公路扩建为六车道高速公路。如果项目公司的扩建工程实际投资成本为8.26亿元,符合PPP项目资产资本化的条件,则政府方应当在扩建工程交付使用时根据项目公司提供的相关资料作出以下账务处理:

借:PPP项目资产　　826000000.00

　贷:PPP项目净资产　　826000000.00

(二)计提PPP项目资产折旧(摊销)的会计处理

1. PPP项目资产折旧(摊销)的一般要求

PPP项目资产在PPP合同期限届满移交给政府方后,基本被确认为政府方的一项固定资产或公共基础设施。故GAS 10要求政府方参照GAS 3和GAS 5的规定,对PPP项目资产进行后续计量。

2. PPP 项目资产折旧

参照 GAS 3 的规定,具有固定资产性质和功能的 PPP 项目资产应当计提折旧;参照 GAS 5 的规定,具有公共基础设施性质和功能的 PPP 项目资产,应区分为具有确定使用年限的 PPP 项目资产和不具有确定使用年限的 PPP 项目资产。

(1)具有确定使用年限的 PPP 项目资产,其使用年限(折旧年限)应当包括社会资本方提供公共产品和服务过程中的使用年限和移交后政府方可继续使用的年限。

(2)高速公路、人工航道、城市道路等不具有有限使用年限的 PPP 项目资产,无须计提折旧。

3. 计提 PPP 项目资产折旧的账务处理

【案例 11-8】政府方确认的某 PPP 项目资产的入账价值为 6000 万元。其中,1500 万元属于政府方原有资产的账面价值,4500 万元属于社会资本方在政府方原有资产基础上进行的扩建改造投资。假设该项资产的使用寿命为 50 年,采用年限平均法计提折旧,每月的折旧额为 10 万元。月末政府方计提折旧的账务处理为:

借:PPP 项目净资产	75000.00	
其他费用	25000.00	
贷:PPP 项目资产累计折旧(摊销)		100000.00

四、PPP 项目合同期限届满的会计处理

(一)终止确认 PPP 项目资产的会计处理

1. 概述

政府方确认的 PPP 项目资产,属于政府方拥有控制权、由社会资本方为提供公共产品和服务使用的实体资产。当 PPP 项目合同期限届满,社会资本方需要将符合相关规定和 PPP 项目合同约定条件的 PPP 项目资产移交给政府方。政府方需要区分以下两种不同的情况分别作出会计处理:

(1)确认 PPP 项目资产和接受移交 PPP 项目资产的政府方为同一政府会计主体。在这种状况下,政府方需要终止确认 PPP 项目资产,将 PPP 项目资产变更为一项公共基础设施或固定资产等资产。

(2)确认 PPP 项目资产和接受移交 PPP 项目资产的政府方为不同的政府会计主体。确认 PPP 项目资产的政府方需要终止确认 PPP 项目资产;接受移交 PPP 项目资产的政府方,需要按照无偿调拨资产的原理,确认一项公共基础设施或固定资产等。

2. 终止确认 PPP 项目资产的账务处理

【案例 11-9】政府方与社会资本方签署的佳常高速公路 PPP 项目的期限为 25 年。按照 GAS 10 及其应用指南的规定,佳常高速公路 PPP 项目合同期限届满后,确认佳常高速公路 PPP 项目的政府方需要终止确认 PPP 项目资产,并将接受移交的佳常高速公路确认为一项

公共基础设施。

(1)如果终止确认的佳常高速公路PPP项目资产的入账价值为12.35亿元,持有期间没有计提折旧,则终止确认PPP项目资产,并确认一项公共基础设施的账务处理为:

借:公共基础设施(公路基础设施)　　1235000000.00

　贷:PPP项目资产　　1235000000.00

(2)如果终止确认的佳常高速公路PPP项目资产的入账价值为12.35亿元,持有期间累计计提了5.85亿元折旧,则终止确认PPP项目资产,并确认一项公共基础设施的账务处理为:

借:公共基础设施(公路基础设施)　　1235000000.00

　PPP项目资产累计折旧　　585000000.00

　贷:PPP项目资产　　1235000000.00

　　公共基础设施累计折旧　　585000000.00

(二)终止确认PPP项目净资产的会计处理

1.概述

由于政府方按照财政部的规定一般不确认PPP项目资产,故PPP项目净资产对应的是PPP项目资产。对此,当终止确认一项PPP项目资产时,也需要相应地终止确认对应的PPP项目净资产。

2.终止确认PPP项目净资产的账务处理

进行终止确认PPP项目净资产账务处理时需要处理好以下两个问题:

(1)确认PPP项目资产的政府会计主体是否也属于接受移交的PPP项目资产的政府会计主体对终止确认PPP项目资产的会计处理有重要的影响。

GAS 10及其应用指南中只规定了确认PPP项目资产的政府会计主体与接受移交的PPP项目资产的政府会计主体为同一政府会计主体的会计处理,没有涉及为不同政府会计主体状况下的会计处理。

(2)明确终止确认PPP项目净资产的金额。PPP项目期限届满接受移交的PPP项目资产时需要终止确认的PPP项目净资产的金额,取决于取得PPP项目资产时确认的PPP项目净资产的金额减去计提PPP项目资产折旧相应减少的PPP项目净资产金额后的余额。

【案例11-10】在**【案例11-9】**中,如果政府方在确认佳常高速公路PPP项目资产的期间没有计提折旧,并且佳常高速公路PPP项目属于社会资本方采取BOT运作方式投资建造的PPP项目资产,故佳常高速公路PPP项目形成的PPP项目资产和PPP项目净资产是一致的,则政府方需要在该PPP项目合同期限届满时作出终止确认PPP项目净资产的以下账务处理:

借:PPP项目净资产　　1235000000.00

　贷:累计盈余　　1235000000.00

第二节　政府方特许经营项目会计处理案例

一、政府方 PPP 项目会计处理国内案例

由于按照财政部的规定,GAS 10 及其应用指南自 2021 年初才开始施行,故多年来 PPP 合同形成的 PPP 项目资产基本上尚未入账。截至 2022 年底,财政部尚未要求各级政府对外公开编制政府财务报告,故无法从政府财务报告中获取政府会计 PPP 项目会计处理的案例资料。这里只能按照"镜像互补"的原则,根据经营方 PPP 项目会计处理的案例资料,借鉴财政部发布的 2022 年第一批政府会计准则制度中的 2 个应用案例,来分析政府方应当采取的相关会计处理。

(一)取得 PPP 项目资产的会计处理案例

1. 采取 BOT 方式取得 PPP 项目资产

社会资本方采用 BOT 方式和使用者付费机制投资建设取得的 PPP 项目资产,一般应确认为一项无形资产,政府方或政府方指定的专门机构应当将其确认为一项 PPP 项目资产。

【案例 11-11】陕西省渭南市韦庄至罗敷高速公路经陕发改基础〔2010〕2145 号文核准,由陕西建工集团有限公司出资 70%、陕西建工机械施工集团有限公司出资 30% 投资设立的项目公司——陕西建工榆商高速公路渭南段发展有限公司(简称"陕西渭南公司")承担了投资建设与运营管理的职责。本项目全长 53.741km,双向四车道;经批复的概算总投资 41.5 亿元。该项目于 2022 年 9 月 29 日建成通车。该项目实行使用者付费机制。

按照 GAS 10 及其应用指南的规定,该项目应当由特许经营期限届满时政府方指定的接受移交的 PPP 项目资产的专门机构在项目建成交付使用时确认一项 PPP 项目资产。如果接受移交的专门机构为渭南市公路事业发展中心,该项目的实际建造成本为 42.36 亿元,其中公路基础设施 40.52 亿元,其他交付使用资产 1.84 亿元,则渭南市公路事业发展中心确认 PPP 项目资产的账务处理为:

借:PPP 项目资产——韦庄至罗敷高速公路	4052000000.00	
贷:PPP 项目净资产		4052000000.00

如果陕西渭南公司执行《企业会计准则解释第 14 号》的规定,则应当在项目建成交付使用时作出的账务处理如下:

借:无形资产	4052000000.00	
固定资产	184000000.00	
贷:合同履约成本		4236000000.00

2. 采取 TOT 方式取得 PPP 项目资产

社会资本方采用 TOT 方式和使用者付费机制投资建设取得的 PPP 项目资产,一般也应

确认为一项无形资产，政府方或政府方指定的专门机构应当将其确认为一项 PPP 项目资产。如果转出 PPP 项目资产的政府方与 PPP 项目合同期限届满时接受移交 PPP 项目资产的专门机构为同一事业单位，则该单位应当在 PPP 项目开始运营日将其现有资产重分类为 PPP 项目资产。

【案例 11-12】按照湖北省交通厅与马来西亚投资方在湖北省独资设立的湖北马鄂高速公路经营有限公司（简称“马鄂公司”）在 1995 年正式签署的《武黄高速公路收费经营权转让协议》，在马鄂公司累计支付转让金 3.8 亿元的基础上，武黄高速公路收费权于 1997 年 9 月 23 日移交给马鄂公司，并由马鄂公司委托湖北省高等级公路管理局具体负责武黄高速公路收费、养护等具体工作。该项目的转让金为 5.8 亿元，在转让期限为自正式移交起的 25 年。

当时财政部没有明确政府会计主体将公路基础设施确认为一项政府资产的会计处理要求，并且湖北省高等级公路管理局整体改制为公司制企业，故武黄高速公路一直没有确认为一项政府资产。

GAS 10 及其应用指南印发后，按其规定，对于政府方尚未确认为一项 PPP 项目资产的武黄高速公路，应当在开始执行 GAS 10 之日，按照马鄂公司确认的资产账面原值，确认 PPP 项目资产，同时确认 PPP 项目净资产。对此，湖北省交通运输厅应当在 2021 年初指定专门机构将武黄高速公路确认为一项 PPP 项目资产。如果按照转让价格 5.8 亿元进行计量，专门机构确认 PPP 项目资产的账务处理如下：

借：PPP 项目资产	580000000.00	
贷：PPP 项目净资产		580000000.00

【案例 11-13】四川省南充市高坪区城区停车场 TOT 项目，是纳入财政部全国 PPP 综合信息平台入库项目。该项目中标的社会资本方——四川省川投航信股权投资基金管理有限公司与高坪区政府指定的出资代表——南充市高坪区发展投资（控股）有限责任公司按照 80% 和 20% 的出资比例投资设立项目公司，通过付款 7.912 亿元，取得了南充市高坪区机关事务管理局代表政府方授予的期限为 10 年的特许经营权并承担特许经营期内该项目相应资产的运营维护。

假设这些停车场涉及的相关资产已经被政府方确认为一项固定资产，原值为 10.35 亿元，累计折旧 4.86 亿元。如果将转让价格视为评估值，按照 GAS 10 及其应用指南的规定，则转让价格 7.912 亿元超过停车场账面价值 5.49 亿元的金额 2.422 亿元应确认为一项其他收入。对此，确认该项资产的政府方应当在转让期限开始实施的第一日作出以下账务处理：

借：PPP 项目资产——停车场 TOT 项目	791200000.00	
固定资产累计折旧	486000000.00	
贷：固定资产		1035000000.00
其他收入		242200000.00

如果转让款直接上缴高坪区财政，政府方无须进行账务处理；如果政府方代收转让款，则需要在收到转让款时确认为一项应当上缴财政的负债。

3. 采取 ROT 方式取得 PPP 项目资产

【案例 11-14】2022 年 11 月 20 日,青海格尔木至老茫崖公路扩建工程主体工程顺利通过交工验收,标志着青海省首个采用"ROT"模式的交通项目主体工程正式完工。该项目于 2022 年 12 月 1 日正式通车,投入运营。

格尔木至老茫崖公路扩建项目于 2019 年 10 月经青海省人民政府批复作为青海省首个通过公开招标选定社会投资人的特许经营模式实施,由青海省交控集团二级公司青海交通投资有限公司(50%)、青海省交控建设工程集团有限公司(10%)与中铁五局集团有限公司(40%)共同组成的社会投资人联合体中标。2020 年 1 月 17 日,投资设立的项目公司——青海格茫公路管理有限公司注册设立,注册资本 10000 万元。2022 年 9 月 13 日,项目公司的股权结构变更为中铁五局集团有限公司 80%;青海省交控建设集团有限公司 20%。

上述项目采用"新建一幅 + 老路改建一幅"模式建设,全长 343.143km,属于双向四车道的一级公路。项目估算总投资 62.75 亿元。项目自 2020 年 5 月正式开工建设,较合同工期提前 5 个月顺利完成项目主体工程建设任务。

假设青海省有关交通运输主管部门指定的专门机构执行《关于进一步加强公路水路公共基础设施政府会计核算的通知》(财会〔2020〕23 号)在 2020 年底以前已经将青海格尔木至老茫崖公路确认为一项政府资产——公共基础设施;入账价值为 12.18 亿元;确认入账的账务处理为:

借:公共基础设施(公路基础设施)——格尔木至老茫崖公路	1218000000.00
贷:累计盈余	1218000000.00

当格尔木至老茫崖公路改扩建工程于 2022 年 12 月 1 日建成交付使用时,政府方应当按照项目该公司提供的建设成本数据(假设为 62.75 亿元)执行 GAS 10 及其应用指南的规定确认入账。账务处理为:

借:PPP 项目资产——格尔木至老茫崖公路	7493000000.00
贷:公共基础设施(公路基础设施)——格尔木至老茫崖公路	1218000000.00
PPP 项目净资产	6275000000.00

(二)持有 PPP 项目资产的会计处理案例

持有 PPP 项目资产期间涉及的相关业务主要包括以下两类。

1. 社会资本方发生的需要予以资本化的后续支出

一般来说,社会资本方为了改进提供公共产品和服务的能力对使用的 PPP 项目资产进行扩建改造,发生的相关支出具备资本化的条件。在社会资本方对 PPP 项目资产进行资本化的同时,政府方也需要依据 GAS 10 及其应用指南的规定增加 PPP 项目资产的账面价值。

【案例 11-15】合宁高速公路(G40 沪陕高速公路合宁段)为安徽皖通高速公路股份有限公司(简称"皖通高速")拥有的一条全长 134km 连接大蜀山至周庄的双向四车道高速公路。该高速公路属于上海市至四川成都市的"两纵两横"国道主干线的一部分,同时也属于上海至新疆维吾尔自治区伊宁的 312 国道的一部分。合宁高速公路于 1986 年 10 月动工,1995

年11月全线贯通。皖通高速取得了合宁高速公路1996年8月16日至2026年8月15日30年的收费经营权。

全长42.1km的合宁高速公路大蜀山至陇西立交段扩建改造工程已经在2009年9月12日建成通车，总投资19.64亿元。

2016年8月19日，皖通高速董事会发布公告，宣布经董事会审议，通过了《关于合宁高速公路四改八扩建工程议案》。这次扩建改造的是合宁高速公路周庄至陇西立交段，全长89.35km。项目建设周期3年，计划于2016年动工建设，2018年底建成通车。该项目概算总投资64.46亿元。经公司估算，该项目的实际投资额预期不超过50亿元。该项目于2016年11月开工建设，2016年、2017年和2018年分别投入2.7亿元、7.7亿元和9.09亿元。

皖通高速将该项改扩建工程的实际建设成本195948.88万元在2018年底资产负债表中列报为一项无形资产——收费公路特许经营权。

2019年12月，合宁高速公路改扩建工程完工交付使用。截至2019年底，该项目累计投入36.49亿元。

2019年，皖通高速将合宁高速公路改扩建工程投入的2.73亿元的房屋建筑物、安全设施、通信及监控设施及收费设施转入固定资产。

2020年和2021年，合宁高速公路改扩建工程交付使用了附属滁河大桥及接线工程0.82亿元和1.09亿元。

2021年初，安徽省交通运输主管部门应当指定专门机构，将皖通高速确认为一项无形资产的合宁高速公路收费权依托的实体资产，确认为一项政府资产——PPP项目资产。

如果皖通高速通过扩建改造新增确认为一项无形资产的合宁高速公路收费权的账面原值为54.22亿元(19.64+36.49+0.82-2.73)，则确认皖通高速的政府会计主体的账务处理如下：

借：PPP项目资产——皖通高速公路	5422000000.00	
贷：PPP项目净资产		5422000000.00

2021年底，政府会计主体应当依据皖通高速提供的凭据，将确认的附属滁河大桥及接线工程的收费权1.09亿元增加确认为PPP项目资产。账务处理为：

借：PPP项目资产——皖通高速公路	109000000.00	
贷：PPP项目净资产		109000000.00

如果政府会计主体已经在2018年底将皖通高速确认的合宁高速公路及其扩建改造工程的收费权确认为一项PPP项目资产，则依据皖通高速在2019年将2.73亿元无形资产结转固定资产应采取相应的冲减PPP项目资产的账务处理为：

借：PPP项目净资产	273000000.00	
贷：PPP项目资产——皖通高速公路		273000000.00

2. 计提PPP项目资产折旧

按照GAS 10的规定，社会资本方需要对有确定使用寿命的PPP项目资产计提折旧。但按照GAS 10应用指南的规定，政府方在国家有关规定出台之前，可暂不计提PPP项目资产折旧,故目前尚不存在计提 PPP 项目资产折旧的案例资料。

(三)PPP 项目合同期限届满的会计处理案例

一般来说,PPP 项目合同期限届满,社会资本方需要按照有关法律法规的规定和 PPP 项目合同的约定,将满足约定条件的 PPP 项目资产移交给政府方指定的专门机构。

1. 接受移交 PPP 项目资产的专门机构和确认 PPP 项目资产的政府方为同一法人主体

如果接受移交 PPP 项目资产的专门机构和确认 PPP 项目资产的政府方为同一法人主体,可直接执行 GAS 10 及其应用指南的规定,在接受移交 PPP 项目资产时,将确认的 PPP 项目资产变更为公共基础设施或其他相关资产。

【案例 11-16】按照 2022 年 1 月 25 日《陕西省人民政府关于撤销 G312 国道构峪收费站有关问题的批复》(陕政函〔2022〕8 号),全长 24.63km 的商州至小商源二级公路(简称“商小二级公路”)从 2022 年 2 月 1 日起终止收费;构峪收费站的相关收费设施由陕西交通控股集团于 15 日内拆除,恢复路面,确保车辆运行安全畅通;陕西交通控股集团将该段公路养管责任移交至商洛市交通运输局,由其落实养护管理责任。

假设商小二级公路的账面价值为 2.42 亿元,接受移交商小二级公路 PPP 项目资产的政府会计主体为商洛市交通运输局下属的商洛市公路局。

如果商洛市公路局执行 GAS 10 及其应用指南的规定,已将商小二级公路确认为一项 PPP 项目资产,并且尚未计提该项资产的折旧,则接受移交的账务处理为:

借:公共基础设施(公路基础设施)——商小二级公路　　242000000.00

　贷:PPP 项目资产——商小二级公路　　242000000.00

如果商洛市公路局在确认 PPP 项目资产(商小二级公路)的同时按照相等的金额确认了一项 PPP 项目净资产,则还需要作出以下账务处理:

借:PPP 项目净资产　　242000000.00

　贷:累计盈余　　242000000.00

2. 接受移交 PPP 项目资产的专门机构不是确认 PPP 项目资产的政府方

GAS 10 及其应用指南并未对这种状况下的会计处理作出明确规定。本书认为,在这种状况下,原确认 PPP 项目资产的政府会计主体可终止确认 PPP 项目资产;接受移交 PPP 项目资产的政府会计主体可按照无偿调拨净资产的思路确认一项公共基础设施或相关资产。

在**【案例 11-16】**中,如果原确认 PPP 项目资产(商小二级公路)的政府会计主体为商洛市交通运输局本级,则终止确认该 PPP 项目资产的账务处理为:

借:PPP 项目净资产　　242000000.00

　贷:PPP 项目资产——商小二级公路　　242000000.00

尚未执行 GAS 10 及其应用指南规定确认 PPP 项目资产的政府会计主体,可按照无偿调拨净资产的思路确认一项公共基础设施或相关资产。

在**【案例 11-16】**中,如果商洛市公路局尚未执行 GAS 10 及其应用指南的规定将商小二级公路确认为自己的一项 PPP 项目资产,则接受移交的账务处理为:

借：公共基础设施（公路基础设施）——商小二级公路　　242000000.00

　贷：无偿调拨净资产　　242000000.00

3. 接受移交PPP项目资产的专门机构是执行企业会计准则的公司制企业

在实务中，PPP项目合同期限届满后，接受移交PPP项目资产的专门机构，有可能是承担管理政府收费公路职责的公司制企业。

【案例11-17】现代投资股份有限公司于2000年取得了全长120.16km的潭耒高速公路潭衡段20年的收费权，收费期限为2000年12月26日至2020年12月26日。因新型冠状病毒疫情影响，高速公路免费通行79天，按照国家有关规定，潭耒高速公路潭衡段收费权延长79天收费期限。现代投资于2021年3月16日0时起将潭耒高速公路潭衡段收费权移交给湖南省交通运输厅指定的机构——湖南省高速公路集团有限公司（简称“湖南高速集团”），并自2021年3月16日零时至2021年10月31日24时期间，受湖南高速集团的委托负责潭衡段收费运营的管理。公路收费权移交给湖南高速集团后，该路段仍作为政府收费公路在继续收费。

按照《企业会计准则解释第14号》的规定，现代投资股份有限公司应当作出终止确认潭耒高速公路潭衡段收费权的会计处理，政府方应当指定专门机构作出确认一项公共基础设施（潭耒高速公路潭衡段）的会计处理。

湖南高速集团是受政府方的委托承担潭耒高速公路潭衡段收费运营管理的职责，不应当将其确认为自身的一项资产。

【案例11-18】2022年12月8日，湖北省交通运输厅发布公告，宣布全长70.299km的武黄高速公路（不含鄂东长江大桥3.98km共线部分）由于经营期限于2022年12月10日届满（含由于新型冠状病毒疫情防控期间免收车辆通行费的收费公路在原批准的收费期限基础上顺延79天），自2022年12月11日零时起停止收费，保留既有的收费设施按照“零费率”方式照常运营。

2022年12月9日，深圳高速公路集团股份有限公司董事会发布的有关武黄高速公路特许经营期终止的公告中，明确了湖北马鄂高速公路经营有限公司（简称“马鄂公司”）将按照交通管理部门的规定和要求，按时将武黄高速公路相关资产移交，不再负责到期日后武黄高速公路的养护、运营和管理工作。这样，原受托承担武黄高速公路收费与养护管理职责的湖北武黄高速公路经营有限公司，将继续受托承担武黄高速公路的管理与养护。但委托方由马鄂公司变更为政府方。

2022年12月10日0时武黄高速公路终止收费后，马鄂公司应当及时办理武黄高速公路相关资产的移交手续，并终止确认与武黄高速公路相关的无形资产。由于武黄高速公路仍由湖北武黄高速公路经营有限公司负责养护与管理，故湖北省交通运输厅应指定专门机构将接受移交的武黄高速公路确认为一项政府资产——公共基础设施（交通基础设施）。可按照当时的转让价格5.8亿元来计量武黄高速公路，并且按照《政府会计准则第5号——公共基础设施》和《关于进一步加强公路水路公共基础设施政府会计核算的通知》（财会〔2020〕23号）等的规定进行会计处理。

(1)如果指定的专门机构与确认武黄高速公路 PPP 项目资产的机构为同一机构,则该机构应当作出的账务处理为:

借:公共基础设施　　580000000.00

　贷:PPP 项目资产——武黄高速公路　　580000000.00

借:PPP 项目净资产　　580000000.00

　贷:累计盈余　　580000000.00

(2)如果指定的专门机构与确认武黄高速公路 PPP 项目资产的机构为不同的政府会计主体,则该机构应当作出的账务处理为:

借:公共基础设施(公路基础设施)——武黄高速公路　　580000000.00

　贷:累计盈余　　580000000.00

原确认武黄高速公路为一项 PPP 项目资产的机构应作出终止确认 PPP 项目资产的账务处理如下:

借:PPP 项目净资产　　580000000.00

　贷:PPP 项目资产——武黄高速公路　　580000000.00

二、授予方 PPP 项目会计处理国际案例

(一)澳大利亚授予方 PPP 项目会计处理的案例分析

澳大利亚实行联邦制。与美国相同,澳大利亚公路投资建设与养护管理也属于州政府和地方政府的职责。与公路基础设施相关的特许服务权安排主要是在维多利亚新南威尔士和昆士兰三个州实施的。《AASB 1059 特许服务权安排:授予方》从 2020 年 7 月 1 日开始施行。

1. 维多利亚州(Victoria)

澳大利亚维多利亚州运输部 2020—2021 年度报告(*Department of Transport Annual Report 2020—2021*)和 2021—2022 年度报告"资产负债表"中的"不动产、厂房和设备"中,进一步列示了按照公允价值计量的公路用地(Land under roads at fair value)、公路与桥梁(roads and bridges at fair value)、土方工程(Earthworks at fair value)以及在建工程(Assets under construction)等项目。

公路用地和土方工程不计提折旧。

特许服务权资产并入"不动产、厂房和设备"项目中,没有单独列示,但对与特许服务权安排相关的信息进行了披露。

特许服务权资产项目包括其他土地、公路与桥梁、土方工程、其他基础设施、建筑物、厂房、设备与车辆、在建工程,但不含公路用地。2021 年 6 月底账面价值为 208.81 亿澳元的特许服务权资产中,公路和桥梁、在建工程分别为 56.55 亿澳元和 98.15 亿澳元;2022 年 6 月底账面价值为 249.19 亿澳元的特许服务权资产中,公路和桥梁、在建工程分别为 54.76 亿澳元和 135.67 亿澳元。

2021 年 6 月底资产负债表的流动负债和非流动负债中涉及的特许服务权负债的金额分

别为 14.05 亿澳元和 44.89 亿澳元。

特许服务权资产中具有两个收费公路项目、一个收费隧道项目和一些实行政府付费的其他项目。

(1)城市连接线(City Link)。该项目属于采用使用者付费机制的 TOT 项目,于 1995 年 10 月签约,项目公司是 City Link Melbourne Limited(CML),最初的特许经营期限是 45 年,至 2035 年。项目公司需要在特许经营期内分期向州政府支付特许权费。由于项目公司为西部进出口隧道项目提供了部分资金,其特许经营期延长至 2045 年 1 月。

(2)东部连接线(East link)。该项目的经营方是东部连线有限公司(Connect East Pty Ltd)。该项目属于采用使用者付费价值的 BOT 项目。该项目于 2004 年 10 月签约,特许经营期为 35 年。该项目于 2008 年 6 月建成通车,特许经营期限至 2043 年 11 月 30 日。

(3)西部进出口隧道(West Gate)。西部进出口隧道属于收取车辆通行费的隧道。2017 年 12 月,特兰斯班股份有限公司(Transurban limited)与新南威尔士州政府签署了特许经营协议,取得了西部进出口隧道的特许经营权。该项目的特许经营期为 28 年,至 2045 年。

除了收费公路桥梁和公路隧道项目以外,特许服务权资产还包括采用政府付费机制的快速都市轨道项目、都市隧道项目、都市巴士项目、西部公路升级项目等。

2. 新南威尔士州(New South Wales)

澳大利亚新南威尔士州财务状况表中也没有单列特许服务权资产,而是分别并入"不动产、厂房和设备"和无形资产项目。其中,州各部门合计(Total State Sector)的特许服务权资产账面净值(Net Carrying Amount)在 2020 年 6 月底至 2022 年 6 月底分别为 410.69 亿澳元、453.63 亿澳元和 488.59 亿澳元。2020—2022 年重新分类为特许服务权资产的账面净值分别为 2.65 亿澳元、4.19 亿澳元和零。

特许服务权资产进一步分类为土地和建筑物、机械设备、基础设施和无形资产。2021 年 6 月底属于基础设施的特许服务权资产账面净值为 387.17 亿澳元,占 85.35%;2022 年 6 月底为 417.78 亿澳元,占 85.51%。

基础设施类的特许服务权资产包括铁路基础设施、收费高速公路和桥梁、隧道等。新南威尔士州政府确认的与经营权授予相关的特许服务权负债列入了其他负债项目。由于在 2020—2021 年度北康奈克斯高速公路、5 号高速公路东部和 8 号高速公路的建设,新增加了 23 亿澳元与经营权授予相关的特许服务权负债。2021 年 6 月底,新南威尔士州政府与经营权授予相关的特许服务权负债 220 亿澳元;特许服务权金融负债 81 亿澳元。

新南威尔士州的特许服务权项目包括收费公路项目、收费隧道项目、综合收费公路项目和其他项目。收费公路项目包括 2 号高速公路(M2 Motorway)、5 号高速公路(M5 Motorway)、西部连接线 7 号高速公路(Westlink M7 Motorway)和北康奈克斯高速公路(North Connex Motorway);收费隧道项目包括位于悉尼的跨城隧道(Cross City Tunnel)项目、东部分流隧道(Eastern Distributor)项目、车道湾隧道(Lane Cove Tunnel)项目和悉尼港隧道(Sydney Harbour Tunnel)项目。

(1)2 号高速公路项目。该项目属于使用者付费的 BOT 项目,于 1997 年 5 月建成投入使用。经营方是上市公司特兰斯班集团(Transurban);特许经营期限最初确定为45年。由于经营方在2013年对该项目进行了扩建改造,在2015年将其特许经营年限延长至51年,至2048年。

(2)5号高速公路项目。该项目属于使用者付费的BOT项目,其经营方是Interlink Roads,特许经营期限最初为1992年8月14日至2022年8月14日的30年,由于经营方对该项目进行了扩建改造,故将其特许经营年限延长至34年,至2026年。

(3)西部连接线7号高速公路项目。该项目属于使用者付费的BOT项目,于2003年签署特许经营协议,于2005年建成通车。经营方是西北公路集团(North Western Roads Group),特许经营期限最初至2037年。由于承担了修建北康奈克斯高速公路的职责,特许经营期限延长至43年,至2048年6月30日。

(4)北康奈克斯高速公路。该项目属于可行性缺口政府补助项目,于2015年签署特许经营协议,于2020年10月建成通车。经营方是西北公路集团,特许经营期限为28年,至2048年6月30日。新南威尔士州政府为该项目建设补助了9.97亿澳元现金。

(5)跨城隧道项目。该项目属于使用者付费的BOT项目,特许经营期限为30年(2005—2035年)。该项目于2002年签署特许经营协议,2005年8月28日建成通车。特许经营期限至2035年12月18日。2005年8月,运营方以预付现金的形式支付了某些开发成本。这笔款项的金额是9700万澳元。

(6)东部分流隧道项目。该项目属于使用者付费的TOT项目,特许经营期限为48年(2000—2048年)。该项目于1997年签署特许经营协议,2000年7月23日建成通车。特许经营期限至2035年12月18日。经营方特兰斯班集团(Transurban)需要为使用该项目向州政府支付特许权费。

(7)车道湾隧道项目。该项目属于使用者付费项目。该项目于2003年签署特许经营协议,2007年建成通车,建设成本为11亿澳元。41年的特许经营期限至2048年6月30日。2007年4月,运营方以预付现金的形式支付了某些开发成本。这笔款项的金额是7900万澳元。

(8)悉尼港隧道项目。该项目采用的是政府付费机制,特许经营期限为30年(1992—2022年)。该项目于1987年签署特许经营协议,由经营方负责设计、建造与运营该隧道。新南威尔士州政府提供了2.22亿澳元的无息贷款,用于资助建设所需的部分资金,并需要在项目特许经营期限届满的2022年8月偿还。新南威尔士州政府同意按照《1987年悉尼海港隧道(私营合资企业)法案1987》中规定的条款,向经营方支付价款,使得经营者能够履行与隧道运营有关的义务,并支付其为设计、建造和运营隧道而借款的本金和利息。

(9)综合收费公路项目。综合项目是指西康奈克斯(West Connex)项目。该项目由西康奈克斯1A和1B、西康奈克斯2和西康奈克斯3A四个具体项目构成全长33km、连接悉尼西部、西南部城市、机场和港口的高速公路,是截至2022年6月底澳大利亚最大的公路基础设施项目。项目经营方为西康奈克斯集团(West Connex Group),其中西康奈克斯1A实行使用者付费机制,其他项目实行可行性缺口政府补助机制。新南威尔士州政府依据《公司法案

2001》通过组建名称为 Roads Retained Interest Pty Ltd 的公司持有该集团 49% 的股权，其他 51% 的股权由私人性质的悉尼运输合伙人财团（Sydney Transport Partners Consortium）持有。该集团按照特许权协议建设与运营该公路网，特许经营期至 2060 年。2021 年 9 月 17 日，新南威尔士州政府将 49% 的股权出售给悉尼运输合伙人财团，并在 2021 年 10 月 29 日完成交易。2021 年 6 月 30 日和 2022 年 6 月 30 日，新南威尔士州特许经营收费公路（含桥梁、隧道）的账面价值分别为 267.49 亿澳元（重述）和 277.34 亿澳元。

（10）其他项目。除了以上特许服务权项目以外的特许服务权项目还有包括城市轻轨服务项目、西北快速运输项目和机场连接线项目在内的铁路基础设施项目；包括 B 线小客车停车场和医院小客车停车场在内的小客车停车设施项目；公立医院和健康服务设施项目；供水系统资产项目等。

3. 昆士兰州（Queensland）

澳大利亚昆士兰州“运输与干线公路局”（Department of Transport and Main Roads）在截至 2021 年 6 月 30 日和 2022 年 6 月 30 日的财务状况表中的非流动资产类别中，分别列示了 118.77 亿澳元和 129.17 亿澳元的特许服务权资产（Service concession assets）。在流动负债类别中分别列示了 2.32 亿澳元和 2.32 亿澳元、在非流动负债类别中分别列示了 73.87 亿澳元和 71.55 亿澳元与特许服务权安排相关的未赚取收入（Unearned revenue-Service concession arrangements）。在权益类别中，均未单独列示与特许服务权安排相关的项目。特许服务权资产包括在建工程（Work in progress）。2021 年 6 月底和 2022 年底均无在建工程。

在报表注释中，明确了作为特许服务权资产的公路基础设施资产的折旧年限，但其中的公路土方工程资产部分（formation earthworks asset components）不计提折旧。对此可以认为，需要计提折旧的是路面。

与公路相关的特许服务权资产包括图文巴辅道（Toowoomba Bypass）、机场连接线 7 号高速公路（Airportlink M7）、进出口高速公路（Gateway Motorway）、罗根高速公路（Gateway Motorway）、弯道港高速公路（Port Drive）等。除此以外，还拥有黄金海岸轻轨（Gold Coast Light Rail-G：link）、布里斯班机场铁路连接线（Brisbane Airport Rail Link）等城市轨道和铁路 PPP 项目。

（1）图文巴辅道项目。2015 年 8 月，昆士兰州政府与 Nexus 基础设施集团（Nexus Infrastructure Consortium）签署特许经营协议，由后者负责融资、设计、建造、经营与维护连接相关高速公路的图文巴辅道。该项目于 2019 年 9 月建成通车，并于 2019 年 12 月开始由 Transurban Queensland 代表州政府收取车辆通行费。该项目的特许经营期为 25 年，州政府按照 5.32% 的内含利率分季度支付服务费。

（2）机场连接线 7 号高速公路项目。2008 年，州政府与 Bris Connections 签署特许经营协议，由后者负责设计、建造与维护全长 6.7km 的机场连接线 7 号收费高速公路。2016 年 4 月，Transurban Queensland 承担了经营该项目的职责。

（3）进出口高速公路项目和罗根高速公路项目。2011 年，州政府与昆士兰高速公路股份有限公司（Queensland Motorways Limited，QML）签署特许经营协议，由昆士兰高速公路股份有限公司负责经营、养护与管理进出口高速公路和罗根高速公路以及进出口高速公路的扩建改造。特许经营年限为40年。2014年,QML成为Transurban Queensland的子公司。

(4)弯道港(Port Drive)高速公路项目。弯道港高速公路是一条不收费高速公路。2000年11月,昆士兰州政府与布里斯班港有限公司(Port of Brisbane Pty Ltd)签署了维护与管理Drive港高速公路的特许经营协议。在2010年,昆士兰州政府与APH Consortium签署的布里斯班港口99年租赁协议中,包括为弯道港高速公路升级改造筹措资金的协议。弯道港高速公路不收取车辆通行费。布里斯班港有限公司持续维护该公路基础设施的收益间接来自港口能力的提升。

(二)其他国家授予方PPP项目会计处理的案例分析

1. 美国

美国政府会计准则中采取的是"特许服务权安排"的称谓。

2005年1月,美国芝加哥市政府转让芝加哥高架公路(Chicago Skyway)99年收费权的行为和2006年6月印第安纳州政府转让印第安纳收费公路75年收费权的行为按照SGAS 60的规定需要确认一项政府资产,但芝加哥市政府和印第安纳州政府的年度财务报告中均未列示和披露与这些项目相关的信息。

2. 加拿大

加拿大公共部门会计准则中采取的是"公私合作(PPP)"的称谓。与PPP模式相关的路桥基础设施项目,包括407ETR高速公路项目、H407东段项目、A25收费路桥项目等。

加拿大政府实行的是联邦制。公路基础设施由各级地方政府履行投资建设与养护管理职责。在联邦政府及其运输部的年度财务报告中没有涉及公路和桥梁资产以及特许服务权出资产的列报事项。

由于加拿大发布的《公共部门会计准则第3160号——公私合作》(PS 3160—Public Private Partnerships)从2023年4月1日开始的年度生效,故在截至2021年3月31日的加拿大安大略省政府年度财务报告中,没有列报与PPP项目相关的项目。

3. 英国

英国财务报告准则中也采取的是"特许服务权安排"的称谓。与特许服务权安排相关的项目,包括采用使用者付费的6号高速公路(M6)BOT项目以及采用政府付费的其他经营项目。

英国交通部在截至2022年6月30日的年度报告中,将特许服务权资产确认为一项与基础设施有关的资产。基础设施资产包括位于英国的铁路网、位于英格兰的战略公路网和1号高速铁路特许权资产(HS1 concession)。

战略公路网(Strategic Road Network,SRN)包括高速公路和各种用途的干线公路(all-purpose trunk roads)。战略公路网构成的行车道,包括土方工程、隧道工程和路面工程、路边通信设施、桥梁和构筑物,以及公路边界范围内的土地和建筑物。

英国交通部2022年度报告中涉及的高速公路PEI项目有11项，与这些项目相关的未来利息支出为8.20亿英镑；未来服务支出为66.99亿英镑。其中典型案例是25号伦敦环线高速公路项目。该项目特许经营从2009年9月13日开始，期限为30年。英国交通部截至2022年3月31日与该项目相关的未来利息支出为6.70亿英镑，未来的服务支出为55.57亿英镑。

2021年3月底和2022年3月底，英国交通部确认的战略公路网的账面价值分别为252.85亿英镑和307.16亿英镑。

本章小结

政府方与PPP项目合同相关的交易事项涉及的会计处理，包括取得PPP项目资产的会计处理、持有PPP项目资产期间的会计处理以及PPP项目合同期限届满时接受社会资本方移交的PPP项目资产的会计处理。

政府方采取不同方式取得PPP项目资产，具有不同的会计处理要求。

在持有PPP项目资产期间涉及的会计处理事项，主要包括计提PPP项目资产折旧（摊销）的会计处理事项，以及社会资本方发生的具备资本化条件的PPP项目资产后续支出涉及的相关会计处理。

PPP项目合同期限届满政府方接受社会资本方移交的PPP项目资产涉及的主要会计处理，是如何将接受移交的PPP项目资产确认为政府方的一项公共基础设施或其他相关资产。

本章中提供的国内外政府方确认PPP项目资产的案例资料，为进一步理解和掌握政府方与PPP项目合同相关业务的会计处理提供了有益的借鉴。

复习思考题

1. 按照GAS 10及其应用指南的规定，如果政府取得的是社会资本方通过提供建造服务提供的PPP项目资产，政府方应当在何时作出怎样的确认PPP项目资产的会计处理？

2. 政府方采取不同方式取得PPP项目资产的会计处理，有何区别与联系？

3. 政府方持有PPP项目资产的会计期间，一般涉及哪些需要作出会计处理的交易事项？

4. 如果确认PPP项目资产的政府方打算执行GAS 10及其应用指南的规定计提PPP项目资产的折旧，应当如何确定折旧年限和折旧方法？

5. 如果按照PPP项目合同的约定由社会资本方投资建造某基础设施，政府方应当如何判断和确认其中的PPP项目资产？

6. 社会资本方发生的与PPP项目资产相关的后续支出，政府方是否都需要作出相应的会计处理？为什么？

7. 如果在PPP项目合同期限届满时接受移交的PPP项目资产的政府方与确认PPP项目资产的政府方为同一政府方，则该政府方应当作出怎样的会计处理？

8. 如果在PPP项目合同期限届满时接受移交的PPP项目资产的政府方并非确认PPP项目资产的政府方,接受移交PPP项目资产的政府方应当作出怎样的会计处理?

9. 如果在PPP项目合同期限届满时接受移交的PPP项目资产的政府方并非确认PPP项目资产的政府方,确认PPP项目资产的政府方应当作出怎样的会计处理?

10. 如果在PPP项目合同期限届满时政府方仍委托项目公司继续承担管理与维护PPP项目资产的职责,政府方应当作出怎样的会计处理?

附　　录

相关政策性文件

(1)《国务院关于创新重点领域投融资机制鼓励社会投资的指导意见》(国发〔2014〕60 号)

(2)《关于推广运用政府和社会资本合作模式有关问题的通知》(财金〔2014〕76 号)

(3)《关于政府和社会资本合作示范项目实施有关问题的通知》(财金〔2014〕112 号)

(4)《政府和社会资本合作模式操作指南(试行)》(财金〔2014〕113 号,已失效,参照执行)

(5)《关于规范政府和社会资本合作合同管理工作的通知》(财金〔2014〕156 号)

(6)《政府和社会资本合作项目政府采购管理办法》的通知(财库〔2014〕215 号)

(7)《关于开展政府和社会资本合作的指导意见》(发改投资〔2014〕2724 号)

(8)《基础设施和公用事业特许经营管理办法》(发改法规〔2015〕1508 号)

(9)《政府和社会资本合作项目财政承受能力论证指引》(财金〔2015〕21 号,已失效,参照执行)

(10)《关于进一步共同做好政府和社会资本合作(PPP)有关工作的通知》(财金〔2015〕32 号)

(11)《PPP 物有所值评价指引(试行)》(财金〔2015〕167 号,已失效,参照执行)

(12)《关于切实做好传统基础设施领域政府和社会资本合作有关工作通知》(发改投资〔2016〕1744 号)

(13)《关于开展重大市政工程领域政府和社会资本合作(PPP)创新工作的通知》(发改投资〔2016〕2068 号)

(14)《传统基础设施领域实施政府和社会资本合作项目工作导则》(发改投资〔2016〕2231 号)

(15)《关于在公共服务领域深入推进政府和社会资本合作工作的通知》(财金〔2016〕90 号)

(16)《政府和社会资本合作项目财政管理暂行办法》(财金〔2016〕92 号)

(17)《关于加快运用 PPP 模式盘活基础设施存量资产有关工作的通知》(发改投资〔2017〕1266 号)

(18)《关于规范金融企业对地方政府和国有企业投融资行为有关问题的通知》(财金〔2018〕23 号)

(19)《关于推进政府和社会资本合作规范发展的实施意见》(财金〔2019〕10 号)

(20)《鼓励采用 PPP 等模式推动社会领域公共服务补短板强弱项提质量》(发改社会〔2019〕160 号)

(21)《关于依法依规加强 PPP 项目投资和建设管理的通知》(发改投资规〔2019〕1098 号)

(22)《政府和社会资本合作(PPP)项目绩效管理操作指引》(财金〔2020〕13 号)

(23)《关于进一步推动政府和社会资本合作(PPP)规范发展、阳光运行的通知》(财金〔2022〕119 号)

(24)《关于规范实施政府和社会资本合作新机制的指导意见》(国办函〔2023〕115 号)

参考文献

[1] 李金早,任树本,杜尊亚. BOT投资方式[M]. 北京:中国经济出版社,1996.

[2] 萨瓦斯 E S. 民营化与公私部门的伙伴关系[M]. 周志忍,等译. 北京:中国人民大学出版社,2002.

[3] 孙洁. 城市基础设施的公私合作管理模式研究[M]. 北京:中国人事出版社,2007.

[4] 达霖·格里姆赛,莫文·K. 刘易斯. 公私合作伙伴关系:基础设施供给和项目融资的全球革命[M]. 北京:中国人民大学出版社,2008.

[5] 王守清,柯永建. 特许经营项目融资(BOT、PFI和PPP)[M]. 北京:清华大学出版社,2008.

[6] 国际会计准则理事会. 普华永道国际财务报告准则实务指引系列——国际财务报告准则实务指引(第三十三章):特许服务权安排(中英文对照)[M]. 谢智政,李宜桦,孙宇辉,等译. 北京:中国财政经济出版社,2013.

[7] 周国光. 公路经营企业财务会计学[M]. 北京:人民交通出版社股份有限公司,2014.

[8] 周国光,俸芳,卫静. 公路行业财务管理学[M]. 3版. 北京:人民交通出版社股份有限公司,2016.

[9] 周兰萍. PPP项目运作实务[M]. 北京:法律出版社,2016.

[10] 王庆. PPP财税处理实操指南[M]. 北京:中国市场出版社,2017.

[11] 辛连珠,高继红,贾晓春,等. PPP项目会计与税收实务[M]. 北京:中国财政经济出版社,2017.

[12] 赵琦. 中国PPP理论与实操[M]. 北京:企业管理出版社,2017.

[13] 韩志峰,李开孟,王翔,等. 中国政府和社会资本合作(PPP)项目典型案例[M]. 北京:中国计划出版社,2018.

[14] 孙永尧. PPP项目会计研究[M]. 北京:经济科学出版社,2018.

[15] 芭芭拉·韦伯,米里娅姆·斯托布-比桑. 基础设施投资指南:投资策略、可持续发展、项目融资与PPP[M]. 罗桂连,译. 北京:机械工业出版社,2018.

[16] 约翰·特里安蒂斯. 项目融资实务指南:政府、金融机构、投资者全视角路线图[M]. 罗桂连,周君等译. 北京:机械工业出版社,2020.

[17] 王守清. 政企合作(PPP):王守清核心观点[M]. 北京:中国电力出版社,2021.

[18] 国际财务报告准则(注释版)(2021年合订本)[M]. 中国会计准则委员会组织,译. 北京:中国财政经济出版社,2022.

[19] 马海涛,杨剑敏. 中国PPP行业发展报告(2022)[M]. 北京:社会科学文献出版社,2023.

[20] 企业会计准则编审委员会. 企业会计准则及应用指南实务详解(2023年版)[M]. 北

京:人民邮电出版社,2023.

[21] 企业会计准则编审委员会. 企业会计准则原文、应用指南案例详解:准则原文 + 应用指南 + 典型案例(2023 年版)[M]. 北京:人民邮电出版社,2023.

[22] 中华人民共和国财政部. 政府会计准则制度(合订本 · 2023)[M]. 北京:中国财政经济出版社,2023.

[23] 中华人民共和国财政部. 政府会计准则制度(2023 年版)[M]. 上海:立信会计出版社,2023.